珞珈管理评论
Luojia Management Review

2015 年卷　第 1 辑(总第 16 辑)

武汉大学经济与管理学院　主办

武汉大学出版社

图书在版编目(CIP)数据

珞珈管理评论.2015年卷.第1辑:总第16辑/武汉大学经济与管理学院主办.—武汉:武汉大学出版社,2015.7
ISBN 978-7-307-16001-9

Ⅰ.珞…　Ⅱ.武…　Ⅲ.企业管理—文集　Ⅳ.F270-53

中国版本图书馆 CIP 数据核字(2015)第 121346 号

责任编辑:柴　艺　　责任校对:李孟潇　　版式设计:韩闻锦

出版发行:**武汉大学出版社**　　(430072　武昌　珞珈山)
　　　　　(电子邮件:cbs22@whu.edu.cn 网址:www.wdp.com.cn)
印刷:武汉中科兴业印务有限公司
开本:787×1092　1/16　印张:13.25　字数:308 千字
版次:2015 年 7 月第 1 版　　2015 年 7 月第 1 次印刷
ISBN 978-7-307-16001-9　　定价:28.00 元

目 录

1

CONTENTS

独立董事人力资本与竞争优势关系研究*

——来自中国在美上市公司的经验证据

● 周建[1,2] 吴长军[1,3] 袁德利[1,4]

(1 南开大学商学院 天津 300071；2 南开大学滨海学院 天津 300071；
3 中海油能源发展股份公司工程技术分公司 天津 300452；4 九江学院会计学院 九江 332005)

【摘 要】 独立董事人力资本是独立董事监督能力和决策能力的重要源泉，在跨境上市背景下，其重要性日益凸显。文章以 2007—2009 年间中国在美上市公司为样本，利用 WLS 模型来综合分析独立董事的一般性人力资本、企业相关人力资本和产业相关人力资本与企业竞争优势的关系，从而有效提高独立董事人力资本研究的信度和效度。实证结果表明，中国在美上市公司独立董事的一般性人力资本和企业相关人力资本对于企业竞争优势的提升具有促进作用，并且企业相关人力资本的作用更加明显，但是没有证据表明产业相关人力资本对于提升企业竞争优势发挥了积极作用，在此基础上提出了相应的政策建议。

【关键词】 独立董事 人力资本 跨境上市 竞争优势

1. 引言

20 世纪 90 年代初以来，众多中国优秀企业纷纷踏上海外上市之路。然而，自 2011 年 3 月以来，已有 24 家在美上市中国公司的审计师提出辞职或曝光财务问题，19 家在美上市的中国公司遭停牌或摘牌，由此引发了境外上市公司的退市潮①。在这些企业中，大多数企业的独立董事未能对企业累积的治理风险发挥应有的监督与决策支持职能，成为"花瓶董事"。这一系列事件的发生，使得中国境外上市公司治理的监督模式，尤其是独

* 基金项目：国家自然科学基金项目（70872048）、国家自然科学基金项目（71272184）、教育部新世纪优秀人才支持计划项目（NCET-08-0302）、教育部人文社科重点研究基地重大项目（11JJD63000）、南开大学"985 工程"中国企业管理与制度创新基地资助项目（1050821210）。

通讯作者：周建，E-mail：jzhou@ nankai. edu. cn。

① 李维安. 海外上市：谨防治理风险累积而触礁[J]. 南开管理评论，2011，3：1.

立董事制度相关的问题引起了国内外学者的广泛担忧和深入探讨①②。

在独立董事如何有效监督和参与企业重大决策相关的研究过程中,无法回避的一个关键问题是,如何能确保独立董事做出有效的决策?即独立董事的决策资本是什么?按照资源基础观(RBV)等主流战略管理理论的观点,包括独立董事在内的全体董事的决策资本是董事会战略决策能力的重要源泉③。董事会资本理论则进一步明确,董事会成员的人力资本是董事会决策资本的重要组成部分,董事会人力资本在很大程度上影响到董事会决策的效率和效果④。因此,在独立董事发挥其职能的过程中,其人力资本可能比其他企业资源更明显地有助于提升企业竞争优势。事实上,独立董事的人力资本包含一般性人力资本、企业相关人力资本和产业相关人力资本等多个有机组成部分⑤,已有研究侧重关注单一组成部分与企业竞争优势的关系,然而,作为专用性资产投资结果的人力资本,由于其投入(即人的精力)是有限的,就个人的人力资本而言,其各组成部分之间可能存在着此消彼长的关系,作为群体的人力资本而言,各组成部分之间也存在紧密的联系,因此,忽视其他部分人力资本只研究单一人力资本的做法很有可能会导致有偏的结论⑥⑦⑧。同时,独立董事人力资本效应的发挥内嵌于特定的制度背景中,已有的研究结论大多是基于市场经济发达国家的背景下得出的,对于处于转轨经济中的中国企业而言,其适用性还有待进一步检验。因此,在跨境上市背景下,独立董事人力资本的各组成部分与企业竞争优势具有怎样的关系,不仅是众多跨境上市企业所关心的现实问题,也是当前跨境上市相关研究的热点话题。对于这一问题的回答,有助于企业竞争优势的提升和独立董事职能的强化,同时,对于完善中国跨境上市企业的独立董事制度和推动我国企业"走出去"国际化战略的实施,都具有较大的理论和现实意义。

---

① 李维安. 监督模式改革与治理的有效性[J]. 南开管理评论, 2013, 1: 1.

② 于东智. 董事会、公司治理与绩效——对中国上市公司的经验分析[J]. 中国社会科学, 2003, 3: 29-41.

③ Barney, J.. Firm resources and sustained competitive advantage[J]. *Journal of Management*, 1991. 17 (1): 99-120.

④ Hillman, A. J., and Dalziel, T.. Boards of directors and firm performance: Integrating agency and resource dependence perspectives[J]. *Academy of Management Review*, 2003, 28(3): 383-396.

⑤ Bailey, E. E., and Helfat, C. E.. External management succession, human capital, and firm performance: An integrative analysis[J]. *Managerial and Decision Economics*, 2003, 24(4): 347-369.

⑥ Hitt, M. A., et al.. Direct and moderating effects of human capital on strategy and performance in professional service firms: A resource-based perspective[J]. *Academy of Management Journal*, 2001, 44(1): 13-28.

⑦ Eiling, E.. Industry-specific human capital, idiosyncratic risk, and the cross-section of expected stock returns[J]. *The Journal of Finance*, 2013, 68(1): 43-84.

⑧ Wang, H. C., He, J., and Mahoney, J. T.. Firm-specific knowledge resources and competitive advantage: The roles of economic and relationship-based employee governance mechanisms[J]. *Strategic Management Journal*, 2009, 30(12): 1265-1285.

2. 理论基础与研究假设

2.1 理论基础

基于董事会人力资本视角探索企业竞争优势的来源，本质上属于战略管理与公司治理研究的交叉领域，所依据的理论基础主要包括资源基础观与董事会资本理论。

2.1.1 资源基础观

学术界有关竞争优势来源的探讨，主要有两种观点。一是以梅森（Masson）、贝恩（Bain）和波特（Porter）为代表的竞争优势外生论，他们基于"结构—行为—绩效"范式（S-C-P 范式），以产业结构为切入点，对企业竞争优势进行了深入的研究，结果表明，产业结构等外部因素在很大程度上决定了企业竞争优势的强弱；二是以 Wernerfelt、Barney 和 Peteraf 为代表的竞争优势内生论，也被称为资源基础观（RBV），他们把企业看做资源的独特集合体，基于"资源—战略—绩效"（Resource-Strategy-Performance，RSP）框架进行分析后认为，企业内部所拥有的异质性资源和能力在很大程度上决定着企业的竞争优势。Barney（1991）指出，企业内部所拥有的有价值的（valuable）、稀缺的（rare）、不可模仿的（inimitable）和不可替代的（non-substitutable）资源能为企业带来竞争优势，被称为企业资源的 VRIN 特性。在此基础上，Barney（2001）进一步强调了企业资源的不可替代性很大程度上来自于其组织性（organizable）的强弱，即企业将其资源进行组织利用的能力。

2.1.2 董事会资本理论

董事会资本的概念最初由 Hillman 和 Dalziel（2003）提出，是指董事会向企业提供各种资源的能力，同时也代表了董事会参与企业决策的能力。他们进一步分析发现，董事会资本包括董事会人力资本和董事会社会资本两个部分，换言之，董事会主要依靠其人力资本和社会资本来执行董事会的各项职能。Coleman（1988）认为，董事会人力资本是指董事个人所拥有的技能、经验、知识、声誉和工艺，而董事会社会资本指被董事个人通过网络关系获得和产生的可嵌入和可被利用各种实际和潜在关系的总和。Bailey 和 Helfat（2003）研究发现，按照企业工艺转移性程度的高低，可以把企业工艺细分为一般性工艺、企业水平工艺和产业水平工艺，在此基础上，他们构建了一个反映工艺转移性程度的管理人力资本等级体系，从而将管理人力资本细分为一般性人力资本、企业相关人力资本和产业相关人力资本。董事会成员本质上也属于负责企业重大决策的高层"管理人员"，因此，本文认为，董事会人力资本也可以细分为一般性人力资本、企业相关人力资本和产业相关人力资本这三种类型。在国内，周建等（2010）较为系统地对 Barney 的理论观点和董事会资本理论进行了回顾、总结和拓展，并较早地把它们应用于企业可持续竞争优势的相关研究中。

董事会资本理论认为，董事会人力资本是董事会参与和监督企业重大决策所依赖的重要资源和资本，董事会人力资本的特征不同，董事会所偏好的决策备选方案也有所不同，进而会带来不同的决策效果，从而对企业竞争优势产生重要影响①②。

2.2 研究假设

2.2.1 独立董事的一般性人力资本与竞争优势

Lin 等（2006）认为，独立董事的一般性人力资本主要通过普通教育和参加培训项目来获取，通常情况下，独立董事所接受的教育程度越高，其所拥有的一般性人力资本就越高。而 Westphal 和 Fredrickson（2001）则认为，除了接受正规教育，一般性人力资本还会随着独立董事年龄的增长而增长，其原因在于，人生经历塑造了独立董事的思维、参照框架和嗅觉，从而能够使他们形成独特的技术和技巧以及关于如何运作董事会、企业和产业的程序性知识等。因此，教育水平越高，年龄越大，独立董事所拥有的一般性人力资本就越丰富。

资源基础观和董事会资本理论都认为，一般性人力资本虽然并非某一项决策所特有的，但是它有利于提高独立董事对决策问题的认识和拓展独立董事的视野，从而有助于企业竞争优势的提升，因此，一般性人力资本也是董事会决策不可或缺的一种资源。Ginsberg（1990）认为，一般性人力资本越高，独立董事在复杂多变的环境中识别对企业有利机会的能力就越强，同时，也越有可能制定出开发和利用这些机会的更有效的行动方案。Hitt 和 Tyler（1991）则强调，一般性人力资本越高，独立董事在进行决策时对决策问题的全局性和长远性就把握得越好，对新鲜事物的接受能力就越强。周建等（2013）以 2007—2009 年沪深两市高科技上市公司为样本研究发现，董事会中高学历董事的比例越大，企业研发投入的比例就越高，越有利于构建企业的可持续竞争优势。基于此，本文提出如下假设：

假设1：独立董事所拥有的一般性人力资本与企业竞争优势正相关。

2.2.2 独立董事的企业相关人力资本与竞争优势

董事会资本理论认为，与一般性人力资本和产业相关人力资本相比，企业相关董事会人力资本具有更强的"情境依赖性"，即企业相关人力资本产生于特定企业的实践，同时也只有应用于该企业的实践中才能发挥其最大的效用，离开这一情境，企业相关人力资本的价值将会大大降低甚至消失。而且，一般而言，管理者所接触到的企业实践越丰富，其企业相关人力资本就越高。Reed 和 Defillippi（1990）也认为，董事会的一般性人力资本通常能通过正规教育获得，但是对于企业相关的董事会人力资本等专用性知识和技能，则通常是在企业的管理实践中通过"干中学"获得的。Arthurs 等（2009）研究发现，随着管理者在企业任职时间的增长，管理者基于企业管理实践所获得的专用性知识和技能就越多，即企业相关人力资本越高，从而越有利于企业竞争优势的提升。Hambrick 和 D'Aveni（1992）研究发现，任期更长的董事会对企业内外部环境更加熟悉，加之董事会成员间能

① 周建，金媛媛，袁德利．董事会人力资本、CEO 权力对企业研发投入的影响研究——基于中国沪深两市高科技上市公司的经验证据[J]．科学学与科学技术管理，2013，3：170-180.

② Jensen, M., and Zajac, E. J.. Corporate elites and corporate strategy: How demographic preferences and structural position shape the scope of the firm[J]. *Strategic Management Journal*, 2004, 25(6): 507-524.

实现更高程度的信息共享，因此，董事会能更准确地评估企业内外部环境和识别企业所面临的机会与威胁，进而有效地组织资源来化解威胁和开发机会，提升企业竞争优势。Grant（1996）的研究结果也表明，随着独立董事任期的延长，独立董事所掌握的与企业相关的专业性知识和能力越来越丰富，而且能形成更好的合作氛围，因此可以更高效地发挥这些知识和能力的效用，提升企业的竞争优势。基于此，本文提出如下假设：

假设2：独立董事所拥有的企业相关人力资本与企业竞争优势正相关。

2.2.3 独立董事的产业相关人力资本与竞争优势

Kor 和 Misangyi（2008）认为，同一行业的企业面临相似的技术、竞争规则、客户需求、供应商能力和政府法律法规。Neal（1995）与 Rajagopalan 和 Datta（1996）研究发现，具有同行业工作经验的高管人员拥有更多的有关市场机会和市场威胁的隐性知识，即具有更高质量的行业相关的人力资本，从而有利于提高战略决策的有效性，提升企业的竞争优势。Westphal 和 Fredrickson（2001）的研究结果表明，在所有的董事会成员中，那些具有行业从业经验的董事能更敏锐地察觉到行业环境中存在的机会和威胁，因此能更有效地引导企业适应行业环境的变化，进而越有助于提升企业的竞争优势。Acquaah（2007）以新兴经济体国家的企业为样本进行了实证研究，研究结果表明，董事会成员的行业经验确实有助于提高战略决策的质量，进而提升企业竞争优势。基于此，本文提出如下假设：

假设3：独立董事所拥有的产业相关人力资本与企业竞争优势正相关。

3. 研究设计

3.1 样本选择与数据来源

2007 年起，我国上市公司全面执行新的企业会计准则体系，而且新会计准则与国际财务报告准则基本趋同。我国各地区市场化程度所存在的较大差异对企业竞争优势具有一定的影响，为了控制这一影响，本文需要用到我国各地区的市场化指数，而最新的《中国市场化指数——各地区市场化相对进程 2011 年报告》里只公布了截至 2009 年的市场化指数①。因此，为了剔除新旧会计准则差异对研究结果的干扰，同时考虑到数据的可获得性，本文研究的时间范围确定为 2007—2009 年，即以 2007 年及以前在纽交所上市的 39 家中国公司为初始研究样本，进行了如下筛选：第一，剔除金融类上市公司；第二，剔除数据不全的公司。最终获得 30 家企业 2007—2009 年间共 90 个观测值。

样本企业的财务数据和治理数据主要来自 CCER 数据库，并以 Wind 数据库和上市公司年报为依据进行修正和补充，而独立董事人力资本相关的数据则主要利用上市公司年报、纽约证券交易所和搜索引擎进行手工收集。

由于样本量不是特别大，且时间序列较短，本文采用混合截面数据的相关模型和方法展开实证研究，数据处理采用 Excel、SPSS18.0 等软件。

---

① 樊纲，王小鲁，朱恒鹏. 中国市场化指数——各地区市场化相对进程 2011 年报告［M］. 北京：经济科学出版社，2011.

3.2 变量定义

3.2.1 因变量

因变量是企业竞争优势(CA)。Barney (2001)认为,如果企业能比竞争对手创造更多的经济价值,那么这家企业就具有了竞争优势。在他看来,竞争优势的大小就是企业与竞争对手在经济价值创造上的差异。与股价业绩相比,会计业绩具有更强的客观性和稳定性,因此,学术界较多地采用资产收益率(ROA)等会计指标来衡量企业创造的经济价值,ROA 通常作为衡量企业竞争优势的替代指标,本文也采用这种方法来衡量企业的竞争优势。

3.2.2 自变量

(1)独立董事的一般性人力资本(CHC)。如前文所述,独立董事的受教育水平反映了其所拥有的一般性人力资本水平的高低,在此基础上,本文借鉴 Wiersema 和 Bantel (1992)的做法,对独立董事的受教育水平进行分类和赋值如下:本科以下学历赋值为 1,本科学历赋值为 2,硕士学历赋值为 3,博士学历赋值为 4,然后用独立董事的平均受教育水平来衡量该企业独立董事的一般性人力资本的高低。

(2)独立董事的企业相关人力资本(FHC)。董事或高管人员个人所拥有的企业相关人力资本的高低通常采用董事或高管人员的任期来衡量,对于董事会或高管团队等群体所拥有的企业相关人力资本,则通常采用平均任期来衡量。因此,本文采用独立董事的平均任期作为独立董事企业相关人力资本的替代变量。

(3)独立董事的产业相关人力资本(IHC)。借鉴 Tian (2011) 的做法,采用独立董事中具有行业经验的独立董事占独立董事总人数的比例来衡量独立董事所拥有的产业相关人力资本水平的高低。其中,具有行业经验是指曾经在同行业企业或上下游企业任职或担任过独立董事。

3.2.3 控制变量

影响企业竞争优势的潜在因素有很多,包括诸如企业规模、财务状况、企业成长性等微观因素,也包括诸如行业环境、地区制度环境等宏观因素,由于这些因素不属于本文的研究重点,因此,需要对这些因素加以控制,以更加准确地评估独立董事人力资本与企业竞争优势的关系。借鉴已有的相关研究,本文选取了以下控制变量:

企业规模(Size)。企业规模越大,越容易产生规模经济,从而对企业竞争优势产生影响。借鉴 McDonald 等 (2008)的做法,采用企业总资产的自然对数作为控制变量,来控制企业规模差异对企业竞争优势的影响。

财务杠杆(Lev)。企业的资本结构和偿债能力对企业投资活动和企业竞争优势具有重要影响,因此,本文通过企业年末负债总额与资产总额之比来控制企业财务杠杆对企业竞争优势的影响①。

成长性(Growth)。处于不同发展阶段的企业具有不同的成长性,一般而言,成长性较

---

① McDonald, M. L., Westphal, J. D., and Graebner, M. E.. What do they know? The effects of outside director acquisition experience on firm acquisition performance [J]. *Strategic Management Journal*, 2008, 29 (11): 1155-1177.

好的企业具有更强的竞争优势①。本文采用企业营业收入增长率来控制成长性对企业竞争优势的影响。

董事会规模(Bsize)。董事会规模在一定程度上会影响董事会资本的总量,同时还会影响董事会的决策效率,从而对企业竞争优势产生影响②。因此,本文把董事会规模纳入控制变量范围。

地区(Area)。企业所在地区的外部环境在一定程度上影响到企业的行政成本、董事会的思维模式和决策效率,从而进一步影响到企业的竞争优势。借鉴已有的研究,本文利用企业所在地区的市场化程度来控制地区环境对企业竞争优势的影响③④。

年度(Year)与行业(Indu)。通过设置两个年度哑变量,利用年度哑变量的方式来控制诸如政策变化等宏观因素对企业竞争优势的影响。由于行业环境存在较大差异,不同行业的企业可能在竞争优势方面也存在一定的差异。本文采用行业哑变量来控制行业差异对企业竞争优势的影响。中国证监会把行业分为13个大类,由于本文样本中不包含金融业,本文设置了11个行业哑变量。研究的变量符号与定义见表1。

表1   变量符号与定义

变量类型	变量名称	变量定义	变量符号
因变量	企业竞争优势	用资产收益率(净利润与资产总额之比)来衡量	CA
自变量	独董的一般性人力资本	独立董事的平均受教育水平	CHC
	独董的企业相关人力资本	独立董事的平均任期	FHC
	独董的产业相关人力资本	具有行业经验独董的人数与独董总人数之比	IHC
控制变量	企业规模	企业总资产的自然对数	Size
	财务杠杆	年末负债总额与资产总额比率	Lev
	成长性	营业收入增长率	Growth
	董事会规模	董事会成员总人数	Bsize
	地区	樊纲等编制的地区市场化程度综合指数	Area
	年度哑变量	2007—2009年三年共设置2个哑变量	Year07, Year08
	行业哑变量	根据中国证监会的行业分类设置11个哑变量	Indu01-Indu11

① 周建,方刚,刘小元. 制度环境、公司治理对企业竞争优势的影响研究——基于中国上市公司的经验证据[J]. 南开管理评论,2009,5:18-27.

② Morck, R., Shleifer, A., and Vishny, R. W.. Management ownership and market valuation: An empirical analysis[J]. *Journal of Financial Economics*, 1988, 20(1/2):293-315.

③ 夏立军,方轶强. 政府控制、治理环境与公司价值——来自中国证券市场的经验证据[J]. 经济研究,2005,5:40-51.

④ 周建,方刚,刘小元. 制度环境、公司治理对企业竞争优势的影响研究——基于中国上市公司的经验证据[J]. 南开管理评论,2009,5:18-27.

3.3 模型设计

根据上述分析，本文构建如下模型来检验独立董事的三类人力资本与企业竞争优势之间的相关关系，并先采取普通最小二乘法（OLS）、以分层回归的方式逐步引入控制变量和自变量，然后采用加权最小二乘法（WLS）对模型进行异方差修正：

$$CA = \alpha + \beta_1 \times CHC + \beta_2 \times FHC + \beta_3 \times IHC + \beta_4 \times Size + \beta_5 \times Lev + \beta_6 \times Growth + \beta_7 \times Bsize + \beta_8 \times Area + \beta_9 \times Year07 + \beta_{10} \times Year08 + \beta_{11-21} \times Indu + \varepsilon$$

其中，α 为截距，β_{1-21} 为回归系数，ε 为残差。

4. 实证结果与分析

4.1 描述性统计与相关性分析

因变量和自变量的描述性统计结果见表2。从因变量来看，企业竞争优势的变动范围较大（从亏损72.15%到盈利106.45%），企业间的竞争优势的差异较大（均值35.28%，标准差为11.64）。从自变量来看，独立董事的最低平均受教育水平介于大专与本科之间（1.33），最高平均受教育水平介于硕士与博士之间（3.67），所有样本企业独立董事平均受教育水平的均值接近硕士水平（2.93），这说明独立董事一般性人力资本的差异相对较小（标准差为0.26），而独立董事企业相关人力资本和产业相关人力资本的差异则相对比较明显（独立董事的最短平均任期为0.84年，最长平均任期为9.09年，所有样本企业独立董事平均任期的均值是3.11年，标准差为1.79；全体独立董事中，具有行业经验独立董事占比的最小值为14%，最大值为100%，均值为65%）。

表2 主要变量的描述性统计

变量符号	样本数量	最小值	最大值	均值	标准差
CA	90	−72.15%	106.45%	35.28%	11.64
CHC	90	1.33	3.67	2.93	0.26
FHC	90	0.84	9.09	3.11	1.79
IHC	90	0.14	1.00	0.65	0.46

主要变量间的相关系数见表3。从自变量与因变量的关系来看，独立董事拥有的一般性人力资本、企业相关人力资本、产业相关人力资本与企业竞争优势分别在1%、1%和5%的水平上显著正相关，在一定程度上验证了前文所提出的独立董事人力资本与企业竞争优势正相关的研究假设。从控制变量与因变量的关系来看，企业规模、成长性、董事会规模与竞争优势显著正相关，财务杠杆与企业竞争优势显著负相关，显著性水平都高于5%，说明控制变量的选取具有合理性。从自变量之间的关系看，独立董事的三类人力资本之间在10%的水平上存在相关关系，不过相关系数不大，这一方面验证了 Hitt 等

（2001）做出的"三类人力资本之间存在紧密联系"的论断，另一方面也表明自变量之间不存在显著的多重共线性问题，适宜做进一步的回归分析。

表3　　　　　　　　　　　　　　　变量间的相关系数

	CA	CHC	FHC	IHC	Size	Lev	Growth	Bsize
CA	1	0.0691 ***	0.1008 ***	0.0510 **	0.0307 **	−0.1834 ***	0.3054 **	0.1003 ***
CHC	0.0764 ***	1	0.0277 *	−0.0103 **	0.0685	−0.0843 *	0.3626	0.2910
FHC	0.0912 ***	0.0252 *	1	−0.0315 *	0.1476	−0.2146	−0.0572 *	0.2946 **
IHC	0.0438 **	−0.0097 *	−0.0286 *	1	0.0235	0.1526	0.1261	0.2743
Size	0.0270 **	0.0091	0.1699 *	0.0153	1	0.2034	0.0412	0.0422
Lev	−0.1330 **	−0.1634 *	−0.2462	0.2015	0.1763	1	0.3364	0.0923
Growth	0.2352 **	0.2674	−0.1152 *	0.1466	0.0734	0.2347	1	0.2957
Bsize	0.0863 ***	0.2638	0.3048 *	0.2635	0.0347	0.1324	0.3495	1

注：下三角为 Pearson 相关系数，上三角为 Spearman 相关系数；*、**、***分别表示在10%、5%和1%的显著性水平上显著（双尾检验）。

4.2　OLS 回归分析

OLS 多元回归和 WLS 回归的结果见表4。OLS 回归结果表明，两个模型的方差膨胀因子（VIF）的值都小于2，说明 OLS 模型通过了多重共线性检验，且 DW 值大于临界值，同时小于2，说明解释变量之间没有显著自相关关系的存在。模型1中，财务杠杆与企业竞争优势在1%的水平上显著负相关，企业规模在1%水平上与企业竞争优势显著正相关，企业成长性和地区市场化程度在5%水平上与企业竞争优势显著正相关，而董事会规模与企业竞争优势之间不存在显著的相关关系，上述结果说明，总体来看，模型中控制变量的选取是有效的。

模型2中，独立董事的企业相关人力资本与企业竞争优势在5%水平上显著正相关，假设2得到验证，但一般性人力资本、产业相关人力资本与企业竞争优势之间不存在相关关系，假设1和假设3未通过检验。从三类人力资本的回归系数来看，企业相关人力资本的系数最大，说明企业相关人力资本对企业竞争优势的影响最为显著，这与 Hambrick 和 D'Aveni（1992）的研究结论相似。

表4　　　　　　　　　　　　　　　OLS 与 WLS 回归结果

项　　目	OLS 模型 1	OLS 模型 2	WLS 模型 3
Intercept	0.7151 ***(7.7873)	0.7943 ***(8.3145)	0.6745 ***(9.0586)
CHC		0.0687(2.1733)	0.0394 **(1.3889)

项　目	OLS 模型 1	OLS 模型 2	WLS 模型 3
FHC		0.0893 **(3.8623)	0.0921 ***(5.8634)
IHC		−0.0424(0.1923)	−0.0225 (0.3267)
Size	0.0463 ***(17.6793)	0.0406 ***(13.8973)	0.0425 *(15.3419)
Lev	−0.0775 ***(−18.7239)	−0.0582 ***(−15.9634)	−0.0623 ***(−16.5137)
Growth	0.2789 **(9.8653)	0.2033 **(1.7342)	0.2334 **(4.4384)
Bsize	0.0907(5.8763)	0.0213(3.3526)	0.0412 *(4.8417)
Area	0.0358 **(8.1836)	0.0301 **(8.0046)	0.04692 **(11.6309)
年度	控制	控制	控制
行业	控制	控制	控制
F 值	874.3634 ***	224.8734 ***	863.8638 ***
R^2	0.2278	0.2417	0.4351
Adjusted R^2	0.2164	0.2289	0.4168
VIF	<2	<2	<2
DW 值	1.8373	1.9256	1.9089

注：＊、＊＊和＊＊＊分别表示 10%、5% 和 1% 的显著性水平，括号内为 t 值。

在表 4 的 OLS 模型 2 中，不少研究假设没能得到验证，可能的原因是面板数据导致了异方差的存在。下面通过分析自变量与残差绝对值（$|e|$）的 Spearman 相关系数来对模型 4 进行异方差检验，检验结果（见表 5）表明，确实存在一定程度的异方差问题。

表 5　　　　　　　　　　$|e|$ 与自变量的 Spearman 相关系数表

	CHC	FHC	IHC
$|e|$	−0.0212 ***	0.0349	0.0164 *

注：＊、＊＊和＊＊＊分别表示 10%、5% 和 1% 的显著性水平。

为使模型更加准确，本文以残差绝对值的倒数（$1/|e|$）为权重，采用加权最小二乘法（WLS）方法，对 OLS 回归模型 2 进行异方差修正，WLS 修正后的结果见表 4 的模型 3。模型 3 的 VIF 值小于 2，且 DW 值大于临界值同时小于 2，说明模型 3 通过了多重共线性检验，自变量之间不存在显著的自相关关系，修正后的拟合优度为 41.68%，显著高于 OLS 回归模型的 22.89%，回归结果明显优于 OLS 模型。因此，WLS 修正后的模型 3 的检验结果更加可靠，解释力更强。

4.3 WLS 回归结果分析

经过异方差修正后，从控制变量的显著性来看，董事会规模由不显著变为在 10% 的水平上显著，而企业规模的显著性水平从 1% 变为 10%，财务杠杆、成长性和地区市场化程度的显著性不变，说明总体来看，控制变量的选取是合理的。

从自变量的显著性来看，独立董事的一般性人力资本从不显著变为在 5% 的水平上显著与企业竞争优势正相关，这说明，独立董事的一般性人力资本构成独立董事参与董事会决策的重要资源，有助于促进董事会决策的优化，从而有助于企业竞争优势的提升，这与 Westphal 和 Fredrickson（2001）"学历教育增进董事的一般性人力资本，进而有助于提升董事会决策有效性"的研究结论形成呼应，假设 1 得到验证。企业相关人力资本与企业竞争优势存在正相关关系，与资源基础观和董事会资本理论的观点一致，假设 2 得到验证。正如 Hitt 等（2001）所言，董事会的人力资本是独一无二的组织资源，尤其是人力资本中具有高度情境依赖性的"默晦知识"部分，一旦离开特定企业的环境，这些知识的价值将大打折扣。产业相关人力资本与企业竞争优势不存在相关关系，且回归系数的符号为负，这与资源基础观和董事会资本理论的观点不一致，甚至可以说是与资源基础观和董事会资本理论的观点相反，假设 3 未能通过检验。可能的原因有两个：一是中国还处于转轨经济过程中，产业环境面临剧变，因此，独立董事过去的产业相关的知识和经验不一定适用于已经变化的产业环境，甚至成为阻碍企业发展的固有思维①；二是在测度产业相关人力资本时没有考虑到独立董事所任职的职位的变动，因此可能出现"在同行企业更低职位的从业经验对于现任企业更高职位的工作并无太大指导意义"的现象。

从独立董事三类人力资本回归系数的绝对值的大小来看，企业相关人力资本的系数最大，说明企业相关人力资本对企业竞争优势的影响最为显著，其次是一般性人力资本，对企业竞争优势影响最不明显的是产业相关人力资本。

4.4 稳健性检验

为了提高研究结论的稳健性和可靠性，在借鉴已有研究的基础上，本文主要进行了以下两项稳健性检验。一是替代指标的稳健性检验。即采用净资产收益率（ROE）作为企业竞争优势的测度指标，替代前文中的总资产收益率（ROA），重新回归，得到了相似的研究结论；二是把三倍标准差以外的样本作为异常值进行剔除，得到 83 个公司年的观测值，以此作为新的样本总体，重新回归，结论稳健。

5. 结论与启示

独立董事的一般性人力资本、企业相关人力资本和产业相关人力资本是独立董事人力资本的有机组成部分，三者之间存在比较紧密的联系，因此，忽视其他部分而单独研究某

---

① Peng, M. W., and Heath, P. S.. The growth of the firm in planned economies in transition: Institutions, organizations, and strategic choice[J]. *Academy of Management Review*, 1996, 21(2): 492-528.

一部分与企业竞争优势之间的关系有可能导致有偏的结论。鉴于此，本文通过构建 WLS 回归模型综合分析了独立董事的三类人力资本与企业竞争优势之间的关系，从而有助于得到更加可信和精确的研究结论。研究结果表明，当前中国跨境上市公司独立董事的一般性人力资本和企业相关人力资本有效地促进了企业竞争优势的生成和保持，其中，企业相关人力资本的积极作用相对而言更加明显，但是没有证据表明产业相关人力资本对于提升企业竞争优势发挥了积极作用。

对于微观企业来说，在选聘独立董事的决策中，应重点关注独立董事所拥有的与本企业相关的人力资本的多寡，同时也应关注独立董事的一般性人力资本对于企业竞争优势提升的促进作用。在其他条件相同的情况下，尽可能选聘具有更高企业相关人力资本和一般性人力资本的独立董事，这样有助于提升企业竞争优势。

对于宏观政策制定者来说，应出台有效的政策，着力完善企业运营的各项制度环境，加快经济转型，大力提高市场化程度，让市场在资源配置中发挥决定性作用。这样，一方面有助于直接降低所在地区企业的运营成本，提升企业竞争优势；另一方面完成经济转型后，企业运营的外部环境更加平稳，从而有助于发挥独立董事产业相关人力资本对于企业竞争优势提升的促进作用。

◎ 参考文献

[1] 樊纲，王小鲁，朱恒鹏. 中国市场化指数——各地区市场化相对进程 2011 年报告 [M]. 北京：经济科学出版社，2011.

[2] 周建，尹翠芳，陈素蓉. 董事会团队属性对企业国际化战略的影响研究 [J]. 管理评论，2013，11.

[3] 周建，金媛媛，袁德利. 董事会人力资本、CEO 权力对企业研发投入的影响研究——基于中国沪深两市高科技上市公司的经验证据 [J]. 科学学与科学技术管理，2013，3.

[4] Acquaah, M.. Managerial social capital, strategic orientation, and organizational performance in an emerging economy [J]. *Strategic Management Journal*, 2007, 28(12).

[5] Arthurs, J. D., et al.. Firm-specific human capital and governance in IPO firms: Addressing agency and resource dependence concerns [J]. *Entrepreneurship Theory and Practice*, 2009, 33(4).

[6] Bailey, E. E., and C. E. Helfat. External management succession, human capital, and firm performance: An integrative analysis [J]. *Managerial and Decision Economics*, 2003, 24(4).

[7] Barney, J.. Firm resources and sustained competitive advantage [J]. *Journal of Management*, 1991, 17(1).

[8] Barney, J. B.. Resource-based theories of competitive advantage: A ten-year retrospective on the resource-based view [J]. *Journal of Management*, 2001, 27(6).

[9] Carpenter, M. A., and J. D. Westphal. The strategic context of external network ties: Examining the impact of director appointments on board involvement in strategic decision

making[J]. *Academy of Management Journal*, 2001, 44(4).

[10] Coleman, J. S.. Social capital in the creation of human capital[J]. *American Journal of Sociology*, 1988, 94.

[11] Eiling, E.. Industry-specific human capital, idiosyncratic risk, and the cross-section of expected stock returns[J]. *The Journal of Finance*, 2013, 68(1).

[12] Ginsberg, A.. Connecting diversification to performance: A sociocognitive approach[J]. *Academy of Management Review*, 1990, 15(3).

[13] Grant, R. M.. Toward a knowledge-based theory of the firm[J]. *Strategic Management Journal*, 1996, 17(1).

[14] Hambrick, D. C., and R. A. D'Aveni. Top team deterioration as part of the downward spiral of large corporate bankruptcies[J]. *Management Science*, 1992, 38(10).

[15] Hillman, A. J., and T. Dalziel. Boards of directors and firm performance: Integrating agency and resource dependence perspectives[J]. *Academy of Management Review*, 2003, 28(3).

[16] Hitt, M. A., et al.. Direct and moderating effects of human capital on strategy and performance in professional service firms: A resource-based perspective[J]. *Academy of Management Journal*, 2001., 44(1).

[17] Hitt, M. A., and B. B. Tyler. Strategic decision models: Integrating different perspectives [J]. *Strategic Management Journal*, 1991, 12(5).

[18] Jensen, M., and E. J. Zajac. Corporate elites and corporate strategy: How demographic preferences and structural position shape the scope of the firm[J]. *Strategic Management Journal*, 2004., 25(6).

[19] Kor, Y. Y., and V. F. Misangyi. Outside directors' industry-specific experience and firms' liability of newness[J]. *Strategic Management Journal*, 2008, 29(12).

[20] Lin, C. Y. -Y., Y. -C. Wei, and M. -H. Chen. The role of board chair in the relationship between board human capital and firm performance[J]. *International Journal of Business Governance and Ethics*, 2006, 2(3/4).

[21] Neal, D.. Industry-specific human capital: Evidence from displaced workers[J]. *Journal of Labor Economics*, 1995, 13(4).

[22] Rajagopalan, N., and D. K. Datta. CEO characteristics: Does industry matter? [J]. *Academy of Management Journal*, 1996, 39(1).

[23] Reed, R., and R. J. Defillippi. Causal ambiguity, barriers to imitation, and sustainable competitive advantage[J]. *Academy of Management Review*, 1990, 15(1).

[24] Tian, J. J., Haleblian, J. J., and Rajagopalan, N.. The effects of board human and social capital on investor reactions to new CEO selection[J]. *Strategic Management Journal*, 2011, 32(7).

[25] Wang, H. C., J. He, and J. T. Mahoney. Firm-specific knowledge resources and competitive advantage: The roles of economic and relationship-based employee governance

mechanisms[J]. *Strategic Management Journal*, 2009, 30(12).

[26] Westphal, J. D., and J. W. Fredrickson. Who directs strategic change? Director experience, the selection of new CEOs, and change in corporate strategy[J]. *Strategic Management Journal*, 2001, 22(12).

[27] Wiersema, M. F., and Bantel, K. A.. Top management team demography and corporate strategic Change[J]. *Academy of Management Journal*, 1992, 35(1).

Study on the Relationships between Independent Directors' Human Capitals and Competitive Advantage

—Empirical Evidences of Chinese Cross-border-listed Companies in U. S.

Zhou Jian[1,2]   Wu Changjun[1,2]   Yuan Deli[1,2]

(1   Business School of Nankai University, TianJin, 300071; 2   Nankai University Binhai College, Tianjin, 300071;

3   CNOOC Energy Technology & Engineering Co., Tianjin, 330452;

4   Accountancy School of Jinjiang Univercity, Jinjiang, 332005)

Abstract: Human capital is an important source of independent directors' supervision abilities and decision-making abilities, and this importance is increasingly prominent especially under the background of cross-border listings. Sampling with Chinese cross-listed companies in U. S. between 2007 and 2009, this article comprehensively analyzes the relationships between independent directors' common human capital, firm-specific human capital, industry-specific human capital and competitive advantage with WLS model, which can effectively improve the degree of reliability and validity of human-capital-related researches. Empirical results show that independent directors' common human capital and firm-specific human capital are helpful to enhance the competitive advantage of Chinese cross-listed companies in U. S., and the promoting effect of latter is more apparent, but there is no evidence show that industry-specific human capital can help to improve competitive advantage, some suggestions are put forward on this basis.

Key words: Independent directors; Human capital; Cross-border listing; Competitive advantage

专业主编：陈立敏

管理者心智模式和产业竞争环境[*]

——对软件产业和轻工装备制造业的分析和比较

● 朱腾腾[1]　戴烨元[2]　林丹明[3]

（1，3　汕头大学商学院　汕头　515063；2　广东卓维网络有限公司　佛山　528200）

【摘　要】 随着企业竞争环境日益动态复杂，传统战略管理研究所隐含的完全理性、完全信息的假设受到质疑。学术界开始从心理学角度探究管理者在决策中的心智模式，以更好地理解竞争本质及战略管理过程。本文延续战略认知心理学的研究路线，使用多案例和库格法对软件产业和轻工装备产业进行跨情景研究，从个人和产业层面分析不同产业环境下企业管理者的竞争认知结构。研究结果表明：在个人层面，管理者对竞争方式的心智模式在内容和结构上是存在差异的，但在与产业特性相关的核心竞争维度上是同质的。在产业层面，同一产业内管理者有着共同的竞争关键因素认知，且成熟产业中的管理者对关键成功因素的认同度更高。本文的研究结果有助于理解产业竞争环境对管理者心智模式的影响，从而进一步明晰战略认知心理学研究领域的基本问题。

【关键词】 竞争认知　心智模式　产业竞争环境　库格法　案例研究

1. 引言

在战略管理研究中，许多关于竞争环境分析和竞争战略的研究都暗含完全信息与完全理性的假设，认为决策者能够根据客观竞争环境制定相应竞争战略①。然而，战略决策者在处理问题时常有商业互动与交流，彼此之间会形成关于竞争方式的相似认知②。基于

＊ 本研究得到国家自然科学基金面上项目(项目批准号：71273160)和广东省自然科学基金面上项目(项目批准号：S2011010003320)的资助。

通讯作者：林丹明，E-mail：dmlin@ stu. edu. cn。

① Porter, M. E.. The contributions of industrial organization to strategic management［J］. *Academy of Management Review*, 1981, 6(4)：609-620.

② Levenhagen, M., Porac, J. F., and Thomas, H.. Emergent industry leadership and the selling of technological visions：A social constructionist view［J］. *Strategic Thinking：Leadership and the Management of Change*, 1993, 5：69-87.

Weick（1979a，1979b）关于"被塑造的环境"（the enacted environment）的研究，Porac 等（1989，1990）将这种社会建构过程称为"竞争塑造"（competitive enactment）。

按照"竞争塑造"的观点，企业高层管理者在塑造和变革产业竞争环境中扮演着重要角色，因此他们对商业环境的理解是至关重要的①②。战略形成之前，决策者必须对"竞争对手是谁"以及"将如何展开竞争"有基本认识。从认知的角度看，在面对竞争压力时，决策者是基于对竞争环境认识的心智模式（mental models）而采取行动③。也就是说，战略决策者的心智模式影响着决策的制定、竞争战略形成和产业的变化动态。

目前已经有许多学者从认知的角度来研究商业竞争，在产业和组织层面分析产业结构和竞争定位战略，以更好地解释产业竞争结构形成与演变个人层面的研究则认识到决策者对竞争定位的理解是经过其心智模式"过滤"的，并以此作为战略制定的基础。

早期一些对战略群组的竞争认知研究认为，在战略群组内的管理者具有共同知识结构。但稍后的研究指出，即使在同产业内，由于管理者的背景和心理特征的差异，其心智模式在结构和内容上也存在"系统模式的差异"。目前，企业长期的生存发展究竟需要多大程度的竞争认知共性或差异性，仍是战略管理心理学（the psychology of strategic management）领域的一个基本问题④。

前人对管理者心智模式在内容和结构上的研究结果表现出差异，可能是由于一部分研究主要集中于产业环境简单、相对成熟的传统制造业，而另一部分则针对银行和金融等服务性产业，因此忽略了产业的特性和产业竞争环境对管理者心智模式的影响。其次，前人的研究结果是基于不同的认知研究方法和数据处理方法得到的，在方法效度上也存在明显差异。

基于以上讨论，本文针对中国情境下的不同产业竞争环境，从认知的角度多层面地分析管理者竞争认知在内容与结构上的差异。本文所要重点研究的理论问题是：（1）在同一个产业内，管理者对企业应如何展开竞争问题上的知识内容和结构是否存在显著的差异或共性？（2）不同产业中管理者对于企业之间竞争本质内涵的理解是否相同？

2. 理论综述

对管理者竞争心智模式的探讨根据不同分析层面主要分为两类：一类是关于产业

---

① Grant, R. M.. *Contemporary strategy analysis：Concepts，iechniques，applications*［M］. Oxford：Blackwell Publishers Ltd., 1998.

② Johnson, G., Scholes, K., and Whittington, R.. *Exploring corporate strategy：Text and cases*［M］. Pearson Education, 2008：34.

③ Porac, J. F., and Thomas, H.. Taxonomic mental models in competitor definition［J］. *Academy of Management Review*, 1990, 15(2)：224-240.

④ Hodgkinson, G. P., and Sparrow, P. R.. *The competent organization：A psychological analysis of the strategic management process*［M］. Open University Press, 2002.

竞争结构的社会认知(socio-cognitive)理论，通过对管理者的竞争心智模式分析，从组织层面来解释产业竞争结构的形成和演变。另一类主要研究组织内或组织间对产业竞争环境心智表述的个人差异，认为这些差异可能在战略制定与实施过程中发挥重要作用。

认知心理学家认为，心智模式以层级形式存储的知识更易处理，而且存储在长期记忆区中①。据此，学者设计了层级分类访谈(hierarchical taxonomic interview)程序，用以描述关于产业竞争结构层级分类的心智模式，并通过实证研究表明其合理性。Porac 等(1989)使用"竞争塑造"的概念来解释苏格兰针织产业中的竞争厂商对竞争本质的共同认知。他们认为，同行竞争企业管理者的心智模式通过互动塑造(mutual enactment)而随时间趋向集中，最终出现群组层面(group-level)的心智模式。稍后，Porac 等(1995)使用基于分类访谈设计的结构化问卷和多元数据分析技术进行大样本研究，发现在苏格兰针织产业内，管理者对产业结构的共同理解包括6种组织分类模式和7个属性，如规模、技术、产品类型、地域位置等。

虽然社会认知理论认为战略群组内的管理者具有共同的知识结构，但有学者指出，管理者对竞争环境的理解在某种程度上存在个人差异，而社会认知的研究却忽略了这些个人差异对战略制定和实施的影响②。已有研究表明，即使在同产业部门，由于管理者背景与心理特征不同，其心智模式在内容和结构上也存在"系统的模式差异"(systematic patterns of difference)③。Hodgkinson 和 Johnson(1994)发现，同产业部门的管理者在看待产业结构形成的方式上具有明显的差异。de Chernatony 等(1993)和 Daniels 等(1994)的研究结果也表明，在特定组织内的管理者们比别的组织管理者有更相似的观点；具有相同职位、工作责任或角色的管理者的看法，比在不同职位、不同工作角色的管理者要更为相似。Johnson 等(1998)对国际汽车产业三个组织中 22 名管理者进行研究，对管理者所识别的竞争者数目、管理者使用概念的数目和对概念的内容分析结果表明，在产业、组织甚至是群组层面，几乎没有证据支持管理者对产业竞争环境认知的知识结构具有共性。这一研究结果与 Hodgkinson 和 Johnson(1994)以及 Daniels 等(1994)关于相同组织、相同职能岗位管理者的见解趋向相似的研究结果大相径庭。然而需要指出的是，Hodgkinson 和 Johnson(1994)与 Daniels 等(1994)的研究比较了参与者认知图(cognitive maps)的内容和结构，而 Johnson 等(1998)的分析仅仅集中于认知图的内容。

Hodgkinson(1997)总结了从认知角度开展的竞争认识研究，提出了管理者对竞争范围或竞争空间的认知特征是可衡量的，并且与可度量的战略行为、组织业绩之间存在实证关

① Rosch, E., Mervis, C. B., Gray, W. D., et al.. Basic objects in natural categories[J]. *Cognitive Psychology*, 1976, 8(3): 382-439.

② Hodgkinson, G. P.. The cognitive analysis of competitive structures: A review and critique[J]. *Human Relations*, 1997, 50(6): 625-654.

③ Daniels, K., Johnson, G., and Chernatony, L.. Differences in managerial cognitions of competition [J]. *British Journal of Management*, 1994, 5(s1): 21-29.

系的假设。Osborne 等(2001)使用美国医药产业 20 年间(1963—1982 年)董事会给股东信件的文档资料来识别认知战略群组(cognitive strategic groups),同时参照 Cool 和 Schendel (1987)对相同产业识别出的经济战略群组(economic strategic groups)。统计分析显示,Osborne 等人识别的认知战略群组与 Cool 和 Schendel 识别的经济战略群组之间显著地聚合 (converge)。这样,通过认知研究结果与经济绩效数据的相互对照,初步证明了 Hodgkinson 提出的管理者竞争认知与组织绩效之间实证关系。Hodgkinson(2001)进一步指出,管理认知研究的发展需要多样化的数据收集和分析方法,以得到跨越不同情境范围的实证结果。

3. 研究方法

库格法(Repertory Grid Technique,RGT)是源于临床心理学的认知研究的一种直接测量方法,以 Kelly(1955)的个人构念理论(Personal Construct Theory,PCT)为基础,该理论认为每个人头脑中都拥有各自的构念系统,并通过现象观察不断检验校对,以此指导日常事务处理。

本文通过库格法来直接测量企业管理者对竞争环境理解和产业竞争关键成功因素的认知。就研究目的而言,本文是探索性的①,采用多案例研究探求企业管理者对产业有关竞争方式和关键成功因素的认知。案例研究中使用库格法直接测量管理者的竞争认知,并使用半结构化问卷和访谈,用于收集管理者对一般产业环境理解和企业一般背景信息。其中,库格研究设计包括四个基本的组成部分:研究主题、元素、构念、评分②。

第一,研究主题:研究主题是应用库格法研究围绕的研究问题,本文是以产业内企业之间竞争方式为研究主题,分析管理者关于企业间竞争的个人构念,分析管理者竞争认知的心智模式。

第二,元素:元素反映研究主题所代表的人、事件、场地、物品等③④,且相对研究主题而言应该是同质的和具有代表性的。在典型的库格研究中,元素的获取通常由研究者提供(给定元素)或受访者提供(引出元素)。本研究库格设计中,使用类别列表引出元素,受访者提供其具有代表性的竞争对手作为元素,如表 1 所示。

第三,构念:构念是一组两极概念的陈述,个体通过一组两极的概念对事物进行区分。构念可以是一个词、短语或句子,如"可靠的—不可靠的"等,构念的获取可

---

① Yin, R. K.. *Case study research: Design and methods*[M]. Sage Publications, 2013: 41.

② Jankowicz, D.. *The easy guide to repertory grids*[M]. John Wiley & Sons, 2005: 50.

③ Siau, K., Tan, X, Sheng, H.. Important characteristics of software development team members: An empirical investigation using repertory grid[J]. *Information Systems Journal*, 2010, 20(6): 563-580.

④ Fallman, D., Waterworth, J.. Capturing user experiences of mobile information technology with the repertory grid technique[J]. *Human Technology*, 2010, 6(2): 12.

由研究者直接提供或从受访者中引出。在引出个人构念方法中，一般使用三元素组合比较法，每一次提供受访者三个元素（即三家彼此竞争的企业），并使用"限定措词"以引导和提示受访者聚焦于本文的研究问题上，以引出关于竞争方式及关键成功因素的一组两极描述的个人构念。在本文的库格研究过程中，统一使用的问题表述为："从三家企业在产业中竞争获得成功的方式看，其中两家企业在什么地方存在共同的特点而区别于第三家企业？"将三个元素比较中两个元素存在共同特性的描述，作为构念的左极，而第三个元素区别于其他两个元素的描述作为构念的右极，由此构成一个关于竞争认识主题的个人构念。

第四，评分：根据所引出的构念对每一个元素分别进行评分，一般使用5点或7点评分量表，以数值来代表构念的强度。本文根据所引出的构念对元素进行5点评分时，元素靠近构念描述左极在5点评分中代表"1"，靠近构念描述右极代表"5"。

表1   用于引出竞争者列表的类别

序 号	代 号	竞争对手类别
1	C0	目前本企业
2	C1	主要的竞争对手
3	C2	次要的竞争对手
4	C3	潜在的竞争对手
5	C4	非常成功的同行企业
6	C5	中等成功的同行企业
7	C6	很不成功的同行企业
8	C7	3~5年后本企业

为了全面探讨管理者的竞争认知，在引出个人构念过程中，首先围绕"目前本企业"元素与其他元素进行组合比较，尽可能引出管理者关于企业竞争的个人认识，随后提供"3~5年后本企业"元素与"目前本企业"元素进行对比，进一步引出相关竞争认识的个人构念。最后，由研究者提供"总体上不太成功—总体上比较成功"的构念对各个企业元素分别进行评分，以此对构念进行匹配分析（match display），分析其在企业竞争成功与否的关键因素上的解释度与重要性。本文具体的库格研究步骤如图1所示。

```
            ┌─────────────────────────┐
            │       聚焦研究主题         │
            └─────────────────────────┘
                         │
                         ▼
            ┌─────────────────────────┐
            │  使用竞争者类别列表引出元素    │
            └─────────────────────────┘
                         │
                         ▼
            ┌─────────────────────────┐
            │ 以三个元素一组，根据它们竞争  │◄──────┐
            │ 获得成功的方式，哪两个存在什   │       │
            │ 么共同特点而区别于第三个？     │       │
            └─────────────────────────┘       │
                         │                      │
                         ▼                      │
            ┌─────────────────────────┐       │
            │ 询问其为什么，检验是否理解所   │       │
            │ 引出的构念，并记录构念左右极    │       │
            └─────────────────────────┘       │
                         │                      │
                         ▼                      │
            ┌─────────────────────────┐       │
            │  根据引出构念对元素进行评分     │       │
            └─────────────────────────┘       │
                         │                      │
                         ▼                      │
              ◇─────────────────────◇          │
              ◇   构念引出是否完？    ◇──────────┘
              ◇─────────────────────◇      N
                         │ Y
                         ▼
            ┌─────────────────────────┐
            │ 提供"3~5 年后本企业"元素引   │
            │  出相关构念并进行评分         │
            └─────────────────────────┘
                         │
                         ▼
            ┌─────────────────────────┐
            │ 提供"总体上不太成功—总体上   │
            │  比较成功"的构念并评分        │
            └─────────────────────────┘
                         │
                         ▼
            ┌─────────────────────────┐
            │ 检验并询问受访者是否遗漏其    │
            │ 他应用于所有元素重要的构念，   │
            │  引出并进行评分              │
            └─────────────────────────┘
```

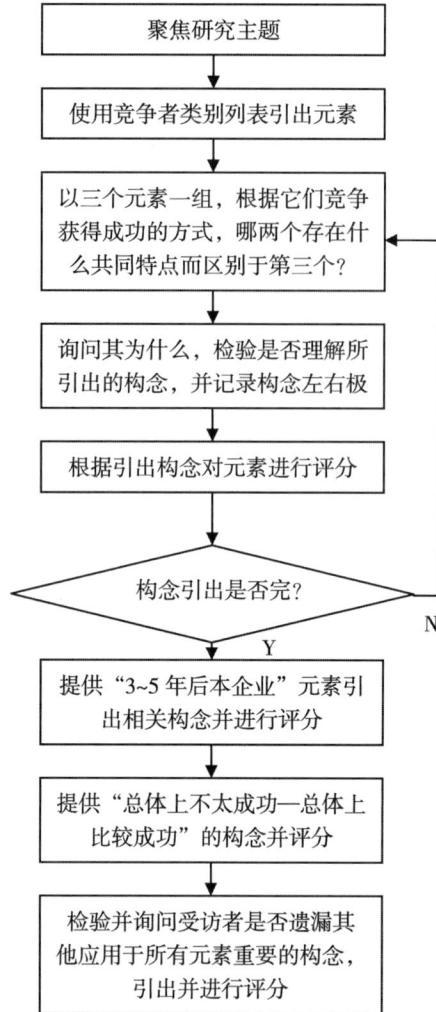

图 1 库格研究步骤

4. 研究样本、数据收集和分析

本研究选取传统轻工装备制造业和软件信息服务业各 11 家企业作为样本，样本中 22 个案例属于同一地区，基本信息见表 2。

研究组人员向受访者说明本研究的目的并向受访者保证遵守保密协议，与每一位受访者进行深入访谈，广泛地收集相关的定性和定量数据，包括企业的基本情况、竞争战略、管理者背景资料、库格研究数据等，然后针对每个案例资料建立相应独立的数据库，以便进行独立案例分析和跨案例研究。

表 2 案 例 样 本

软件企业	成立时间	员工人数	受访者	制造企业	成立时间	员工人数	受访者
S1	1995	45	总经理	T1	1974	800	总监
S2	1997	135	总经理	T2	1987	300	总监
S3	2002	90	总经理	T3	1957	400	总经理
S4	1996	70	总经理	T4	2000	60	总经理
S5	2005	75	总经理	T5	1997	100	总经理
S6	1993	40	副总	T6	1968	180	总经理
S7	2005	65	总经理	T7	1976	109	副总
S8	1998	103	总经理	T8	1984	80	副总
S9	2001	60	副总	T9	1989	90	总经理
S10	2006	31	总经理	T10	1993	147	总监
S11	2007	24	总经理	T11	1991	85	总经理

我们使用半结构式访谈提纲,从公司的过去基本发展情况开始,然后询问管理者关于产业竞争环境、公司的竞争战略、竞争对手情况。访谈过程尽量围绕主题而展开,让受访者畅所欲言以获得更多细节。同时,我们对访谈过程进行录音,并及时将录音翻译成访谈翻译文本。对访谈数据处理遵循两个原则:一是 24 小时原则,对访谈记录和印象等信息的整理在当天完成;二是尽量记录所有完整数据原则,不管访谈所得到的数据是否重要。

每个案例中的库格研究都采用图 1 的标准步骤,平均每次访谈时间 60~90 分钟。为了让受访的管理者熟悉库格研究步骤及相关内容,在访谈前我们提前用电子邮件将访谈和库格步骤的过程说明书发给受访者。在实际库格研究前,我们向受访者示范一个库格研究的简单例子(如"汽车—马—火车")①,让受访者熟悉库格访谈程序,懂得如何提供相关的个人构念。同时,访谈过程中我们提醒受访者在表述看法时,不是以寻找"正确"的答案为目的,而是应力求"真实"。表 3 是公司 S1 的库格数据。

我们对收集的库格数据进行单一库格分析和多库格分析。首先,对每个库格进行描述性分析,包括库格的元素、构念和评分过程分析。其次,把库格数据输入 WebGrid 处理软件进行库格分析。对每一个库格,把"总体上不太成功—总体上比较成功"的构念与其他构念进行匹配分析(match display)。某个构念与"总体上不太成功—总体上比较成功"构念匹配值越高,那么这个构念代表关键成功因素的权重越高,意味着此竞争维度的构念在解释企业竞争成功与否的关键因素上解释度越高,其重要性也越高。如表 4 所示,我们根据匹配百分比对每个构念评定一个"H-I-L"值,把构念中匹配值最高的三分之一评为(H)、

---

① Wright, R. P.. Mapping cognitions to better understand attitudinal and behavioral responses in appraisal research[J]. *Journal of Organizational Behavior*, 2004, 25(3): 339-374.

中间的三分之一为(I)、最低的三分之一为(L)，据此对构念进行内容分析形成相应的类别，进行综合分析。最后，使用 Honey 的内容分析法进行多库格分析。

表3　　　　　　　　　　　公司 S1 库格数据示例

	S1	C1	C2	C3	C4	C5	
多元产品，软件作为医疗销售的补足	5	5	1	4	4	5	产业专注度高、专业于软件产品
(标准化程度)参照和引用美国标准	5	5	1	3	3	5	以国标为主、以国际标准为辅
(产品技术层面)传统技术应用	5	1	4	4	1	5	技术创新与新技术应用
技术导向建立优势	1	2	5	5	3	1	以关系、业务攻关的市场导向
国家技术标准制定参与度浅	5	5	2	3	3	5	国家技术标准参与度深
(产品生命周期)产品成熟度低	5	5	4	1	4	5	产品成熟度高
(产品研发)产品更新换代率低	5	4	2	3	2	4	产品更新换代率高
产品服务深度、满意度低	4	4	2	3	2	5	产品服务深度、满意度高
软件销售为主	2	2	3	1	1	4	软件销售向服务转变的盈利模式变化
总体上不太成功	5	5	1	3	1	4	总体上比较成功

表4　　　　　　　　　　　单一构念的匹配分析

"总体上不太成功—总体上比较成功"	匹配值(%)	H-I-L 值
(标准化程度)参照和引用美国标准—以国标为主、以国际标准为辅	87.5	H
产品更新换代率低—产品更新换代率高	87.5	H
国家技术标准制定参与度浅—国家技术标准参与度深	83.3	H
产品服务深度、满意度低—产品服务深度、满意度高	79.2	I
多元产品，软件作为医疗销售的补足—产业专注度高、专业于软件产品	79.2	I
技术导向建立优势—以关系、业务攻关的市场导向	75.0	I
产品成熟度低—产品成熟度高	62.5	L
(产品技术层面)传统技术应用—技术创新与新技术应用	62.5	L
软件销售为主—软件销售向服务转变的盈利模式变化	58.3	L

5. 研究结果分析

5.1 同一产业的分析

表5、表6分别是软件产业和轻工装备产业的多库格间内容分结果摘要①。如表5所示，对11家软件企业的分析产生了79个样本构念，分属13个类别。其中，"销售和服务"类别所拥有的构念数目最多，共12个构念，占总样本构念数的15.2%；其次是"人力资源"和"技术研发"10个（12.6%），还有"业务范围"（10.2%）、"客户感知"（8.9%）。在11个软件企业案例中，描述"销售和服务"和"人力资源"的各有7家企业，各占64%；描述"技术研发"、"业务范围"和"客户感知"各有6家，占55%，描述其余类别的均在样本企业总数的50%以下。同时，没有一位管理者的构念系统包含了各个类别。由此可见在软件产业中，尽管管理者在销售服务、人力资源等方面有比较统一的共同竞争认知，然而在个人层面上，其关于竞争的心智模式是存在明显差异的。

表5　　　　　　　　　软件产业竞争关键成功因素的认知内容分析摘要

类　别	构念数目（%）	企业数目（%）	提及的企业
销售和服务	12（15.2%）	7（64%）	S1、S3、S4、S5、S6、S7、S11
人力资源	10（12.6%）	7（64%）	S2、S4、S5、S6、S8、S10、S11
技术研发	10（12.6%）	6（55%）	S1、S3、S5、S8、S9、S10
业务范围	8（10.2%）	6（55%）	S1、S3、S4、S7、S8、S10
客户感知	7（8.9%）	6（55%）	S5、S6、S7、S9、S10、S11
客户类型	6（7.6%）	5（45%）	S2、S5、S7、S8、S10
产品功能和质量	6（7.6%）	4（36%）	S1、S2、S5、S11
管理能力与经验	6（7.6%）	4（36%）	S3、S4、S7、S8
过去战略的学习	6（7.6%）	4（36%）	S1、S2、S7、S8
企业规模	3（3.8%）	3（27%）	S9、S10、S11
关系网络	2（3.8%）	2（18%）	S4、S6
融资	2（3.8%）	2（18%）	S3、S7
采购	1（1.2%）	1（9%）	S9

如表6所示，对11家轻工装备制造企业的分析总共产生了65个样本构念，分属12

---

① 由于篇幅原因，正文中未提供完整的内容分析结果，见附录。

个类别。其中"产品质量和价格"和"产品技术和研发"是最受关注的类别。"产品质量和价格"有 15 个构念，占构念总数的 23.1%，描述该类别的有 9 家企业，占样本企业总数的 82%；"产品技术和研发"有 11 个构念，占构念总数的 16.9%，描述该类别的有 8 家企业，占样本企业总数的 73%。这说明在轻工装备制造业中，管理者都比较关注产品的质量档次和价格水平，还有与生产特定档次产品所具备的产品技术和研发上的竞争。此外，描述在"客户感知"、"生产规模"和"市场占有率"方面竞争的各有 5 家企业(45%)，其余"售后服务"、"价值链延伸和整合"、"客户类型"等类别上比例均少于 45%。由此可见在轻工装备产业中，尽管管理者在产品质量档次和产品技术方面有比较统一的共同认知，但在个人层面上，他们的竞争心智模式也明显存在差异。

表6 轻工装备产业竞争关键成功因素的认知内容分析摘要

类　　别	构念数(%)	企业数(%)	提及的企业
产品质量和价格	15(23.1%)	9(82%)	T1、T2、T3、T4、T5、T8、T9、T10、T11
产品技术和研发	11(16.9%)	8(73%)	T4、T5、T6、T7、T8、T9、T10、T11
客户感知	7(10.8%)	5(45%)	T1、T3、T5、T6、T8
生产规模	6(9.2%)	5(45%)	T1、T2、T6、T7、T11
市场占有率	5(7.7%)	5(45%)	T2、T3、T5、T9、T11
售后服务	4(6.2%)	4(36%)	T2、T5、T9、T11
价值链延伸整合	4(6.2%)	3(27%)	T1、T3、T5
客户类型	3(4.6%)	3(27%)	T1、T10
管理能力与经验	3(4.6%)	2(18%)	T6、T8
业务范围	3(4.6%)	2(18%)	T7、T8
企业横向发展	2(3.1%)	2(18%)	T3、T5
人力资源	2(3.1%)	1(9%)	T4

综上，在软件产业，企业卖的不是简单的消费品，而更像是卖服务，管理者因而认为销售和服务、人力资源、客户感知等是产业竞争的本质。在轻工装备产业中，管理者关注机械装备产品质量、档次定位、产品技术方面的竞争。换言之，同一产业内的管理者在竞争的核心构念上具有共性。这与产业特性有很大关系，管理者在工作中通常会遇到与本产业同行面临的相似问题，他们在经营实践中寻找解决方法，同时也观察和学习同行的行动。这样一个有意无意地相互学习、模仿的过程，促成同行管理者对特定产业竞争的核心知识结构在内容上呈现趋同现象。

另一方面，各个企业本身有其特定的发展历程，管理者的背景和经历也存在个人差异，这使得各个管理者的心智模式在内容上和结构(类别)上存在差异。同行管理者的心智模式中除了比较一致的核心构念外，还包含分属不同类别的外围构念。而且，管理者的个人构念系统中对于各个构念类别意义的诠释也有着各自的不同理解。

基于以上分析，我们提出以下命题：

命题1：同行管理者个体之间的心智模式在内容和结构上是存在差异的，但与产业特性相关的核心构念是同质的。

该命题可以进一步分解如下：

命题1a：同一产业中的管理者对产业竞争环境认知的心智模式在内容上存在差异，但在核心的构念上具有共性。

命题1b：同一产业中的管理者对产业竞争环境认知的心智模式在结构上是异质的，其构念系统的认知复杂度是存在着个体差异的。

5.2 不同产业的比较分析

我们进一步对比了轻工装备产业和软件产业的研究结果。对软件企业的内容分析结果显示，在"销售和服务"、"人力资源"和"技术和研发"三个类别中，90%以上的个人构念的匹配等级在中等(I)以上。可见，管理者比较一致地认为软件产品的销售和服务、人才和技术是竞争的重中之重。软件产业的产品不是有形物质产品，它更多地是为了客户实现某种需求的一种算法或服务，因此，企业中最重要的资产不再是有形的机器、工厂，而是研发软件和提供售前售后服务的人才资产。相比之下，对传统制造产业的内容分析结果显示，在"产品质量和价格"类别的15个构念中，12个构念的匹配度在中等(I)以上的等级。在"产品技术和研发"类别的11个构念中，有8个构念(占73%)是中等(I)以上的等级。也就是说，"产品质量和价格"、"产品技术和研发"是较有共识的产业竞争关键因素。由此看出，在产业层面上，不同产业的管理者对产业竞争的关键成功因素的认识是不同的。不同产业中，企业最终输出的产品或服务有着很大的区别，产业的本质特征决定了企业不同的资源匹配，因此，不同产业的企业在展开业务时，相互竞争的焦点和投放资源的重点也有所区别。

轻工装备制造业属于历史悠久的传统产业，已经进入产业生命周期的成熟阶段。产业内管理者对于竞争认知的认同程度比较高。从该产业受访者所描述的构念意义看，企业需要根据产业竞争结构，以产品质量和档次定位为重要出发点，以相应的产品技术和研发能力为支撑，开发有竞争空间的产品，并通过规模化生产获取成本优势。随着众多小企业的模仿和低成本竞争，产业的产品利润空间被大大压缩，受访的众多轻工装备制造企业的高管比较一致地认为企业要进一步发展，需要通过强大的技术储备、开发新产品，以主导产品优势为中心向产业链上下游延伸和整合，采用企业合作联盟的方式寻找更大的利润空间和综合的竞争优势。该产业访谈的内容分析数据表明，"生产规模"、"价值链延伸和整合"、"企业横向发展"三个类别中个人构念的匹配等级几乎全为最高(H)等级。相比之下，在处于产业生命周期的成长阶段的软件产业中，虽然"技术研发"类别中，有80%构念为最高(H)的匹配等级，反映了技术研究在软件业中的成功企业所必备的核心要素，但受访的企业管理者对产业内的竞争要素都有各自的看法和侧重点，这反映出在软件业内，关于竞争的个人构念在各个类别中都比较分散。

综上，在进入产业生命周期成熟阶段的轻工装备制造产业，企业管理者对关键成功因素的认同度较高，而在处于产业生命周期成长阶段的软件产业中，企业管理者的竞争认知则比较分散。这一结果从一侧面支持了 Levenhagan 等（1993）提出的用于描述和解释产业竞争结构的发展和演化的"认知生命周期"的观点。也就是说，企业家对产业本质的理解和认识是随着产业生命周期阶段的递进而不断演化的。他们首先产生创新的经营管理思想，然后根据这些思想和观点逐步塑造市场竞争环境，直至产业的成熟阶段出现约定俗成的竞争方式。

根据以上分析，我们提出命题2：

命题2：在产业层面上，不同产业的管理者对产业竞争的关键成功因素的认识是不同的。产业的成熟程度越高，业内管理者对关键成功因素的共识程度越高。

6. 结论和讨论

本文在前人研究的基础上，分析产业特性对管理者心智模式的影响。研究结果发现，同产业管理者的心智模式在内容和结构上是存在差异的，但与产业特性相关的核心个人构念是同质的。核心的共同认知是由产业的本质和特性所决定的。不同的产业向终端客户提供不同形态的产品或服务，输出特定产品或服务的运作往往有其自身的商业运作规律和竞争的主导逻辑，所以管理者对产业内竞争规律的感知和把握反映在共同的、核心的竞争认知上。因此，管理者的心智模式可以看做由共同的核心构念和许多不同的外围构念所组成特定关系的知识结构。至于管理者心智模式之间的差异，主要源于每个组织都有其自身的发展历程和经营状况，加上背景、经历和认知特征等个体差异，使得管理者的心智模式存在差异，他们对于企业的竞争方式和竞争焦点有着各自不同的看法。

在特定产业，管理者心智模式具有共同的核心竞争认知，表现出被广泛认同的产业竞争的关键成功因素和竞争重点。这些产业内被广泛认同的关键因素由产业本质所决定，是企业经营管理过程中对商业规律的感知。研究结果表明，在传统的轻工装备产业，管理者对关键竞争因素的认同程度比新兴的软件产业的管理者更高。一个可能的推论是：越是在产业生命周期的后期阶段，产业内管理者对竞争方式的认同程度就越高，原因在于产业发展到比较成熟的阶段时，竞争结构趋于相对稳定，产业内管理者对于"主要的竞争对手"和"如何开展竞争"的看法有更为一致的认识，竞争认知也相对集中。

本文的研究存在局限。首先，虽然库格法在研究竞争认知方面具有很高的效度，但它只能发现个人构念池（a person's repertoire），亦即个人知识结构的一部分。其次，本文是对同一地区软件和轻工装备两个产业进行的小样本多案例研究，研究结果的一般性和适用性有待进一步验证。再次，虽然以高层管理者为对象，从认知的角度对组织进行研究在理论上是合理的，但企业内高层管理团队成员是否以相对一致的方式决策行事，仍是未知数。因此，未来的研究应着眼于跨越多个地区、多个产业针对管理者心智模式的大样本研究，同时还需要注意企业管理团队成员之间的互动如何影响管理人员的心智模式。

◎ 参考文献

[1] Bukszar, E.. Strategic bias: The impact of cognitive biases on strategy[J]. *Canadian Journal of Administrative Sciences/Revue Canadienne des Sciences de l'Administration*, 1999, 16(2).

[2] Calori, R., Johnson, G., and Sarnin, P.. CEOs' cognitive maps and the scope of the organization[J]. *Strategic Management Journal*, 1994, 15(6).

[3] Calori, R., Johnson, G., and Sarnin, P.. French and British top managers' understanding of the structure and the dynamics of their industries: A cognitive analysis and comparison[J]. *British Journal of Management*, 1992, 3(2).

[4] Cool, K. O., and Schendel, D.. Strategic group formation and performance: The case of the US pharmaceutical industry, 1963-1982[J]. *Management Science*, 1987, 33(9).

[5] De Chernatony, L., Daniels, K., Johnson, G.. A cognitive perspective on managers' perceptions of competition[J]. *Journal of Marketing Management*, 1993, 9(4).

[6] Dess, G., Davis, G., et al.. Porter's generic strategies as determinants of strategic group membership and organizational performance[J]. *Academy of Management Journal*, 1984, 27(3).

[7] Hodgkinson, G. P., and Johnson, G.. Exploring the mental models of competitive strategists: The case for a processual approach[J]. *Journal of Management Studies*, 1994, 31(4).

[8] Hodgkinson, G. P.. The psychology of strategic management: Diversity and cognition revisited[J]. *International Review of Industrial and Organizational Psychology*, 2001, 16.

[9] Huff, A. S.. *Mapping strategic thought*[M]. John Wiley & Sons, 1990.

[10] Johnson, D. R., and Hoopes, D. G.. Managerial cognition, sunk costs, and the evolution of industry structure[J]. *Strategic Management Journal*, 2003, 24(10).

[11] Johnson, P., Daniels, K., and Asch, R.. Mental models of competition[J]. *Managerial and Organisational Cognition*, 1998.

[12] Kelly, G. A.. *The psychology of personal constructs. Volume 1: A theory of personality*[M]. New York: WW Norton and Company, 1955.

[13] Nadkarni, S., Barr, P. S.. Environmental context, managerial cognition, and strategic action: An integrated view[J]. *Strategic Management Journal*, 2008, 29(13).

[14] Osborne, J. D., Stubbart, C. I., and Ramaprasad, A.. Strategic groups and competitive enactment: A study of dynamic relationships between mental models and performance[J].

Strategic Management Journal, 2001, 22(5).

[15]Panagiotou, G.. Managerial cognitions of competitive environments: A strategic group analysis[J]. *Management Research News*, 2006, 29(7).

[16]Peteraf, M., and Shanley, M.. Getting to know you: A theory of strategic group identity [J]. *Strategic Management Journal*, 1997, 18(s 1).

[17] Porac, J. F., Thomas, H., and Baden-Fuller, C.. Competitive groups as cognitive communities: The case of scottish knitwear manufacturers [J]. *Journal of Management Studies*, 1989, 26(4).

[18]Porac, J. F., Thomas, H., and Emme, B.. Knowing the competition: The mental models of retailing strategists[J]. *Business Strategy in Retailing*, 1987, 12.

[19]Porac, J. F., Thomas, H., Wilson, F., et al.. Rivalry and the industry model of Scottish knitwear producers[J]. *Administrative Science Quarterly*, 1995, 22.

[20] Reger, R. K., Huff, A. S.. Strategic groups: A cognitive perspective [J]. *Strategic Management Journal*, 1993, 14(2).

[21] Reger, R. K.. Managerial thought structures and competitive positioning[J]. *Mapping Strategic Thought*, 1990: 71-88.

[22]Weick, K. E., and Kiesler, C. A.. *The social psychology of organizing*[M]. New York: Random House, 1979a.

[23] Weick, K. E.. Cognitive processes in organizations [J]. *Research in Organizational Behavior*, 1979b, 1(1).

Managers' Mental Models and Industrial Competition

—Research in the Contexts of Software and Traditional Manufacturing Industry

Zhu Tengteng[1] Dai Yeyuan[2] Lin Danming[3]

(1, 3 Business School of Shantou University, Shantou, 515063;

2 Guangdong Topway Network Co. LTD. , Foshan, 528200)

Abstract: As the business environment for competition becoming increasingly complex and dynamic, the traditional strategic management research has been criticized because of its implied assumptions of perfect rational people and perfect information. Scholars have started from the perspective of psychology to explore the mental models of managers in decision-making, to better understand the nature of competition and the strategic management process. Along the research route of the cognitive psychologist, this paper uses the methods of case study and repertory grid technique (RGT) to study the managers' cognitive structures of competition in the contexts of software industry and light industry equipment manufacturing industry at both individual and industrial levels. Research results show that, at the individual level, there are differences on metal models among managers, though managers share homogeneous cognition on the industrial core dimensions. At the industrial level, managers in the same industry share common cognitions about the key factors of competition. The research results can help to understand how environments affect mental models of managers and the basic issues in the field of strategic cognitive psychology research.

Key words：Competitive cognition；Mental models；Industrial competitive environment；RGT；Case study

专业主编：陈立敏

附录 1

内容分析：软件产业关键成功因素的竞争认知

类别(构念数目)所占百分比%(总数=79)	相似度(%)	H-I-L
销售和服务(12)15.2%		
S3 营销服务团队规模小—营销服务团队扩大，辐射全省	89.3	H
S3 渠道相对窄—渠道遍及全国	89.3	H
S4 项目的管理跟踪与售后服务好—项目管理跟踪与售后服务差	84.4	H
S6 售前售后服务能力强—售前售后服务能力弱	87.5	H
S11 产品支持的售前售后服务满意—产品支持的售前售后服务不满意	87.5	H
S1 产品服务深度、满意度低—产品服务深度、满意度高	79.2	I
S3 服务意识弱—用心踏实地做好服务	75	I
S5 市场的覆盖率高—市场的覆盖率低	75	I
S5 本地市场争夺，对外拓展能力低—做好服务巩固本地市场以对外拓展市场	79.2	I
S3 注重客户服务，服务型—技术型，服务为次	75	I
S7 具有特色服务—传统模式	68.8	I
S11 注重产品技术的研发—业务渠道扩展和客户服务提高	58.3	L
人力资源(10)12.6%		
S2 技术队伍弱—技术队伍强	75	H
S2 骨干人员自主权低—老板授权，灵活，骨干人员自主权高	71.9	H
S11 公司团队上研发人员稳定—公司研发团队流失严重	83.3	H
S5 (销售人员)团队规模和人力投入大—团队规模和人力投入小	75	I
S6 员工自身学习能力低—员工学习能力加强以满足客户需求	79.2	I

类别（构念数目）所占百分比%（总数=79）	相似度（%）	H-I-L
S10 技术人才短缺—吸引技术人才开发主导的核心产品	84.4	I
S4 业务队伍小—业务队伍大	81.2	I
S8 经营管理团队弱、小—管理团队强、大	66.7	I
S11 研发团队和客户服务等投资成本高—研发团队和客户服务等投入小	79.2	I
S6 有经验的高端人才少—引进有经验的高端人才	66.7	L
技术研发（10）12.6%		
S1 参照和引用美国标准—以国标为主、以国际标准为辅	87.5	H
S1 国家技术标准制定参与度浅—国家技术标准参与度深	83.3	H
S3 技术研发实力弱—技术研发实力强	82.1	H
S5 技术创新、研发投入大来开发新产品—技术创新、研发投入小	87.5	H
S8 技术薄弱—技术相对领先	75	H
S9 系统集成技术弱—系统集成技术强	78.1	H
S9 软件开发水平低—软件开发水平	75.0	H
S10 技术开发能力弱—技术开发能力强	93.8	H
S1 技术导向建立优势—以关系、业务攻关的市场导向	75	I
S1 传统技术应用—技术创新与新技术应用	62.5	L
业务范围（8）10.2%		
S3 代理多产品，小品牌，地区性强—单一产品和大品牌	89.3	H
S8 单一业务发展—业务多元化发展	69.4	H
S1 多元产品，软件作为补足—行业专注度高、专业于软件产品	79.2	I
S8 软件开发为主，系统集成配套—系统集成为主	66.7	I
S3 单一会员服务—网络营销基础服务，服务种类比较多	67.9	L
S4 经营范围上硬件商为主兼系统集成商—经营范围上主要是系统集成商	71.9	L
S7 业务种类多种多样—单一业务为主	65.6	L
S10 面向相同客户，但业务范围比较窄—面向相同客户，但业务范围比较大	62.5	L
客户感知（7）8.9%		
S6 项目成功案例多，经验多客户认可度高—项目成功案例少，客户认同度低	83.3	H
S7 内部服务与用户认可度高—内部服务与用户认可度低	81.2	H
S10 客户对软件的成本承受能力低—客户对软件成本承受能力高	90.6	H
S11 知名度高—知名度低	70.8	I
S9 成功案例少—成功案例多	71.9	I

类别(构念数目)所占百分比%(总数=79)	相似度(%)	H-I-L
S6 为客户创造高价值的能力高，解决客户实际问题—向客户提供低附加值	66.7	L
S5 行业知名度比较高—行业知名度低	66.7	L
客户类型(6)7.6%		
S2 非单位用户—主营业务针对单位用户	78.1	H
S7 成立时间短客户资源少—成立时间长客户资源多	75	H
S10 面向客户类型的使用者小—面向客户类型的使用者多	75	L
S8 大客户为主—低成本策略运用小客户资源	63.9	L
S5 面向客户类型少，产品定价灵活度高—面向客户多，产品定价灵活度低	66.7	L
S2 特定行业客户应用能力低—特定行业客户深入做，应用能力强	50	L
产品功能和质量(6)7.6%		
S1 产品更新换代率低—产品更新换代率高	87.5	H
S5 低端产品效果好(产品质量上)—低端产品效果差	83.3	H
S5 中高端产品效果好(产品质量上)—中高端产品效果差	83.3	H
S1 产品成熟度低—产品成熟度高	62.5	L
S2 细分产品领先优势低—细分领域自主产品领先优势	62.5	I
S11 产品功能上竞争力强—产品功能上竞争力低	79.2	I
管理能力与经验(6)7.6%		
S4 方案设计好材料把好关—方案设计一般，材料没严格把关	84.4	H
S7 管理规范层次清晰—规模小管理不规范，老板身兼多职	71.9	H
S8 不规范管理—规范化管理	72.2	H
S3 管理不善—管理比较严格	78.6	I
S3 老板年轻，但投入带团队—老板老道，包装、推广等做得好	71.4	L
S4 管理模式上考核严格、苛刻—管理上激励更为人性化	71.9	L
过去战略的学习(6)7.6%		
S7 专业公司间合作起作用的个案少—从各个领域专业公司抓取信息开展业务	68.8	I
S2 差异性不明显，同质性—通过积累和产品差异化以质取胜	59.4	I
S8 主营工程项目起家—以设备销售起家	63.9	L
S7 直接客户—没有实体机房代理合作模式	56.2	L
S8 与大企业长期合作开展业务—围绕特定客户开展业务	58.3	L
S1 软件销售为主—软件销售向服务转变的盈利模式变化	58.3	L

类别(构念数目)所占百分比%(总数=79)	相似度(%)	H-I-L
企业规模(3)3.8%		
S10 企业规模小—企业规模大	90.6	H
S9 规模小—规模优势	62.5	L
S11 企业经营规模小—企业经营规模扩大	66.7	L
关系网络(2)2.5%		
S6 以关系获得项目—以价格优势和企业实力获取项目	79.2	I
S4 外交手段单一,注重企业自身打造—外交手段更多样化,更会拉关系	71.9	L
融资(2)2.5%		
S3 融大资金起步高—小技术创新开始创业	75	I
S7 业务发展增长速度快(资金投入上)—业务发展速度慢	68.8	I
采购(1)1.2%		
S9 采购成本低—采购成本高	56.2	L

附录 2

内容分析:轻工装备产业关键成功因素的竞争认知

类别(构念数目)所占百分比%(总数=65)	相似度(%)	H-I-L
产品质量和价格(15)23.1%		
T2 压缩成本来提高性价比—缩小与国外技术差距,提高性价比	83.3	H
T3 反映技术的产品档次高—反映技术的产品档次低	91.7	H
T4 目前产品定位于低端—目前产品定位于高端	82.1	H
T11 设备简单,产品价位低—产品价位高	90.6	H
T9 产品售价高—产品售价低	83.3	H
T10 单个售价低—单个产品售价高	85	H
T2 产品价格低—产品价格高	75	I
T2 产品性能一般—产品性能高	75	I
T3 产品价格水平高—产品价格水平低	87.5	I
T4 产品在行业中特色不显著—产品在行业中特色明显	78.6	I
T5 产品价格优势—成本高,产品价格高	75	I
T8 产品售价低—产品售价高	75	I
T1 产品质量上印刷行业专注度高—印刷行业专注度低	64.3	L

类别（构念数目）所占百分比%（总数=65）	相似度（%）	H-I-L
T4 基于国营的原有模式定位于高端产品，具有基本积累—开始就定位于低端	60.7	L
T9 产品质量高—产品质量低	75	L

产品技术和研发（11）16.9%

T4 技术研发能力弱—基于人才技术研发能力提高	82.1	H
T6 科技开发能力低—科技研发能力高	100	H
T10 产品综合性，产品齐，技术综合实力高—具有局部技术优势	85	H
T8 技术水平一般—技术比较前沿	79.2	H
T10 技术含量低—技术含量高	85	H
T11 技术实力比较弱—技术实力比较强	84.4	I
T6 技术吸收改进—自主研发为主的科技开发	75	I
T7 技术实力强—技术实力弱	75	I
T5 工艺创新型技术优势—传统型技术创新优势	65	L
T7 提高现有产品的技术成熟度—开发新产品	67.9	L
T9 新产品研发速度慢—新产品研发速度快	66.7	L

客户感知（7）10.8%

T6 用户信誉度低—用户信誉度高	87.5	H
T3 心理方面的市场影响力高（只买国外产品）—心理方面的市场影响力低	87.5	I
T6 以产品质量提高开户满意度—以超值服务来提高用户满意度	75	I
T8 品牌知名度低—品牌知名度高	75	I
T5 对上游客户联系少—对上游客户的多方位了解	75	I
T5 在客户心目中品牌知名度低—在客户心目中品牌知名度高	75	I
T1 发展历史长，产品经验和知名度高—发展历史短，产品经验与知名度低	57.1	L

生产规模（6）9.1%

T6 销售量、规模小—销售量、规模大	79.2	H
T11 规模比较小—规模比较大	87.5	H
T7 规模大品牌好—规模小，品牌知名度低	96.4	H
T7 生产效率低，成本高—生产效率高，降低成本	78.6	H
T1 员工、产值上发展规模大—员工、产值上发展规模小	71.4	I

类别（构念数目）所占百分比%（总数＝65）	相似度（%）	H-I-L
T2 中国办厂组建加强本土化程度降低成本—市场销售上本地企业优势和成本优势强	61.1	L
市场占有率(5)7.7%		
T5 地区市场占有率低—地区市场占有率高	80	H
T9 市场占有率高—市场占有率低	79.2	I
T3 国内市场占有率高—市场占有率低	75	L
T2 销售量少，销售能力低，占有率低—提高销售量和市场占有率	58.3	L
T11 市场占有率低—开发节能环保产品，提高市场占有率	71.9	L
售后服务(4)6.2%		
T2 售后服务上，优势弱—好的销售团队，售后服务优势强	72.2	I
T5 国营体制上约束，服务不到位—民营企业售后服务灵活，说了算，效果好	75	I
T9 售后服务好—售后服务一般	79.2	I
T11 进口产品价格高，售后服务不便—配件国产化比率高，售后服务便利	84.4	I
价值链延伸和整合(4)6.2%		
T1 产业链长，生产成本低（附加值）—产业链无法向前后延伸，生产成本高（附加值）	82.1	H
T1 产业链延伸上新产品多—产业链延伸新产品少	85.7	H
T5 与下游供应商联系少—完善生产链与下游供应商联合	85	H
T3 主导产品的成套优势强—主导产品的成套优势弱	83.3	L
客户类型(3)4.6%		
T1 客户稳定性高—客户稳定性低	71.4	I
T1 多元性客户—单一客户	67.9	I
T10 以国外客户为主—国内外客户平分	60	L
管理能力与经验(3)4.6%		
T6 经营风险高—经营风险低	70.8	L
T6 以基础管理为主—数字化达到管理升级	75	I
T8 管理不规范—管理机制规范化	87.5	H
业务范围(3)4.6%		
T7 专业性高—专业性低	71.4	I
T7 产品多样性高—产品多样性低	60.7	L
T8 产品涉及范围窄—产品涉及范围宽	66.7	L

类别(构念数目)所占百分比%(总数=65)	相似度(%)	H-I-L
企业横向发展(2)3.1%		
T3 单一企业竞争—发展企业集团以达成本与服务优势	87.5	H
T5 企业间横向合作少,市场信息反应慢—企业间横向联盟合作,技术支持	85	H
人力资源(2)3.1%		
T4 在技术团队组建上人才环境不好—在技术团队组建上人才环境好	67.9	L
T4 基于人才基础上销售能力弱—基于人才基础上销售能力提高	89.3	H

东盟"10+5 投资网络"中的国家角色地位与竞争优势变迁[*]

——基于 2003—2012 年的实证研究

● 梁运文[1]　谢　婷[2]

（1，2　广西大学商学院　南宁　530004）

【摘　要】采用社会网络研究法，本文刻画了 2003—2012 年东盟"10+5 投资网络"10 年间的年度连续动态演化过程，并从"核心—半核心—边缘"、中间中心度和限制度三个方面，研究了 2003—2012 年 10 年间中国、美国、日本、韩国、澳大利亚、新加坡、泰国、越南、马来西亚、印度尼西亚、菲律宾、柬埔寨、老挝、缅甸、文莱 15 国在东盟"10+5 投资网络"中的国家角色地位与竞争优势变迁过程。本研究发现，东盟"10+5 投资网络"的演进具有相当的稳固性，其投资关系密度一直在 0.5 之上；一国经济的绝对实力，并不能成为跻身东盟"10+5 投资网络"核心角色地位的唯一决定因素；通过对处于东盟"10+5 投资网络"边缘非活跃国家进行投资关系维护，是一国获得更大网络影响力的有效途径。

【关键词】东盟 10+5　投资网络　角色地位　国家竞争优势

1. 引言

　　1967 年 8 月，印度尼西亚、新加坡、泰国、菲律宾和马来西亚 5 国在泰国曼谷共同发表《东南亚国家联盟成立宣言》，正式宣告成立东南亚国家联盟(Association of Southeast Asian Nations，简称东盟或 ASEAN)；20 世纪 80—90 年代，文莱(1984 年)、越南(1995 年)、老挝(1997 年)、缅甸(1997 年)和柬埔寨(1999 年)5 国先后加入东盟，至此，东盟成为覆盖整个东南亚地区、人口超过 6 亿、面积达 450 万平方公里的 10 国集团(陶光胜，2008；罗箭华，2009)；从成立之初，东盟就一直积极致力于实现内部的经济一体化，2002 年 1 月 1 日，东盟自由贸易区建设正式启动以实现联盟内贸易的零关税，2008 年 12

---

　　* 本文是国家自然科学基金项目(项目批准号：71263007)的阶段性研究成果。

　　通讯作者：梁运文，E-mail：liangyunwen@163.com。

月 15 日《东盟宪章》正式生效,目标是在 2020 年建成东盟共同体。

自 20 世纪 90 年代初,特别是 1997 年东南亚金融危机后,东盟认识到新的更高合作层次、全方位合作关系的重要性,从而开始发起并积极推进东亚区域合作进程,东盟"10+5 投资网络"逐渐演进形成。1997 年 12 月 15 日,东盟与中日韩领导人会议在马来西亚吉隆坡举行,标志着东盟"10+3"合作机制正式启动,2002 年东盟与中国签署《中国与东盟全面经济合作框架协议》,启动中国—东盟自由贸易区建设并于 2010 年如期正式建成,2003 年日本与东盟达成建设日本—东盟自由贸易区的协议并于 2012 年正式建成,2005 年韩国与东盟达成建设韩国—东盟自由贸易区的协议并于 2009 年正式建成;作为东盟 10 国的主要对话国,澳大利亚与东盟在 2005 年达成建设澳大利亚—东盟自由贸易区的协议并于 2009 年正式启动;中日韩澳与东盟自由贸易区的成立,极大促进了"东盟 10+5 投资网络"的演进形成;除此之外,作为东盟 10 国的主要对话国之一的美国,尽管与东盟没有签署任何自由贸易协议,但自第二次世界大战结束以来,美国与东南亚国家的投资贸易关系一直十分密切。

然而,自 2010 年后,国际形势瞬息万变,出现了重大战略变化,东盟"10+5 投资网络"演进受到诸多关键性不确定因素的显著影响。其一,自 2010 年成为全球第二大经济体后,中国正成长为最有影响力的大国之一,中国的外交也进入了"有所作为"阶段,获得更多的网络治理权和话语权,成为中国在东盟"10+5 投资网络"中的主要目标;其二,在中国国家角色发生重大转变的背景下,东盟 10 国在搭乘中国经济发展的"顺风车"同时,又对中国的崛起深深戒备,普遍对中国实施"大国平衡"战略,以平衡美国、日本、中国等地区大国在东盟区域中的力量比重,避免任何一个地区大国把持、控制整个亚太地区的政治经济局势①;其三,为了制衡中国、重返亚太的战略需要,美国正主导推动"跨太平洋战略经济伙伴关系"(TPP)谈判,并积极吸引东盟国家加入,目前,东盟国家中的新加坡、越南、马来西亚和文莱四国已加入 TPP 谈判,东盟中的菲律宾与泰国正积极考虑加入 TTP 谈判,东亚的日本与韩国也加入谈判,但中国一直被排除在外,TPP 作为一种新的地区合作机制,将对中国在东盟"10+5 投资网络"中的角色地位产生重大冲击②;其四,中日钓鱼岛争端爆发后,日本开始全面推进"中国+1"战略,产业和企业开始加速向东盟转移,根据日本贸易振兴机构(JETRO)发布的《世界贸易投资报告》显示,2013 年 1—6月,日本企业对东盟的直接投资总额同比增长 55.4%,达 102 亿美元,超过在中国投资额的 2 倍。

在此国际形势战略背景下,对由东盟 10 国与中国、日本、韩国、美国、澳大利亚 5国形成的东盟"10+5 投资网络"进行研究,具有重要的意义。理论上可以进一步丰富对区域投资网络一般演化规律和轨迹认识;现实意义上可以以全新的视角,呈现出东盟"10+5 投资网络"中 15 个国家在该区域价值网络中的角色地位与国家竞争优势,从而为我国有效提升国家竞争优势提供指导借鉴。

---

① 李文韬. 东盟区域经济一体化战略及其对 APEC 合作影响[J]. 南开学报,2012,4:85-94.

② 祁春凌. TPP 对中国—东盟自贸的挑战及中国的应对之策[J]. 对外经贸实务,2015,1:8-11.

2. 2003—2012 年东盟"10+5 投资网络"动态演进历程

"网络"其实质是一个集合，主要由两部分组成：行动者及其相互的"关系"，即网络是由节点和"线"组合而成的集合①。基于此，在东盟"10+5 投资网络"中，"节点"指的是文莱、柬埔寨、老挝、越南、缅甸、泰国、新加坡、马来西亚、印度尼西亚、菲律宾、中国、日本、韩国、美国、澳大利亚 15 国，而网络中的"边或线"则是指任意两个国家之间的投资关系。

本文将东盟"10+5 投资网络"中的 15 个国家经济体当作网络中的"节点"，"边"代表 15 个国家经济体两两间的投资关系，如此，东盟"10+5 投资网络"则可以用一个由 0 和 1 组成的二值矩阵 A_{ij}^t 表示，其中若两国之间存在直接投资流量，则 $a_{ij}^t = 1$，否则为 $a_{ij}^t = 0$，考虑到每年的对外投资流量有负值存在，因此本文也将负值区域设定为 0，最终，将邻接矩阵 A_{ij}^t 看做东盟"10+5 投资网络"。该东盟"10+5 投资网络"模型不考虑双边投资关系在数额上的差异性，只注重 15 个国家经济之间是否存在投资关系。

本文从联合国贸易和发展会议数据库收集了 2003—2012 年东盟 10 国和中国、日本、韩国、澳大利亚、美国 5 个国家的双边直接投资额，单位为百万美元，设定如下矩阵公式 1：

$$\begin{cases} a_{ij}^t = 1, & (a_{ij}^t > 0) \\ a_{ij}^t = 0, & (a_{ij}^t \leq 0) \end{cases} \tag{1}$$

依据公式（1），本文收集了 2003—2012 年东盟"10+5 投资网络"各国家经济体间的双边 FDI 数据，构建了 12 个 15×15 的二值邻接矩阵，矩阵中的"行"表示经济体 A 对其他 14 个经济体的 FDI 流出关系，A 对 A 则为 0；矩阵中的"列"表示经济体 B 对其他 14 个经济体的 FDI 流入关系，B 对 B 则为 0②。由于统计口径的差异，当两个国家经济体相互间 FDI 流出值与流入值不完全一致时，本文以联合国发表的双边 FDI 流出值为准。

根据东盟"10+5 投资网络"二值邻接矩阵，2003—2012 年 10 年间东盟"10+5 投资网络"演进的年度网络图谱如图 1 至图 10 所示。

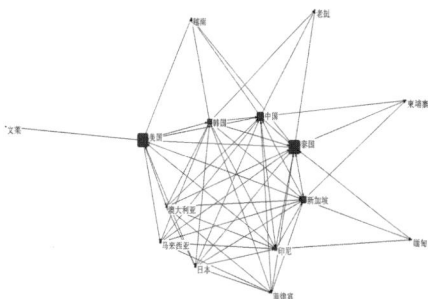

图 1　2003 年东盟 10+5 投资网络状态　　图 2　2004 年东盟 10+5 投资网络状态

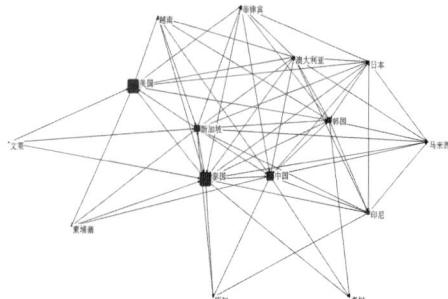

① 刘军. 整体网分析——UCINET 软件使用指南[M]. 北京：格致出版社，2009：23.

② 谢婷，董蓉. 我国在东盟 10+3 投资网络中角色地位演变轨迹 [J]. 商场现代化，2014，16：26-27.

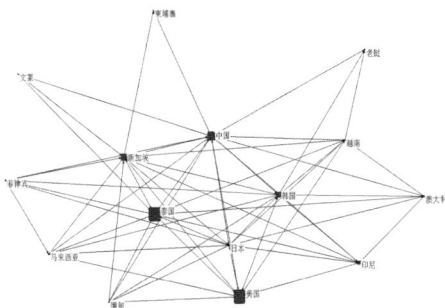

图 3　2005 年东盟 10+5 投资网络状态

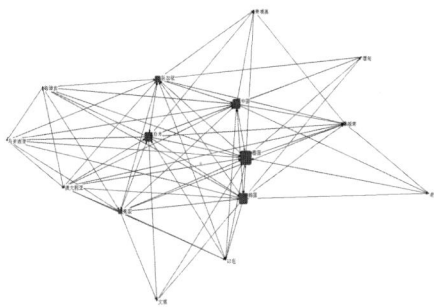

图 4　2006 年东盟 10+5 投资网络状态

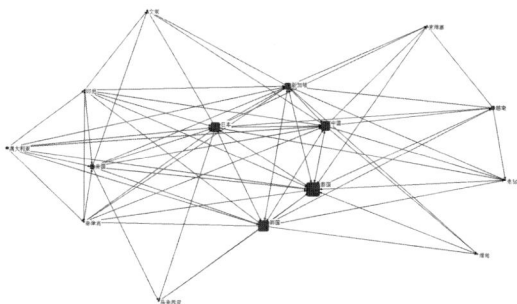

图 5　2007 年东盟 10+5 投资网络状态

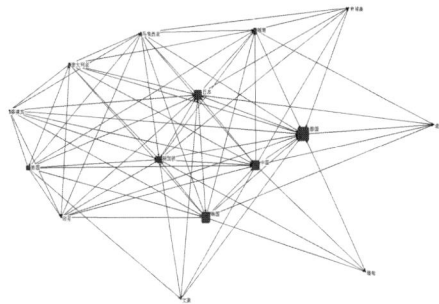

图 6　2008 年东盟 10+5 投资网络状态

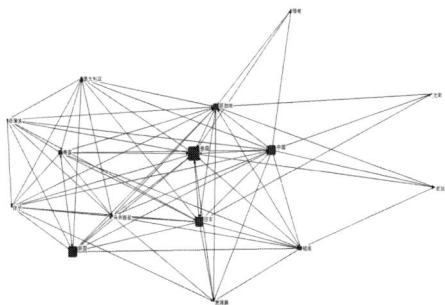

图 7　2009 年东盟 10+5 投资网络状态

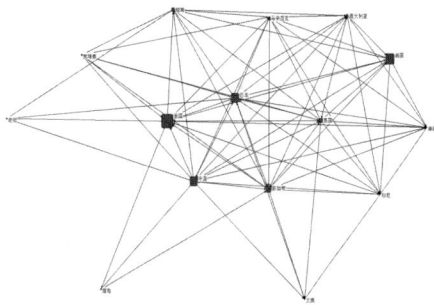

图 8　2010 年东盟 10+5 投资网络状态

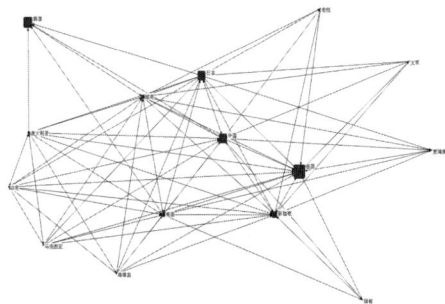

图 9　2011 年东盟 10+5 投资网络状态

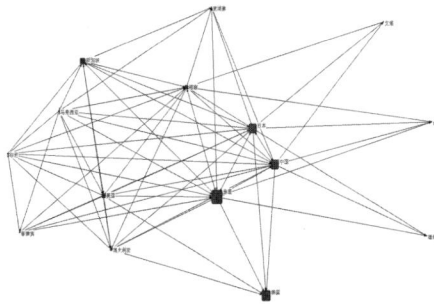

图 10　2012 年东盟 10+5 投资网络状态

从整体网络密度来看①，2003—2012 年东盟"10+5 投资网络"的网络密度变化如表 1 所示，十年期间，东盟"10+5 投资网络"的网络密度呈现出先上升后下降的趋势，但总体变化波动幅度不大，这表明，这一区域经济一体化"投资网络"具有相当的稳固性联系。2003 年，文莱只与一个国家(美国)有投资联系，越南、老挝、柬埔寨、缅甸处在东盟"10+5 投资网络"的边缘，处于东盟"10+5 投资网络"中心区域的是美国、韩国、中国、泰国、新加坡、日本、澳大利亚，其中泰国与美国是与其他国家投资关系最强的两个经济体国家。

东盟"10+5 投资网络"投资关系密度最高的是 2008 年，这意味着在 2008 年 15 个国家经济体的投资联系最为紧密，其中文莱由 1 个投资关联国成长为与 5 个国家有双边投资关系，尽管柬埔寨、老挝、缅甸三国仍处于东盟"10+5 投资网络"的边缘地带，但其投资关系伙伴国增加到 5 个；与此同时，2008 年东盟"10+5 投资网络"的核心国分布情况则发生了较大变化，泰国、日本、韩国、中国、新加坡发挥着中坚力量，越南则成长最快，其他国家对其投资迅速增加。

2008—2012 年，东盟"10+5 投资网络"投资关系密度有所下降，截至 2012 年，东盟"10+5 投资网络"投资关系密度回至 2007 年的水平。

表 1　　　　　　　　　　**2003—2012 年东盟 10+5 投资网络密度变化分布**

指标＼年份	2003	2004	2005	2006	2007	2008	2009	2010	2011	2012
实际关系总数	110	122	116	136	130	144	138	144	138	128
理论关系数量	210	210	210	210	210	210	210	210	210	210
网络整体密度	0.524	0.581	0.552	0.648	0.619	0.686	0.657	0.686	0.657	0.610

3. 2003—2012 年东盟"10+5 投资网络"国家"核心—半核心—边缘"地位分布

根据社会网络分析法，网络"核心—边缘"模型分为离散型和连续型，由于本文所使用的投资数据是一种相互之间的关系往来，因此适合构建连续型"核心—边缘"模型。在连续模型中，本文首先将原始数据进行对称化处理，然后利用 UCINET 软件计算出东盟"10+5 投资网络"每个国家经济体的核心度指标，具体如表 2 所示。根据研究需要，本文将核心度 ≥ 0.3 的国家划分东盟"10+5 投资网络"的核心国家；把核心度介于 0.2~0.3 的国家划分为半核心国家；把核心度 < 0.2 的国家划分为边缘国家②。

---

① 一般而言，一个网络若有 N 个行动者，则在理论上最大的关系连边数量为 $N(N-1)$；若一个网络中实际的关系连边数量为 M，则该网络的整体密度=实际关系数/理论最大可能值，计算公式为：

$$D = \frac{M}{N(N-1)}$$

② 陈银飞. 2000—2009 年世界贸易格局的社会网络分析[J]. 国际贸易问题, 2011, 11: 31-42.

表2

2003—2012年东盟"10+5投资网络"各国家经济体核心度分布

排名	2003年		2004年		2005年		2006年		2007年		2008年		2009年		2010年		2011年		2012年	
	国家	核心度	国家	核心度	国家	核心度	国家	核心度	国家	核心度	国家	核心度	国家	核心度	国家	核心度	国家	核心度	国家	核心度
1	泰国	0.372	泰国	0.367	中国	0.386	泰国	0.345	中国	0.344	中国	0.336	中国	0.334	中国	0.328	中国	0.341	中国	0.352
2	中国	0.357	中国	0.354	日本	0.345	日本	0.331	新加坡	0.344	日本	0.323	新加坡	0.334	日本	0.318	日本	0.327	日本	0.352
3	韩国	0.342	新加坡	0.353	新加坡	0.343	中国	0.330	日本	0.343	新加坡	0.320	泰国	0.323	新加坡	0.316	越南	0.327	泰国	0.340
4	新加坡	0.336	韩国	0.320	泰国	0.318	韩国	0.327	泰国	0.340	泰国	0.306	日本	0.311	泰国	0.313	新加坡	0.324	越南	0.321
5	美国	0.300	澳大利亚	0.307	韩国	0.316	新加坡	0.317	韩国	0.321	韩国	0.301	马来西亚	0.301	美国	0.307	泰国	0.324	马来西亚	0.295
6	印尼	0.292	日本	0.284	美国	0.294	美国	0.297	美国	0.280	马来西亚	0.293	韩国	0.280	马来西亚	0.292	美国	0.306	美国	0.291
7	日本	0.279	美国	0.280	越南	0.248	越南	0.284	印尼	0.267	澳大利亚	0.275	美国	0.280	韩国	0.273	澳大利亚	0.274	印尼	0.274
8	澳大利亚	0.279	印尼	0.242	马来西亚	0.238	马来西亚	0.240	菲律宾	0.251	美国	0.258	印尼	0.277	澳大利亚	0.273	印尼	0.259	新加坡	0.271
9	马来西亚	0.243	菲律宾	0.233	印尼	0.236	菲律宾	0.237	澳大利亚	0.251	越南	0.256	菲律宾	0.257	印尼	0.261	马来西亚	0.236	澳大利亚	0.267
10	菲律宾	0.239	马来西亚	0.228	缅甸	0.213	印尼	0.237	越南	0.199	印尼	0.250	澳大利亚	0.257	越南	0.252	菲律宾	0.236	菲律宾	0.219
11	越南	0.143	越南	0.201	菲律宾	0.206	缅甸	0.212	老挝	0.185	菲律宾	0.250	越南	0.232	菲律宾	0.248	柬埔寨	0.181	柬埔寨	0.187
12	老挝	0.111	柬埔寨	0.134	澳大利亚	0.195	柬埔寨	0.153	文莱	0.152	柬埔寨	0.166	柬埔寨	0.195	柬埔寨	0.192	文莱	0.151	韩国	0.154
13	柬埔寨	0.110	缅甸	0.130	文莱	0.108	文莱	0.145	柬埔寨	0.152	文莱	0.138	老挝	0.110	文莱	0.135	老挝	0.151	老挝	0.130
14	缅甸	0.103	老挝	0.102	老挝	0.097	老挝	0.120	缅甸	0.129	老挝	0.136	缅甸	0.089	老挝	0.106	韩国	0.144	缅甸	0.099
15	文莱	0.031	文莱	0.098	柬埔寨	0.074	马来西亚	0.114	马来西亚	0.123	缅甸	0.113	文莱	0.088	缅甸	0.084	缅甸	0.118	文莱	0.097

对于中国、美国、日本、韩国、澳大利亚等 5 个非东盟国家而言，表 2 所展示的各国家经济体核心度分布显示，中国在这 10 年期间均处于东盟"10+5 投资网络"的核心国家地位，且在 2007 年以来其核心度一直位列第一，这表明随着中国—东盟自由贸易区建设的推进，中国与东盟国的投资关系日益密切。日本的核心度在 2003 年和 2004 年明显落后于中国，然而从 2005 年起，其在东盟"10+5 投资网络"中的核心度不断与中国接近，中国与日本成为东盟"10+5 投资网络"中核心度最高的两个国家。这表明，随着日本"中国+1"战略的全面推进，日本对中国在东盟"10+5 投资网络"中的核心地位形成了明显的挑战。韩国在 2008 年以前一直处于网络的核心区域，然而随后其核心度一直降低，2009 年和 2010年还处于半核心区域，具备较强的网络影响力，然而 2011 年和 2012 年韩国在东盟"10+5投资网络"核心度骤降，跌至边缘区域。美国在东盟"10+5 投资网络"中的核心度，自2003 年到 2009 年，一直处于下降的态势，其地位从核心国降至半核心国，表明期间美国对东盟"10+5 投资网络"的影响被稀释，然而自 2010 年后，美国在东盟"10+5 投资网络"中的核心度开始上升并再度进入到核心国地位，这表明，2009 年美国实施"重返亚太"战略后对东盟国家的投资影响逐渐增加。澳大利亚在整个 10 年期内，其在东盟"10+5 投资网络"中的核心度基本处于"半核心"地位。2003—2012 年中国、美国、日本、韩国、澳大利亚在东盟"10+5 投资网络"中的核心度变化趋势如图 11 所示。

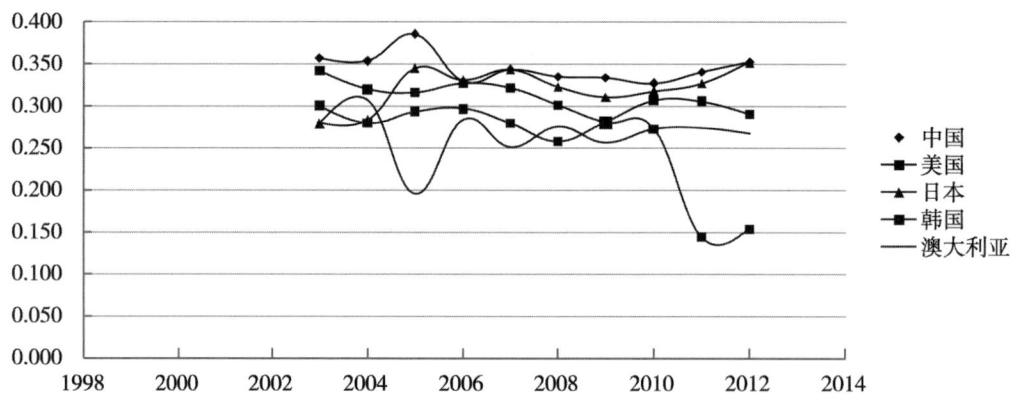

图 11　中国、美国、日本、韩国、澳大利亚在东盟"10+5 投资网络"中核心度变化趋势

表 2 所展示的东盟 10 国经济体核心度分布显示，在东盟 10 国中，泰国一直处于东盟"10+5 投资网络"的核心地位。在 2003—2011 年期间，新加坡一直处于东盟"10+5 投资网络"的核心地位，但 2012 年新加坡的核心度急剧下降，从核心区域滑落到半核心区域。过去十年，东盟 10 国中在东盟"10+5 投资网络"中地位变化最显著的是越南，在 2003—2010 年的 8 年间，越南一直处于东盟"10+5 投资网络"的半核心或边缘地位，然而在 2011年越南的核心度一跃上升到第三位，仅次于中国和日本，2012 年仍位列第四，属于核心国地位。2003—2012 年间，印度尼西亚、马来西亚和菲律宾基本上一直处于东盟"10+5投资网络"中的"半核心"地位，缅甸、老挝、柬埔寨和文莱基本上一直处于东盟"10+5 投资网络"中的"边缘"地带。

从单个国家在东盟"10+5投资网络"中的投资流量规模来看(具体见表3),排名前六位的国家分别是日本、美国、新加坡、澳大利亚、韩国和中国。结合上述日本、美国和中国三国在东盟"10+5投资网络"中的核心度分布情况比较,可以得出三个有意义的比较结论:(1)日本与美国是东盟"10+5投资网络"中投资额度最大的两个国家,都属于发达国家,而且都对东盟有着国家战略层面上的重视,然而日本一直处于核心区域地位,美国则在半核心与核心区域之间徘徊,这表明地理距离和文化差异是影响投资主体国在东盟"10+5投资网络"中地位的重要因素。(2)美国在东盟"10+5投资网络"中投资流量规模远大于中国,而地位却与中国相差较大,这表明东盟"10+5投资网络"中的地位与具体的投资流量规模没有直接因果关系,一个国家本身的经济实力,并不能对其在东盟"10+5投资网络"中地位起决定性的作用。(3)同属东亚的日本与中国,日本在东盟"10+5投资网络"中的投资流量规模远大于中国,其核心度却不及中国,表明让中国与东盟国家保持关系更紧密的地缘优势,对中国在东盟"10+5投资网络"中的地位起重要作用,当然,2010年以来日本实施的"中国+1"战略和东盟国家普遍采取的"平衡战略",已经开始明显影响中国与日本在东盟"10+5投资网络"中核心度的分布情况。

表3　　　　　　2003—2012年15国在东盟"10+5投资网络"中的投资流量　单位:百万美元

年份 国家	2003	2004	2005	2006	2007	2008	2009	2010	2011	2012	总投资流量
文莱	0	19	26	2	0	15	116	0	72	5	255
柬埔寨	5	3	0	0	1	1	6	5	2	5	28
中国	379	496	1191	689	1824	4995	5401	7755	11372	13475	47577
印尼	486	451	188	717	965	930	1573	1433	1918	149	8810
日本	17204	18503	26400	24431	35090	63521	63423	32496	57026	71237	409331
韩国	3030	3798	4426	6150	10678	11506	8336	10150	1	0	58075
老挝	0	0	0	34	37	0	0	0	1	1	73
马来西亚	0	0	0	0	0	8984	5889	8062	8236	6488	37659
缅甸	9	7	15	51	63	64	72	69	127	0	477
菲律宾	233	418	265	348	575	271	129	295	343	34	2911
新加坡	5266	6353	6717	10445	21076	22067	16617	18255	23218	24701	154715
泰国	283	232	630	685	1375	3331	3148	2777	2103	5448	20012
越南	5	5	10	16	136	135	103	315	443	330	1498
澳大利亚	9893	5447	264	9649	4975	18042	5452	3918	19779	3422	80841
美国	16969	22925	15656	21383	52100	39470	21910	48940	35309	49914	324576

4. 2003—2012年东盟"10+5投资网络"国家"中间中心度"地位分布

在社会网络研究中，"中间中心度"指标，衡量了网络行动者作为"中间人"或"桥梁"的关系角色，控制和影响网络其他行动者的"权力"大小，从而直接衡量了网络行动者在网络整体中的影响力地位(高红艳，2007；张岩，2007；吕明非，2008)。因此，根据研究需要，本文通过测度东盟"10+5投资网络"中各国的"中间中心度"，来分析15国作为"中间人"对其他国家之间投资关系的影响，从而展示15国在投资网络中的"权力"大小，具体计算公式如下：

$$C_A = \sum_B^n \sum_D^n M_{BD}(A) , B \neq D \neq A \qquad (2)$$

公式(2)中，C_A表示网络中A行动者的中间中心度，$M_{BD}(A)$表示行动者A控制行动者B和D间交往的能力大小，其中$M_{BD}(A) = G_{BD}(A) / G_{BD}$，$G_{BD}$表示$B$和$D$的所有关系路径，$G_{BD}(A)$表示必须经过$A$的$B$和$D$的关系路径。根据公式(2)，计算所得的2003—2012年间东盟"10+5投资网络"中15国的"中间中心度"大小如表4所示。

对于中国、日本、韩国、澳大利亚和美国而言，表4显示：(1)美国在2003年其中间中心度最高，在东盟"10+5投资网络"中最具有"权力"，之后美国的"中间中心度"不断下降，不敌中国和日本；(2)日本的中间中心度在2003年为0，表明其"权力"几乎为0，但从2004年起，日本的中间中心度开始提升，并于2007年在5国中达到最高，2012年则与中国齐平并列第一；(3)中国的中间中心度在2005年达到最大，但2006年突然急剧下降，之后不断提升，但提升幅度并不大；(4)韩国的中间中心度在2006年达到顶峰，之后一路下跌，直至2012年其中间中心度降到0，丧失了在东盟"10+5投资网络"中的话语权；(5)澳大利亚在东盟"10+5投资网络"中的中间中心度一直处于比较低的水平。

表4 **2003—2012年东盟"10+5投资网络"各国家经济体"中间中心度"分布**

国别＼年度	2003	2004	2005	2006	2007	2008	2009	2010	2011	2012
文莱	0	0	0	0	0	0.11	0	0	0	0
柬埔寨	0	0	0	0	0	0	0.14	0	0	0
中国	9.85	10.24	19.88	6.79	8.11	8.24	11.66	9.93	9.04	12.95
印尼	2.88	1.1	0.48	0	0.88	0.11	0.68	1.1	0.14	0.31
日本	0.47	0.73	3.22	6.7	8.48	5.13	4.43	5.53	5.83	12.95
韩国	5.82	4.47	6.77	7.51	6.34	4.25	0.45	0.27	0	0
老挝	0	0	0	0	0	0	0	0	0	0
马来西亚	0.47	0	0.29	0	0	1.41	1.13	0.95	0	1.08
缅甸	0	0	0.11	0	0	0	0	0	0	0

年度 国别	2003	2004	2005	2006	2007	2008	2009	2010	2011	2012
菲律宾	0.31	0	0.11	0	0	0.11	0	0	0	0
新加坡	7.38	10.42	10.63	3.86	8.11	5.75	11.66	6.45	6.38	0.55
泰国	15.71	15.55	6.22	10.18	8.79	7.27	7.27	7.18	6.38	8.56
越南	0	0	2.49	2.12	0.44	1.9	1.69	1.96	5.83	6.3
澳大利亚	0.47	1.54	0.27	0.78	0	0.38	0	0.27	1.24	0.88
美国	15.97	4.3	1.18	2.71	2.8	1.59	0.45	2.6	4.72	1.47

从东盟 10 国内部来看，表 4 的数据显示：(1)泰国与新加坡，其在东盟"10+5 投资网络"中的中间中心度一直在东盟内部处于最高值，说明泰国与新加坡一直对东盟"10+5 投资网络"具有相当的话语权，其在东盟内部的领导地位一直没有被撼动；(2)越南的中间中心度在 2011 年之后提升极快，2011 年与泰国、新加坡三足鼎立，并且在 2012 年在新加坡影响力骤降的同时上升到东盟国家内部第二位置；(3)马来西亚与印度尼西亚两国的中间中心度一直较低，表明两国只具备了一定程度的"权力"；(4)文莱、老挝、柬埔寨、菲律宾和缅甸 5 国，其中间中心度一直在 0 附近徘徊，说明此 5 国在东盟"10+5 投资网络"中几乎没有中间位置，其他国家并不需要通过此 5 国与其他国家进行投资关联。

最后，从东盟"10+5 投资网络"整体来看，已经基本形成了两个最为集中的投资关系"权力中心"，一是在东盟之外，形成了以中国和日本为中心的投资关系"权力中心"，影响力极大；二是在东盟内部，形成了以泰国、新加坡和越南为中心的投资关系"权力中心"。

5. 2003—2012 年东盟"10+5 投资网络"国家"限制度"分布

在社会网络研究中，"限制度"是指社会网络中某行动者 i 受其他行动者限制的总体程度。一般来讲，社会网络中某行动者的限制度值越小，表明其占据的网络结构洞越多，其在网络中所掌握的信息利益和控制利益的机会就越多，其竞争优势就越大。在本文研究中，通过测度 15 国的"限制度"，来分析东盟"10+5 投资网络"中各国受其他 14 国投资限制的总体程度，以衡量 15 国在投资网络中的"竞争优势"大小，具体计算公式如下：

$$C_{ij} = \left(\frac{1}{n_i} + \sum_q \frac{1}{n_i} \frac{1}{n_q} \right)^2 = \left(\frac{1}{n_i} \right)^2 \left(1 + \sum_q \frac{1}{n_q} \right)^2 \tag{3}$$

公式(3)中，C_{ij} 表示网络中行动者 i 受行动者 j 限制的程度，n_i 表示行动者 i 的网络关系规模总数，n_q 表示连接 i 和 j 中间者 q 的网络关系总数。根据公式(3)，2003—2012 年间东盟"10+5 投资网络"中 15 国的"限制度"大小如表 5 所示。

表5

2003—2012年东盟"10+5投资网络"各国家经济体"限制度"分布

排名	2003年 国家	2003年 限制度	2004年 国家	2004年 限制度	2005年 国家	2005年 限制度	2006年 国家	2006年 限制度	2007年 国家	2007年 限制度	2008年 国家	2008年 限制度	2009年 国家	2009年 限制度	2010年 国家	2010年 限制度	2011年 国家	2011年 限制度	2012年 国家	2012年 限制度
1	泰国	0.28	泰国	0.26	中国	0.26	泰国	0.27	日本	0.28	中国	0.26	中国	0.26	中国	0.26	中国	0.27	中国	0.27
2	中国	0.30	新加坡	0.28	新加坡	0.30	韩国	0.28	中国	0.28	日本	0.28	新加坡	0.26	泰国	0.28	日本	0.29	日本	0.27
3	新加坡	0.32	中国	0.28	韩国	0.32	中国	0.28	新加坡	0.28	新加坡	0.28	泰国	0.28	新加坡	0.28	越南	0.29	泰国	0.28
4	韩国	0.33	韩国	0.33	日本	0.33	日本	0.28	泰国	0.28	泰国	0.28	日本	0.30	日本	0.28	新加坡	0.29	越南	0.30
5	美国	0.33	美国	0.36	泰国	0.33	新加坡	0.31	韩国	0.30	韩国	0.30	马来西亚	0.33	美国	0.30	泰国	0.29	美国	0.36
6	印尼	0.39	澳大利亚	0.36	美国	0.39	美国	0.33	美国	0.36	马来西亚	0.33	印尼	0.36	马来西亚	0.33	美国	0.30	马来西亚	0.36
7	日本	0.44	日本	0.39	越南	0.43	澳大利亚	0.36	印尼	0.39	越南	0.36	韩国	0.36	越南	0.36	澳大利亚	0.36	澳大利亚	0.39
8	澳大利亚	0.49	印尼	0.43	印尼	0.48	越南	0.39	菲律宾	0.44	美国	0.36	美国	0.36	印尼	0.36	印尼	0.40	新加坡	0.39
9	马来西亚	0.49	马来西亚	0.49	马来西亚	0.49	马来西亚	0.44	澳大利亚	0.44	澳大利亚	0.36	越南	0.39	韩国	0.36	马来西亚	0.44	印尼	0.39
10	菲律宾	0.49	菲律宾	0.56	澳大利亚	0.55	菲律宾	0.49	越南	0.49	印尼	0.40	菲律宾	0.40	澳大利亚	0.36	菲律宾	0.44	菲律宾	0.49
11	越南	0.77	越南	0.77	缅甸	0.56	印尼	0.49	老挝	0.56	菲律宾	0.40	澳大利亚	0.40	菲律宾	0.40	柬埔寨	0.56	柬埔寨	0.56
12	柬埔寨	0.93	柬埔寨	0.77	菲律宾	0.56	柬埔寨	0.65	文莱	0.65	柬埔寨	0.56	柬埔寨	0.49	柬埔寨	0.49	文莱	0.65	韩国	0.65
13	老挝	0.93	缅甸	0.93	文莱	0.93	缅甸	0.65	柬埔寨	0.65	文莱	0.64	老挝	0.65	文莱	0.65	老挝	0.65	老挝	0.130
14	缅甸	0.93	文莱	0.93	老挝	0.93	文莱	0.77	马来西亚	0.77	老挝	0.65	文莱	0.77	老挝	0.77	韩国	0.65	缅甸	0.099
15	文莱	1.00	老挝	0.93	柬埔寨	1.13	老挝	0.77	缅甸	0.77	缅甸	0.77	缅甸	0.93	缅甸	0.93	缅甸	0.77	文莱	0.097

表5显示，占据2003—2012年东盟"10+5投资网络"限制度最低前三位位置的，主要是中国、日本、泰国、新加坡和越南。10年来，中国与日本，通过与东盟国家签订一系列的投资合作协议，举办各种交流活动，以及共同建设自贸区等，一直与其他网络关系国家保持密切的联系，这让中国与日本在争取东盟"10+5投资网络"信息与资源方面具有最大的国家竞争优势，进而掌控了该网络中的大量非冗余社会资本，当然，表5也清晰地显示出，中国与日本在获取掌控东盟"10+5投资网络"资源方面的竞争也尤为激烈。作为东盟10国中经济实力最为强劲的泰国和新加坡，通过多年来在东盟内的精心经营，使两国掌握了丰富的非冗余信息与社会资源，成为了东盟内部最有投资竞争优势的国家，当然，近两年来，新加坡的国家竞争优势有所下降，值得其警惕。越南在东盟"10+5投资网络"中的国家竞争优势发展态势引人注目，2011年与2012年越南的"限制度"排名分别为第三位与第四位，这表明，2011年以来，越南在东盟"10+5投资网络"中地位获得了全方位的提升。

处在东盟"10+5投资网络"限制度第四位到第九位的，主要是美国、澳大利亚、韩国、马来西亚和印度尼西亚。美国在东盟"10+5投资网络"的限制度排名，在其实施"重返亚太计划"之前，总体呈下降趋势，之后获得一定程度的提升，这表明，TPP计划使得更多的亚洲国家加入，让美国从另外的渠道获取了更多的"国家竞争优势"补偿。10年来，澳大利亚的"限制度"尽管呈现出波浪形浮动，但排名基本处于第六位到第十位之间，且2003年与2012年基本持平，这表明澳大利亚在东盟"10+5投资网络"中的国家竞争优势较为稳定。韩国的"限制度"在2008年前一直较低，在东盟"10+5投资网络"中具有较强的投资关系国家竞争优势，但自2009年以后，韩国的"限制度"不断提升，几乎成了"限制度"最高的国家，这表明，韩国自2009年后在东盟"10+5投资网络"中已不再具备国家竞争优势。

6. 研究结论与对中国建议

2003—2012年东盟"10+5投资网络"国家角色地位与竞争优势分布见表6。

作为全球最大的发展中国家，经济总量位居全球第二，且具有明显区位优势的中国，目前在东盟"10+5投资网络"中的投资关系限制度较低，处于投资网络的核心区域位置，并且扮演五个权力中心成员之一的角色，其国家竞争优势处于"强势"态势。

作为全球最大的发达国家，经济总量位居全球第一，地理距离较远但又力图"重返"的美国，目前在东盟"10+5投资网络"中的投资限制度处于中等水平，处于投资网络的半核心区域位置，扮演着非权力中心的角色，其国家竞争优势处于"一般"态势。

作为全球经济总量第三，已在东盟国家精心耕耘半个世纪，且目前把东盟作为"中国+1"战略重点的日本，目前在东盟"10+5投资网络"中的投资限制度较低，处于投资网络的核心区域位置，并且扮演五个权力中心成员之一的角色，其国家竞争优势处于"强势"态势。

作为发达国家的韩国，其在东盟"10+5投资网络"中的角色地位从2003年的"核心区域—权力中心—低限制度"状态演变为2012年的"半核心区域—非权力中心—高限制度"，基本退出了对东盟"10+5投资网络"领导角色的角逐，其国家竞争优势为"弱势"态势。

作为发达国家的澳大利亚，其在东盟"10+5投资网络"中的角色地位状态较为稳定，基本处于"网络半核心区域—非权力中心—中等限制度"状态，国家竞争优势为"一般"态势。

一直处于东盟领导国地位的新加坡和泰国，目前在东盟"10+5 投资网络"中仍处于"网络核心区域—权力中心—低限制度"角色地位状态，其国家竞争优势为"强势"态势。不过，自 2011 年来，新加坡的角色地位出现了较大滑坡的势头，值得其警惕。

越南在 2010 年以前，其在东盟"10+5 投资网络"中的角色地位并不显著，但 2011 年以后，其角色地位提升迅速，从"半核心区域—非权力中心—高限制度"状态演变为"核心区域—权力中心—低限制度"，其国家竞争优势开始呈现出"强势"态势。

马来西亚和印度尼西亚，其在东盟"10+5 投资网络"中的角色地位状态较为稳定，基本处于"网络半核心区域—非权力中心—中等限制度"状态，国家竞争优势为"一般"态势。

菲律宾、缅甸、老挝、柬埔寨和文莱五国，一直以来在东盟"10+5 投资网络"中的角色地位，基本处于"边缘区域—非权力中心—高限制度"状态，国家竞争优势亦为"弱势"态势。将来对这五个国家投资关系的开发程度，将成为决定东盟"10+5 投资网络"国家角色地位新格局的关键所在。

表6　　　　2003—2012 年东盟"10+5 投资网络"国家角色地位与竞争优势分布

国　家	国家属性	网络"核心度—中间中心度—限制度"角色地位特征组合	国家竞争优势态势
中国	发展中国家	网络核心区域—权力中心—低限制度	强势
美国	发达国家	网络半核心区域—非权力中心—中等限制度	一般
日本	发达国家	网络核心区域—权力中心—低限制度	强势
韩国	发达国家	网络半核心区域—非权力中心—高限制度	弱势
澳大利亚	发达国家	网络半核心区域—非权力中心—中等限制度	一般
新加坡	发达国家	网络核心区域—权力中心—低限制度	强势
泰国	发展中国家	网络核心区域—权力中心—低限制度	强势
越南	发展中国家	网络核心区域—权力中心—低限制度	强势
马来西亚	发展中国家	网络半核心区域—非权力中心—中等限制度	一般
印度尼西亚	发展中国家	网络半核心区域—非权力中心—中等限制度	一般
菲律宾	发展中国家	网络半核心区域—非权力中心—高限制度	弱势
缅甸	发展中国家	网络边缘区域—非权力中心—高限制度	弱势
老挝	发展中国家	网络边缘区域—非权力中心—高限制度	弱势
柬埔寨	发展中国家	网络边缘区域—非权力中心—高限制度	弱势
文莱	发展中国家	网络边缘区域—非权力中心—高限制度	弱势

基于以上研究结论，从国家层面，中国政府可以从以下两个方向进一步提升与巩固在东盟"10+5 投资网络"中的角色地位与国家竞争优势：（1）增加吸引东盟"10+5 投资网络"中半核心、边缘国家对中国的投资。目前，中国对东盟"10+5 投资网络"中其他 14 个国家

均有投资输出，但吸引外商投资来源国则主要集中在东盟"10+5 投资网络"中的核心国家；（2）在东盟"10+5 投资网络"中大力推进同步的社会文化交流，因为在东盟"10+5 投资网络"中，国家的经济实力和对网络的总投资额度，并不能成为构建国家竞争优势的唯一决定因素，文化距离、地理距离、心理距离、制度差异等因素是影响国家竞争优势构建与维系的关键。

◎ 参考文献

[1]陈银飞. 2000—2009 年世界贸易格局的社会网络分析[J]. 国际贸易问题，2011，11.

[2]李文韬. 东盟区域经济一体化战略及其对 APEC 合作影响[J]. 南开学报，2012，4.

[3]刘军. 整体网分析——UCINET 软件使用指南[M]. 北京：格致出版社，2009.

[4]罗家德. 社会网分析讲义（第二版）[M]. 北京：社会科学文献出版社，2010.

[5]罗箭华. 东盟背景下广西物流发展的趋势分析[J]. 物流工程与管理，2009，5(31).

[6]祁春凌. TPP 对中国—东盟自贸区的挑战及中国的应对之策[J]. 对外经贸实务，2015，1.

[7]陶光胜. 中国—东盟自由贸易区的贸易效应及贸易趋势研究[D]. 重庆大学，2008.

[8]谢婷，董蓉. 我国在东盟 10+3 投资网络中角色地位演变轨迹[J]. 商场现代化，2014，16.

National Roles and Competitive Advantage Changes for ASEAN "10+5 Investment Network"

—Empirical Research of 2003-2012

Liang Yunwen[1]   Xie Ting[2]

(1, 2   Business School of Guangxi University, Nanning, 530004)

Abstract：Based on social network analysis method, this paper showed the annual dynamic evolution process of ASEAN "10+5 Investment Network" from 2003 to 2012, and from three respects："core-peripheral structure"、Betweenness centrality and Constraint, we gave researches on the transitions of national roles and competitive advantages of Chinese, American, Japan, South Korea, Australia, Singapore, Thailand, Vietnam, Malaysia, Indonesia, Philippines, Kampuchea, Laos, Burma and Brunei in ASEAN "10+5 Investment Network" while these ten years. We found that the evolution process of ASEAN "10+5 Investment Network" is quite stability, the density of investment relationship kept above 0.5, the economic strength of a country couldn't be the only determinant that if it could be a core member in the network, and maintaining the investment relationships with those non active states in ASEAN "10+5 Investment Network" was an effective way to get more influence in the network for a country.

Key words：ASEAN 10+5；Investment network；Roles；National competitive advantages

专业主编：陈立敏

国企与私企对外直接投资影响因素对比分析[*]
——来自跨国并购的经验证据

● 卢汉林[1]　廖　慧[2]

（1，2　武汉大学 经济与管理学院　武汉　430072）

【摘　要】本文将我国企业根据所有权性质划分为国企与私企，在引入制度质量、文化异质性等反映国家软实力影响因素的基础上，采用泊松计数回归模型，对我国国企和私企 2010—2013 年间对各国跨国并购的面板数据进行回归分析，以研究国企和私企对外直接投资所受影响因素的不同，并从东道国类别的角度深入探讨国企 OFDI 与私企 OFDI 的差异。结果显示，在全样本模型中，国企 OFDI 和私企 OFDI 均偏好投资于制度质量较好且未与我国签订双边投资协定的国家，此外，东道国市场规模和东道国自然资源也会促进国企 OFDI 流向该经济体，而私企 OFDI 则还受到中国向东道国的出口的正向影响以及文化异质性的负向影响。在将东道国划分为发达国家和发展中国家后，国企 OFDI 和私企 OFDI 所受影响因素及影响程度皆发生变化。

【关键词】对外直接投资　跨国并购　所有权

1. 引言

　　20 世纪 80 年代，我国年均对外投资只有微不足道的 4 亿美元，到 20 世纪 90 年代，年均对外投资流量增长到 23 亿美元，2000 年我国开始实行"走出去"战略，积极鼓励和支持具有竞争优势的企业对外投资。自此开始，我国对外直接投资规模出现跳跃性发展。国际金融危机以后，世界各国对外直接投资规模均有所减少，而我国境外直接投资却仍保持高速增长的趋势。2008—2012 年间，我国对外直接投资年平均流量增长了 6.5 倍，达到 687.4 亿美元。根据商务部和国家外汇管理局统计，2014 年我国 OFDI 实现全行业对外直接投资 1160 亿美元，同比增长 15.5%，蝉联全球第三大对外投资国。在这一背景下，对我国 OFDI 进行研究具有非常重要的现实意义。

　　在我国实施"走出去"政策之初，国企主导着我国的 OFDI 活动，尤其是承担国家投资战略的大型国有企业，大部分 OFDI 由其实施。随着投资规模的增大以及受投资收益的驱

---

　　* 通讯作者：廖慧，E-mail：emma91hui@sina.com。

使，越来越多的私企也开始参与其中。据《2012 年度中国对外直接投资统计公报》，2012 年我国非金融类对外直接投资 777.3 亿美元，其中国有企业占比不足五成。回顾近几年我国企业的对外直接投资情况，可以看到，不管是在对外直接投资金额占比还是在对外直接投资企业数量占比上，国企均有所下降，而私企却呈上升趋势，足以可见，国企在我国对外直接投资领域的绝对主导地位将不复存在。相较于国企而言，私企缺乏所有权优势，同时在同国际大企业相比又缺乏竞争优势，处于这样一种劣势的情况下，私企却仍然加紧其对外投资的步伐，对于东道国哪些因素吸引私企进行 OFDI 活动，需要从理论上作出解释。同时，因国企与私企对外直接投资动机不同，这必然导致国企 OFDI 行为同私企 OFDI 行为在区域选择上存在明显差异，因而对这两者的 OFDI 行为进行对比分析具有非常重要的理论意义。

纵观已有文献，可以看到，在对我国对外直接投资活动进行实证研究时，大部分主要采取总量数据进行研究。而我国 OFDI 主体有着明显的国企与私企二元结构特征，并且国企 OFDI 与私企 OFDI 不管是在投资动机、行为特征还是区位选择上均具有显著不同，需要区别而论。然而，在大量的研究中，对中国 OFDI 决策同其投资主体的所有权属性之间的联系进行实证研究的并不多。Ramasamy 等（2012）运用泊松计数数据模型，对 63 家公开上市的中国企业（其中 17 家为私营企业，46 家为国有企业）2006—2008 年的国际区位选择进行检验，他们发现国有企业更倾向于投资拥有丰富自然资源且具有政治风险的国家，这一结论同样也为 Duanmu（2012）所证实，而拥有丰富自然资源的国家同样也吸引私营企业的投资，这可能是因为私营企业会追随国有企业的投资以使自己得到关联产品和服务。Amighini 等（2013）选取 2003—2008 年间对外进行绿地投资的中国企业作为研究对象，根据它们的所有权结构将其划分为国企与私企，利用国别数据和行业数据对其对外新建投资决策进行研究，结果表明中国 OFDI 决策因投资企业所有权属性不同而存在差异，私企 OFDI 偏好选择市场规模较大、战略资产禀赋较高、政治经济风险较低的东道国或地区，而国企 OFDI 则基于国家利益更多地投资于自然资源丰裕的东道国或地区，并且其在进行对外投资时并不考虑东道国的投资风险。

反观国内的研究，赵庆山（2012）基于制度因素的视角，认为我国当前亟待深入对非国有企业 OFDI 动机的研究。冀相豹（2014）采用 1998—2011 年中国 OFDI 数据，从制度视角对中国对外直接投资影响因素进行了实证研究，并分别按东道国类别以及企业所有制性质进行了分类检验，结果表明国有企业 OFDI 对制度的依赖性大于私企。李享章（2011）则从中国 OFDI 动因的角度考察了国有企业 OFDI 的业绩、地位与政策启示，发现中国国有企业 OFDI 与私营企业 OFDI 所适用的对外投资理论并不一样，国有企业的 OFDI 主要适用于"国家特定优势"理论，而私营企业的 OFDI 主要适用于"过程论"，因私企在国际市场上缺乏竞争力，故私企只能通过不断模仿学习来实现对外直接投资范围的扩张。

鉴于现有研究尚未全面系统地分析国企 OFDI 和私企 OFDI 决策的差异，笔者认为尚有进一步深化和细化国企 OFDI 和私企 OFDI 决策差异的空间。本文试图在借鉴前人研究成果的基础上，在以下几个方面进行尝试性改进：第一，采用泊松计数回归模型对国企和私企的跨国并购面板数据进行实证研究，分析国企和私企 OFDI 决策的不同；第二，引入政治制度选择与风险、文化异质性等反映国家软实力的影响因素，考察其在国企与私企

OFDI 决策中的作用；第三，按照东道国类别进行分类检验，深化和细化分析国企与私企 OFDI 决策的差异。

2. 国企 OFDI 和私企 OFDI 影响因素的理论研究

2.1 东道国市场规模

根据 Dunning 的国际生产折中理论，企业进行对外直接投资的动机无外乎是寻求市场、消除交易成本或是寻求自然资源。目前，已有大量的文献研究证明了中国的 OFDI 是受市场导向目的驱使的。但是当将中国企业划分为国企和私企后，再讨论市场规模对这两类企业 OFDI 决策的影响，却没有得到一致结论。有研究发现东道国的市场规模对于中国投资者而言并不总是其进行 OFDI 决策所要考虑的因素，这取决于投资者进行投资的行业。本文认为，东道国的市场规模对私企的 OFDI 决策影响较深，而国企的 OFDI 决策受其的影响微乎其微。中国私企对对外投资有着强烈的欲望，这是中国不平衡的经济环境导致的。就国内市场和自然资源的获取而言，国企因受中央政府的监管和控制，在进行对外直接投资时必然会受到政策上的倾斜，私企只有通过对外直接投资来逃离国内这种不受支持的市场，以找寻自己能够立足的市场。为此，本文用一国的 GDP 衡量其市场规模，以研究该因素在国企和私企对外直接投资决策中的作用。

2.2 东道国自然资源

中国经济的高速发展催生了中国对石油、矿产品等自然资源的极度渴求，这必然导致中国 OFDI 流向自然资源禀赋丰裕国家或地区。现有研究发现：中国的对外投资，尤其是对发展中国家的投资，主要是受其大量自然资源的吸引，而这类自然资源寻求型 OFDI 主要是由大型国有企业承担。但此结论在对国企与私企投资策略进行深度比较分析后是否仍然成立并没有得到确认。有实证研究发现，拥有大量自然资源的发展中国家制度较落后，政治风险较大，一般的 OFDI 企业倾向于选择风险较低的东道国或地区，从而这类国家并非是中国 OFDI 企业原意去投资的东道国。但是，中国的国企相对于私企具备两个特殊性：一是国企对该类自然资源丰富国家的投资并非是为追求利润，很大情况下是基于外交政治目的；二是国企因控制了大多数资源以及拥有国家信贷优惠而享有所有权优势，这种优势有利于其在这类发展中国家中发挥其竞争优势，基于以上原因，东道国自然资源对国企的吸引度较私企会深些。本文对一国自然资源禀赋的衡量采用了 Buckley 等（2007）在其文中设定的资源密集度指标，即用东道国油气和其他矿物资源出口占总出口的比重来代表东道国的自然资源。

2.3 东道国技术资产

与发达国家的技术和品牌差距，是中国经济持续发展的另一瓶颈，为此，我国企业倾向通过跨国并购获得国外先进企业的核心技术和品牌以克服这一问题。然而，就技术资产对我国国企和私企的影响是否相同而言，现有研究并没有得到一致结论①。有研究发现，国企的 OFDI 决策相对私企而言更多是技术资产寻求型的，因我国国企对外直接投资起步较早，比私企具备更多的经验，且其实力较雄厚，比之私企也更具竞争力，加之国企还能以低于市场价格的融资成本获得海外投资的资金，因而国企更有实力也更愿意与发达国家的企业竞争以获得技术资产。也有学者研究得到，国企 OFDI 更多是资源寻求型，私企 OFDI 则是技术寻求型，这是由两者的对外直接投资目的所决定的。本文试图用高科技出口占制成品的比重作为技术资产的变量指标，以探讨中国国企和私企进行 OFDI 决策受东道国技术资产影响的程度是否相同。

2.4 东道国制度

相对于以往的对外直接投资，制度软环境如今成了吸引 FDI 进入某国的关键因素之一，对于新兴经济体的企业尤其如此。东道国的国家制度会限制和约束跨国公司的行为，直接影响企业优势的发挥进而影响到其生产经营活动。就东道国制度对国企和私企 OFDI 决策的影响而言，有学者研究表明，私企相对而言更易看中东道国制度的质量，这是因为国企对外直接投资的双层动机及政府对其的扶持会弱化制度环境对其的影响。也有学者提出国有企业 OFDI 对制度因素的影响应该相对比较敏感，原因在于国有企业从事对外直接投资时易被认为带有国家目的，因而会受到东道国尤其是发达国家制度因素的过度"照顾"。鉴于数据的可获得性，在衡量东道国制度在国企 OFDI 与私企的 OFDI 决策中的重要程度时，本文选取了东道国政府效率作为测度东道国制度质量的指标。

2.5 文化异质性

有关文化异质性与 OFDI 区位选择之间的关系可以概括为四个方面②：一是文化差异产生"外来者劣势"，阻碍 OFDI 的流入；二是文化差异可能带来"外来者收益"，促进 OFDI 的流入；三是文化差异导致的"外来者劣势"和"外来者受益"叠加，使得文化异质性同 OFDI 区位选择之间显现出复杂的非线性关系；四是随着全球文化的大融合，文化异质性的边界效应将会递减，以致不会影响 OFDI 区位的选择。在区分国企和私企的基础上来看文化异质性对 OFDI 的影响，就笔者看来，私企对文化异质性应该更敏感，国企的"所有权优势"会弱化文化异质性的影响。本文选取了文化距离作为文化异质性的度量指标，而文化距离的衡量则采取 Hofstede 的文化维度理论和欧式文化距离指数，通过 Hofstede 网站提供的文化距离各维度计算得出。

2.6 双边投资协定

BIT 是两国政府为保护、促进和激励两国之间的相互投资而签订的一系列特定条款和

---

① Chen, G., Firth, M., and Xu, L.. Does the type of ownership control matter? Evidence from China's listed companies[J]. *Journal of Banking and Finance*, 2009, 33: 171-181.

② Quer, D., Claver, E., and Rienda, L.. Political risk, cultural distance, and outward foreign direct investment: Empirical evidence from large Chinese firms[J]. *Asia Pacific Journal of Management*, 2011, 1-16.

协议。大量研究表明，在东道国制度缺位时，BIT 能起到制度替补作用，促使签约国向制度环境较差的发展中东道国进行直接投资。而论及 BIT 对我国国企 OFDI 和私企 OFDI 的作用是否相同时，本文认为私企 OFDI 受 BIT 的影响应该更深些。私企在对外直接投资过程中，母国给予的投资保护不如国企多，故其对东道国提供的投资保护更加看重，相对而言，国企因背后有强大的母国政府作支撑，BIT 的签订与否对其影响并不是十分大。为探讨 BIT 对我国国企 OFDI 和私企 OFDI 的影响，本文在模型中引入了虚拟变量 BIT，BIT 数据来源于 UNCTAD 的 BIT 数据库，如果中国与国家 i 签订的双边投资协议在第 t 年开始生效，则该变量取值为 1，否则为 0。

2.7 向东道国的出口量

以往实证研究得出 OFDI 同出口或者是替代关系，或者是互补关系，但是，以往对此的研究并未考虑企业所有权因素，为此，本文将检验以出口度量的双边贸易联系对国企和私企的 OFDI 决策是否有显著影响，如果有，其影响程度是否一致。

3. 数据和方法

3.1 样本

对于跨国公司来说，参与对外直接投资的方式主要有新建投资和跨国并购两种，近年来，跨国并购数目日益增多，在全球经济中的重要性也随之增加，引起了越来越多学者的关注。在 OFDI 模式的选择上，已有学者对新建投资下国企和私企的国际化策略作了研究，故本文主要研究跨国并购下的情形。

本文参照清科数据研究中心 2010—2013 年间提供的各月度《中国并购市场统计报告》，选取了这段期间我国进行跨国并购的 55 个国家为原始样本，如表 1 所示。

表1		样本国家的选择	
	发 达 国 家	发 展 中 国 家	
		高/中高收入国家	低/中低收入国家
欧洲	奥地利、比利时、捷克、丹麦、德国、法国、意大利、西班牙、荷兰、英国、瑞典、瑞士、挪威、波兰、俄罗斯、葡萄牙	匈牙利、土耳其、保加利亚	
北美洲	美国、加拿大	墨西哥、牙买加	
拉丁美洲		阿根廷、巴西、智利、哥伦比亚	玻利维亚

	发 达 国 家	发 展 中 国 家	
		高/中高收入国家	低/中低收入国家
亚洲	日本、韩国、以色列、新加坡	泰国、科威特	印度、印度尼西亚、蒙古国、越南、巴基斯坦、菲律宾、吉尔吉斯斯坦、叙利亚
非洲		南非	加纳、埃及、乌干达、赞比亚、厄立特里亚、刚果民主共和国、利比里亚
大洋洲	澳大利亚、新西兰		瓦努阿图共和国
总计	24	12	17

注：发达国家、发展中国家的划分标准由世界银行国家数据库整理得到。

因我国流向中国香港的 OFDI 均具有中转性质，如若将其考虑在内，会影响我国对外直接投资区位分布的真实情况，因此排除香港这个国际避税港。此外，台湾是中国的领土，故也排除在样本之外，则最终样本包括 53 个国家。

3.2 变量定义

由于并不是每项并购都会提供并购金额，同时提供并购金额的有些还是估计的，故基于实证研究精确性的考虑，本文采用国企或私企在 t 年对国家 i 的跨国并购数作为模型的因变量。而对于国企和私企的划分，则是根据每家跨国公司年报所公布的控股股权性质决定的。

对于自变量的选取，本文参照了 Buckley 等（2007）的投资一般化模型，在考虑已有实证研究得到的对中国企业对外直接投资行为产生显著影响的因素的基础上，结合目前研究的热点，本文选取了以下 7 个变量进行研究，即：市场规模、自然资源禀赋、战略资产禀赋、文化距离、制度质量、双边投资协定、贸易联系。

根据数据的可获得性，选取的相关数据区间为 2010—2013 年，共 4 年。变量的具体说明见表 2。

表 2   变 量 说 明

变 量 名 称	代 表 含 义	来 源
INV	中国企业海外并购数	清科数据中心
INV_ SOE	中国国企海外并购数	清科数据中心
INV_ private	中国私企海外并购数	清科数据中心

变 量 名 称	代 表 含 义	来 源
GDP	GDP 绝对值	International Monetary Fund
GDP_ PC	东道国人均 GDP	International Monetary Fund
EXORES	东道国油气和其他矿物资源出口占总出口比重	World Trade Organization
HIGHT	高科技出口占制成品的比重	World Bank Indicator
IQ	东道国制度	Worldwide Governance Indicators
CULT	文化距离	http：//www. geert-hofstede. com
CEXPORTS	中国向东道国的出口量	中国统计年鉴

模型中各变量的描述性统计分析见表 3。

表 3　　　　　　　　　　　　样本描述性统计分析

变　量	均　值	最大值	最小值	标准差
INV	1. 386	23	0	2. 894
INV_ SOE	0. 605	7	0	1. 168
INV_ Private	0. 782	20	0	2. 151
lnGDP	5. 451	9. 696	−0. 494	2. 078
lnGDP_ PC	9. 192	11. 505	5. 579	1. 562
EXORES	0. 250	0. 95	0	0. 256
HIGHT	17. 308	49	1	11. 669
IQ	0. 537	2. 3	−1. 7	1. 024
CULT	64. 245	96. 48	15. 84	21. 424
lnCEXPORTS	13. 429	17. 376	1. 946	2. 006

对自变量进行的相关系数检验见表 4。

表 4　　　　　　　　　　　　关键变量相关系数矩阵

	lnGDP	lnGDP_ PC	EXORES	HIGHT	IQ	CULTURE	lnCEXPORTS
lnGDP	1						
lnGDP_ PC	0. 4813	1					

	lnGDP	lnGDP_ PC	EXORES	HIGHT	IQ	CULTURE	lnCEXPORTS
EXORES	−0. 2848	−0. 1409	1				
HIGHT	0. 2956	0. 3608	−0. 3662	1			
IQ	0. 3497	0. 8648	−0. 3025	0. 4939	1		
CULTURE	0. 3580	0. 6945	−0. 1160	0. 0815	0. 5549	1	
lnCEXPORTS	0. 7822	0. 2667	−0. 3759	0. 3955	0. 2844	−0. 0396	1

3.3 模型设定

计量经济学家曾建议对以对外直接投资数目为因变量的问题采取计数回归模型，Bala Ramasamy 等（2012）曾论述过，采用计数回归模型处理此类问题具有三方面原因：一是许多使用 OFDI 流量作为因变量的传统研究发现，由于大部分的资源寻求型 OFDI 是资本密集型项目，这些项目不仅会扩大东道国对 OFDI 的真实吸引力，同时从科学的角度看，由此引发的极限值问题会反过来影响模型的设定和估计；二是这些传统研究忽略了因从样本中剔除没有接收到中国 FDI 的国家而导致的潜在的样本选择偏差，相反，计数回归模型则可以模拟因变量（跨国并购数）取 0 及 0 以上的情况；三是如果以 OFDI 的流量作为因变量，可以预见到一个极不平衡的分布，这种分布的不平衡在样本中包含没有接收到中国 OFDI 的国家时更为甚，这就会导致基于 OLS 的估计结果存在问题，而使用计数回归模型则不存在此问题，因为它本就是为模拟高偏度因变量的情况而设定的。

基于以上理由，本文的分析采取了泊松分布模型，设定如下：

$$\Pr(y_{i, t}) = \frac{e^{-\lambda_i} \lambda_i^{y_i}}{y!} \quad y_{i, t} = 0, 1, 2, 3, 4, \cdots \quad (1)$$

其中，$y_{i, t}$ 是表示一个事件在一段时间发生的次数的随机变量，本文中是指我国在 t 年对 i 国的跨国并购数。λ 指的是可观测到的随机事件的平均发生率，亦即 $\lambda_i = E(y_i) = \mathrm{Var}(y_i)$，泊松回归模型假定，对于每个 i，参数 λ 的取值由其解释变量 x_i 决定，即 $\lambda_i = \exp(x_i\beta)$。

鉴于以往的研究证实东道国的经济环境与 FDI 之间存在双向因果关系，由此可能导致内生性的问题，因此，本文将东道国的经济变量滞后一期，以消除内生性。同时，为了削弱异方差和异常项对数据平稳性的影响，变量 GDP、GDP_ PC、CEXPORTS 均采用自然对数形式。

综上所述，本文的模型设定如下：

$$\Pr(y_{i, t} \mid x_{i, t}) = \beta_0 + \beta_1 \ln\mathrm{GDP}_{i, t-1} + \beta_2 \ln\mathrm{GDP}\_ PC_{i, t-1} + \beta_3 \mathrm{EXORES}_{i, t-1} +$$
$$\beta_4 \mathrm{HIGHT}_{i, t-1} + \beta_5 \mathrm{IQ}_{i, t} + \beta_6 \mathrm{CULT}_{i, t} + \beta_7 \mathrm{BIT}_{i, t} + \beta_8 \ln\mathrm{CEXPORTS}_{i, t-1} + \varepsilon_{i, t}$$
$$(2)$$

4. 实证结果分析

考虑到国别个体效应，本文使用混同 GLS 回归。实证检验的顺序是：首先，本文就全样本数据以及国企和私企各自的跨国并购完整数据进行了总体检验；其次，本文将全样本中的东道国按发展水平分为发达国家和发展中国家，然后对国企 OFDI 和私企 OFDI 对这两类国家的投资分别进行检验。回归结果见表 5。

表 5 计 量 结 果

变 量	全样本数据			发达国家		发展中国家
	（1）	（2）	（3）	（4）	（5）	（6）
	INV	INV-SOE	INV-private	INV-SOE	INV-private	INV-SOE
lnGDP	0. 474 ***	0. 502 ***	0. 444 ***	0. 665 ***	0. 515 ***	1. 642 ***
	（0. 103）	（0. 156）	（0. 142）	（0. 202）	（0. 184）	（0. 556）
lnGDP-PC	0. 221	0. 103	0. 247	−0. 666	1. 033 *	0. 056
	（0. 167）	（0. 230）	（0. 244）	（0. 545）	（0. 544）	（0. 536）
EXORES	0. 893 **	1. 471 ***	0. 238	2. 328 ***	0. 207	1. 241
	（0. 348）	（0. 464）	（0. 543）	（0. 592）	（0. 657）	（1. 401）
HIGHT	−0. 015	−0. 006	−0. 022	−0. 026	−0. 021	0. 062
	（0. 011）	（0. 016）	（0. 016）	（0. 017）	（0. 017）	（0. 040）
IQ	0. 695 ***	0. 829 ***	0. 597 *	1. 634 ***	0. 386	1. 047
	（0. 214）	（0. 297）	（0. 313）	（0. 490）	（0. 448）	（0. 872）
CULTURE	−0. 015 ***	−0. 015 *	−0. 013 *	−0. 018 *	−0. 02 **	−0. 026
	（0. 006）	（0. 008）	（0. 008）	（0. 01）	（0. 010）	（0. 027）
BIT	−0. 690 ***	−0. 859 **	−0. 474 *	−0. 339	−0. 347	−2. 325 ***
	（0. 182）	（0. 267）	（0. 253）	（0. 328）	（0. 298）	（0. 891）
lnCEXPORTS	0. 289 ***	0. 032	0. 504 ***	0. 073	0. 469 ***	−1. 912 ***
	（0. 092）	（0. 135）	（0. 133）	（0. 168）	（0. 150）	（0. 566）
cons	−8. 880 ***	−5. 319 ***	−12. 544 ***	0. 163	−20. 227 ***	15. 375 *
	（1. 607）	（2. 320）	（2. 280）	（5. 228）	（5. 442）	（6. 531）
Observations	185	185	185	102	102	83

注：***为1%水平下显著，**为5%水平下显著，*为10%水平下显著。

除了因私企在 2010—2013 年间对发展中国家的跨国并购数目较少而导致私企对发展中国家投资的回归模型不成立外，其余模型的回归整体估计的拟合优度较高，从模型的判定系数来看，模型估计效果较好。

4.1 总体检验

由模型(1)的回归结果可以看到：lnGDP 和 EXORES 系数显著为正，说明中国 OFDI 有市场寻求动机和资源寻求动机，这与传统理论研究是一致的。HIGHT 的系数符号和显著性不稳健，说明中国 OFDI 对技术资产的寻求动机不是很明显，这主要可能有两方面原因，一是由于目前中国 OFDI 大多数是为解决国内资源紧缺的现状而进行跨国并购，寻求技术资产的 OFDI 占比较小；二是对于寻求技术资产的中国 OFDI 而言，东道国为防止自身高新技术被他国企业获取往往会设置较高的技术转让壁垒，并且东道国越发达，拥有的技术越先进，技术转让壁垒越森严，这无疑会对中国企业的跨国并购行为造成一定的负面影响。IQ 系数显著为正，说明中国企业更倾向投资于制度质量较好的国家，东道国政府效率越高，其提供的公共服务质量越高①，从而降低了中国企业的投资成本，促进中国 OFDI 的流入。CULTURE 系数负向显著，表明中国企业更倾向投资于与其文化相似的国家，这与传统的文化距离"外来者劣势"假说是相符的。BIT 对中国在东道国的投资有显著的负面影响，表明中国 OFDI 偏好流向未与中国签订双边投资协定的国家或地区，这反映出我国目前仍是以发达国家或地区为主要的对外直接投资目的地的现实。lnCEXPORTS 系数正向显著，说明中国对东道国的出口同中国 OFDI 正相关，亦即中国企业的国际化战略仍遵循着从出口到直接投资的演化过程。

4.2 分类检验

4.2.1 按企业所有制性质检验

模型(2)和模型(3)是对国企 OFDI 和私企 OFDI 分别进行回归的结果。

东道国的市场规模、自然资源禀赋皆仅对国企 OFDI 有显著的正向影响，这一结论反映了国企 OFDI 既是市场导向型，也是资源寻求型。国企因具有廉价资本优势和政策保护，其拓宽市场规模的意向更强烈，同时其也具备投资市场规模较大国家的能力，私企虽然也有这种想法，但因缺乏资金支持很难在该经济体立足。此外，国企还承担保障国内资源持续供应的重任，故国企偏好投资于自然资源禀赋丰裕的国家。

文化异质性和中国对东道国的出口皆仅对私企 OFDI 有显著影响。国企因具有所有权优势，其对文化异质性的容忍度以及抗风险能力相应增强，故文化异质性及贸易联系对国企 OFDI 的影响并不显著。而私企因缺乏此优势，在跨国并购过程中，一方面为充分发挥自身优势，减小理解误差，私企多投资于文化距离较小的国家；另一方面为规避信息不对称性和不确定性带来的投资风险，也往往倾向于先通过出口积累当地经营及管理经验，熟悉市场及相关政策。

制度质量和双边投资协定对国企 OFDI 和私企 OFDI 均具有显著影响，只是国企 OFDI 受此两者影响更深。这是因为，在 2010—2013 年间，我国企业对发达国家的跨国并购有 257 起，而对发展中国家的跨国并购却只有 48 起。正如回归结果得到的，国企比私企更倾向于投资市场规模大的国家或地区，而在本文的研究数据中，市场规模大的多为发达国家，一方面这些国家

---

① 裴长洪，樊英．中国企业对外直接投资的国家特定优势[J]．中国工业经济，2010，7：45-54.

制度质量普遍较好，另一方面我国与这些国家的双边投资协定的谈判还处于空白阶段，由此产生了国企 OFDI 深受制度质量正向影响和双边投资协定负向影响的实证结果。

至于其他影响因素，因其变量系数和显著性与总体检验一致，这里不再详述。

4.2.2 按东道国国家类别检验

对于发达国家的投资：就国企而言，其受东道国市场规模、自然资源禀赋、制度质量以及文化异质性的影响加深，而双边投资协定对其的影响却减弱了，这与国企目前的投资状况是一致的。近几年国企对发达国家的投资明显增多，而发达国家的市场规模普遍较大，制度质量也相对更好，我国双边投资协定谈判的空白也主要集中在这些发达国家。另外，因国企对外投资的主要职责是获取自然资源，故国企更偏好投资于自然资源禀赋丰裕的发达国家。同时，因我国是发展中国家，与发达国家的文化差异本身就较大，因而在对发达国家的企业进行跨国并购时会更加注重文化距离的影响；至于私企 OFDI 对发达国家的投资，由回归结果可以看到，私企 OFDI 对发达国家的投资更看重其市场机会，受文化异质性的影响加深，受中国对东道国的出口的影响变弱。并且不再受制度质量以及双边投资协定的影响。发达国家的制度环境稳定，法制健全，投资风险低，制度质量普遍优于中国，其一般制度已经足够能为我国私企提供其所需的保护，故制度质量以及双边投资协定在私企 OFDI 决策中不再重要。我国在向发达国家出口产品时，易遭到反倾销调查，给我国企业造成实质性损害，因而如果企业能够选择对发达国家进行直接投资，他们多数会选择此方案，从而使得出口对私企 OFDI 的影响减弱。至于文化异质性的影响，原因解释同国企对发达国家投资的情形，这里不再赘述。

对于发展中国家的投资，因私企 2010—2013 年间对发展中国家的跨国并购数较少，使得模型拟合度不好，故本文对私企对发展中国家的投资不予讨论。至于国企对发展中国家的投资，从回归结果(6)可以看到，国企 OFDI 决策深受市场规模的正向影响且中国向东道国的出口对国企 OFDI 是替代效应。市场规模越小的发展中国家，其存在的投资风险越多，故国企在对发展中国家进行投资时，为规避投资风险，获得投资收益，多投资于市场规模较大的发展中国家。在对发达国家投资时，中国向东道国出口对国企 OFDI 是互补效应，而在对发展中国家中国家投资时却出现截然相反的效应，笔者认为，原因在于中国国企对发展中国家的投资早于对发达国家的投资，其对发展中国家直接投资的规模不断壮大，再通过出口无疑会增加投资成本，此时国企就会选择进行对外直接投资，而对发达国家的投资因处于初级阶段，故需要先通过出口过渡，为直接投资累积经验。另外，相较于国企对发达国家的投资，自然资源、制度质量、文化异质性的影响在国企对发展中国家的投资中变得不显著。这可能是因为发展中国家的资源因被过度开采，可投资空间逐步减小，导致国企 OFDI 现在慢慢开始向发达国家转移，从而使得资源禀赋对国企 OFDI 的影响不显著。另外，因国企具有的"所有权优势"可在发展中国家得到充分发挥，故发展中国家的制度质量、文化异质性对国企 OFDI 决策影响不大。

5. 结论

现有对于中国企业对外直接投资影响因素的研究大部分是基于 OFDI 的流量从总量水

平上进行研究，得出的结论也不尽相同。本文则突破常规，在考虑中国企业所有权性质的基础上，将中国企业划分为国企和私企，以跨国并购数为被解释变量运用计数模型对其跨国并购的影响因素进行研究，并将东道国划分为发达国家和发展中国家，进一步深入研究国企 OFDI 和私企 OFDI 的差异。

基于以上结论可知，国企和私企在进行对外直接投资决策时，所受影响因素并不一致，我国为推动国内企业进行对外直接投资，应从国企与私企 OFDI 的差异出发，制定更有针对性的 OFDI 区别引导与管理政策，针对不同动机的 OFDI 行为，建立分类的监管制度与办法。而外国在吸引中国企业进行投资时，也应区分国企和私企的引资政策，以更有效地促进中国企业 OFDI 地流入。另外，由本文的结论可知，中国企业通过跨国并购方式获得高新技术资产的成功率并不高，故其应转换对外直接投资的方式以达到寻求战略资产的目的。

◎ 参考文献

[1] 陈立敏，杨振，侯再平. 出口带动还是出口替代？——中国企业对外直接投资的边际产业战略检验[J]. 财贸经济，2010，2.

[2] 李享章. 国有企业 OFDI 的业绩、地位与政策启示——从中国 OFDI 动因的角度考察[J]. 江汉论坛，2011，11.

[3] 冀相豹. 中国对外直接投资影响因素分析——基于制度的视角[J]. 国际贸易问题，2014，9.

[4] 肖文，周君芝. 国家特定优势下的中国 OFDI 区位选择偏好[J]. 浙江大学学报，2014，1.

[5] Amighini, A., Rabellotti, R., and Sanfilippo, M.. Do Chinese state-owned and private enterprises differ in their internationalization strategies? [J]. *China Economic Review*, 2013, 27.

[6] Amighini, A., Rabellotti, R., and Sanfilippo, M. China's outward FDI: An industry-level analysis of host-country determinants[R]. CESifo Working Paper, No. 3688.

[7] Buckley, P. J., Clegg, L. J., Cross, A. R. et al.. The determinants of Chinese outward foreign direct investment[J]. *Journal of International Business Studies*, 2007, 38(4).

[8] Duanmu, J. L.. Firm heterogeneity and location choice of Chinese multinational enterprise [J]. *Journal of World Business*, 2012, 47.

[9] Ramasamy, B., Yeung, M., and Laforet, S.. China's outward foreign direct investment: Location choice and firm ownership[J]. *Journal of World Business*, 2012, 47.

[10] Song, L., Yang, J., and Zhang, Y.. State-owned enterprises' outward investment and the structural reform in China[J]. *China & the World Economy*, 2011, 19(4).

A Comparative Analysis of Effect Factor of Chinese State-owned and Private Enterprises' Foreign Direct Investment

—From the Empirical Evidence of Cross-border M&A

Lu Hanlin[1]   Liao Hui[2]

(1, 2 Economics and Management School of Wuhan University, Wuhan, 430072)

Abstract: This article categorizes the firms into state-owned and privately owned according to majority ownership and empirically analyzes cross-border M&A decisions made by these two kinds of firms during the period 2010-2013, using a Poisson count data regression model and taking into account the institutional quality and cultural distance which reflect soft power of the country. In addition, based on distinguishing the category of the host country, this article further explores the locational determinants difference between state-controlled firms and private firms. Our results showed that, in the whole sample model, both state-owned firms and private firms tended to go to countries that with good quality of the institution and averse to countries that have signed BIT with their home country. In addition, countries which had large markets and natural resources would attracted state-owned firms to invest in them, while private firms' OFDI also affected by the cultural heterogeneity and trade experience with China. When divided the host countries into developed and developing countries, the influence factors and influence degree that affected state-owned firms' OFDI and private firms' OFDI all have changed.

Key words: OFDI; Cross-border M&A; Ownership

专业主编：陈立敏

企业并购能力的理论框架研究[*]

● 葛伟杰[1]　张秋生[2]

（1，2 北京交通大学经济管理学院　北京　100044）

【摘　要】对并购能力的研究是一个较新的探索，针对其理论基础薄弱的现状，结合动态能力理论和自组织理论，提出了一个综合的 D-S 理论分析框架对并购能力进行概念界定，认为并购能力是一个以剩余资源为基础，通过各子能力系统对资源的配置和整合，实现并购价值提升的自组织系统。并购能力的构成要素为并购可支配的剩余资源以及配置资源的多维能力子系统，包括目标识别能力、交易完成能力和整合能力。并购能力的深入研究可以引导收购方进行价值提升型的并购，并提供有价值的决策依据。

【关键词】并购能力　动态能力　自组织　剩余资源

1. 引言

并购是公司优化资源配置，实现跨越式发展的重要途径，相当多的企业通过并购不断的成长壮大，这些成功的案例使许多公司沉浸在对并购的期待与憧憬之中，却忽略了并购本身的复杂性和巨大风险。市场上更多的是并购带来的失败甚至是灾难①。对此，我们不禁要提出这样一个疑问，在同样的并购动机下，为何有的企业能够取得并购的成功，实现跨越式的发展，而大部分的企业却又失败了呢？现有的文献对于此也有很多的解释，例如代理成本、管理层自大、并购经验等，但是这些只是并购失败的影响因素之一，并未正面回答企业如何才能通过并购带来价值的增加。

近些年来，从组织内部来研究组织关系在企业价值创造过程中的重要作用受到了广泛的认可②③，许多战略管理领域的学者越来越注重从组织能力这一角度来研究企业识别、

---

* 通讯作者：葛伟杰，E-mail：geweijie1@ 163. com。

① Barkema，H. G.，and Schijven，M.. Toward unlocking the full potential of acquisitions：The role of organizational restructuring ［J］. *Academy of Management Journal*，2008，51（4）：696-722.

② Anne Parmigiani，Miguel Rivera-Santos. Clearing a path through the forest：A meta-review of interorganizational relationships ［J］. *Journal of Management*，2011，37（4）：1108-1136.

③ Bernhard Swoboda，Markus Meierer，Thomas Foscht，and Dirk Morschett. International SME alliances：The impact of alliance building and configurational fit on success ［J］. *Long Range Planning*，2011，44（4）：271-288.

发展和管理组织伙伴的行为①②③，其比较注重深入组织内部的微观视角去进行研究。事物的发展由内因和外因共同决定，对于一个有并购动机的企业，仅当外部出现了有利于并购的时机是不够的，还必须全面了解自身的并购能力。盲目的并购只会带来风险，正如Rothaermel 和 Deeds（2006）对联盟的研究一样，管理层需要在其联盟管理能力的范围之内寻求联盟，否则会带来风险。因此，对于试图进行并购的企业，首先必须清晰地了解自身的并购能力。

那么，并购能力到底是什么，其理论基础是什么？如何对其进行概念界定？并购能力的结构要素是什么，各要素之间又是什么关系？现有的文献对此还没有进行很好的解答。这些问题的解决，无疑会对收购方的并购战略提供有价值的决策依据，也会为企业及其利益相关者审核或评价管理层的收购建议并防范管理层的扩张冲动提供有益的决策依据。

2. 文献回顾

从现有的文献来看，并购能力的研究还未深入展开，单独对其进行研究的并不多，一般是作为术语或者中间概念出现在文章中。例如 Eisenhardt 和 Martin（2000）在研究 GE Capital 时提到了其以资源为基础的"acquisition capability"。Schijven 和 Barkema（2007）在研究并购经验的同质性和异质性时也提到了"acquisition capability"。胡挺和陆昭怡（2013）以工商银行并购东亚银行为案例，利用市场反应和财务绩效作为"并购能力"的代理变量。总的来看，并购能力频频出现在现有的文献中，已经引起了学者们的重视，但是明确将其作为一个研究对象而进行深入剖析的寥寥可数。

张秋生（2005）首先将并购能力定义为企业利用剩余资源完成并购活动的实力。他从企业资源基础论的角度出发，企业是异质性的资源的集合④，其所控制的资源就是其能力的边界。因此，并购能力的基础就是其所拥有的资源。另一方面，并购所消耗的资源不能影响其正常经营，因此，剩余资源即体现了这种超出正常经营所需的资源。陈轲（2006）从企业能力理论出发，更加强调对资源的配置和整合能力，其将并购能力定义为企业利用其资源，在特定的并购环境中驱动企业做出并购战略选择和制定并购计划的力量，这种力量来自于企业拥有或控制的、有价值的、稀缺的资源和独特的能力所形成的产品或管理优势。和张秋生（2005）不同，其并没有强调"剩余"的概念，而是严格按照企业资源论的观

① Prashant Kale, and Harbir Singh. Building firm capabilities through learning：The role of the alliance learning process in alliance capability and firm-level alliance success ［J］. *Strategic Management Journal*, 2007, 28(10)：981-1000.

② Melanie Schreiner, Prashant Kale, and Daniel Corsten. What really is alliance management capability and how does it impact alliance outcomes and success? ［J］. *Strategic Management Journal*, 2009, 30(13)：1395-1419.

③ Jeffrey L. Cummings, and Stevan R. Holmberg. Best-fit alliance partners：The use of critical success factors in a comprehensive partner selection process ［J］. *Long Range Planning*, 2012, 45(2)：136-159.

④ Birger Wernerfelt. A resource-based view of the firm ［J］. *Strategic Management Journal*, 1984, 5(2)：171-180.

点，强调有价值的、稀缺的资源和组织性资源的重要性。从以上对于并购能力的定义来看，其都是将并购能力建立在企业资源论的基础之上，强调企业可控的资源在并购时的重要性。谢纪刚等（2009）和 Amiryany 等（2012）都认为并购能力本质上是对知识的获取和分享，是知识这种特殊资源的边界的重构。并购经验和专门的知识管理职能部门是并购能力的重要组成部分。从现有的关于并购能力的文献发展的脉络来看，其基本上延续了企业资源论中从资源观到能力观再到知识观的认知思路，知识观本质上也是能力观的微观基础。陶瑞（2014）认为企业的并购能力是在不断变化的外部环境下，通过不断积累资源以及相应的管理机制，实现双方资源的有效协同。并购能力主要由四个方面构成，即支付能力、信息能力、组织能力以及整合管理能力。

Laamanen 和 Keil（2008）在研究连续并购的绩效时也给并购能力（acquisition capability）下了定义。他认为并购能力由企业在并购时所拥有的知识、技能、系统、结构和程序组成。并购能力是组织能力的一种，具体包括寻找目标的能力、谈判能力以及整合能力，培育并购能力需要足够的时间以及大量的并购经验。此外，Capron 和 Anand（2007）没有直接提及并购能力这一概念，而是给出了基于并购的动态能力（acquisition-based dynamic capability），他认为基于并购的动态能力是指产生、扩大或者改变公司资源边界的能力，具体可以分为三类，即选择能力、识别能力和重新配置能力。

总的来看，现有文献对于并购能力的研究还处于探索阶段，仍然将"并购能力"定义为一种"能力"、"实力"或者"力量"，造成前后语义重复，并未具体指明并购能力到底是什么，也未进一步对并购能力的基本组成结构进行探讨。本文以动态能力和自组织的相关理论为基础，给出了并购能力的概念界定，并进一步对并购能力的内涵和结构进行了分析。

3. 并购能力的理论基础

3.1 并购能力是一种动态能力

并购本身高风险高收益，伴随着巨大的不确定性，传统的静态的资源观已无法有效地解释如何在这复杂多变的并购市场中保持竞争优势，而在此基础上发展起来的动态能力理论由于强调如何整合、构建和重新配置内外部资源以应对快速、剧烈变化的环境，因此能更好地解释在复杂多变的并购市场中如何保持竞争优势。动态能力最早由 Teece 等（1997）提出，他们将动态能力定义为"企业用于整合、构建和重新配置内外部资源以应对快速变化的环境的能力"，其突破了传统资源观静态性的局限，更加强调对外界环境变化的适应和反应。从动态能力的定义来看，并购过程本身就是企业运用动态能力实施资源获取、构建和整合的过程。Capron 和 Anand（2007）也认为在并购中重构资源边界的能力就是动态能力。

在并购前，企业需要具备识别潜在机会的动态能力，其必须在复杂的环境中不断地探寻、反馈和再次探寻，把握稍纵即逝的机会，寻找最优的目标方。因此，企业在实施并购前对并购对象的选择以及对并购时机的把握都是企业动态能力的重要体现。在并购中，企业需要进行交易的谈判、对价的支付以及并购相关程序的审批和监管等，每一个环节需要随时与目标方、监管方以及其他利益相关者进行沟通交流。一旦有一个环节出现差错，对整个并购的实施都会造成巨大的影响，因此，企业需要具备相应的动态交易能力。在并购后的整合过程中更需要企业具备相应的动态能力。越来越多的研究发现，并购失败的最大风险并不是交易本身，而是并购后的整合过程①。并购整合其是一个双方相互沟通、适应和改变的动态过程，并不存在一个统一的整合标准或者整合模式，因此需要随时根据外部条件的变化对能力进行更新。因此，企业在整个并购过程中通过不断形成或增强自身的动态能力，在快速变化的动态环境中构建可持续竞争优势，实现长期的价值创造。

由此可见，并购能力本质上是一种动态能力，并购的过程就是企业运用动态能力重构企业的资源边界以带来持续的竞争优势的过程。动态能力经过几十年的发展，其理论分析框架已相当成熟和完备。因此，利用动态能力的分析框架对并购能力进行分析是较为科学的。本文下面将对动态能力理论的主要分析框架进行梳理，并在此基础上提出并购能力的概念界定。

3.2 动态能力的分析框架

3.2.1 动态能力的基本分析框架

Teece 等(1997)认为静态的资源基础观和核心能力的核心刚性无法使企业在迅速变化的外界环境下保持竞争优势，企业需要根据外界环境的变化及时地更新自身的能力，他们称之为动态能力，其强调的是对资源的整合、构建和配置以应对快速变化的环境。其基本分析思路可以概括为位置、路径和流程。

位置即企业的资源，包括有形的资源和无形的资源，其是流程的物质基础。路径指的是企业发展的历史，因为学习常常源于企业的内部，好的经验可以得到及时的反馈和吸收，以指导企业未来的发展。因此，企业未来发展的趋势和其过去的经验息息相关。路径决定了流程的方向。流程是动态能力分析框架中的核心部件，包括四个具体的流程。第一是环境感知，其意味着对市场上机会的把握和识别。第二是资源配置，将现有资源进行重新配置以创造适应环境变化需要。改变现有资源配置是手段，适应环境变化是目标。第三是组织学习，学习使组织内部的经验可以更好地重复以获得更好的绩效。第四是知识转化。在外部激烈竞争的环境中做出改变是有成本的，企业必须学会观察和评估市场环境和竞争对手，有效地将这种学习成本最小化。

动态能力的该分析框架秉承了企业资源基础论对资源的重视，更加强调了企业需要具备配置和整合这些资源的动态能力，将资源和能力纳入一个统一的分析框架。然而其不足之处在于，没有对动态能力进行进一步的细分，细分能力之间的关系也没有论述，因此，有必要从一个能力系统的角度来看待动态能力。本文认为动态能力本质上是一种自组织能力系统。

自组织系统是无需外界特定指令而能够自行组织、自行创生、自行演化，能够自主地

---

① Valerie Bannert, Hugo Tschirky. Integration planning for technology intensive acquisitions [J]. *R&D Management*, 2004, 34(5): 481-494.

从无序走向有序，形成有效结构的系统，其理论精华主要可以概括为系统的开放性、整体性和修复性，其演进动力来自于系统内部要素之间的相互竞争和协同。那么如何判定动态能力也是一个典型的自组织系统呢？本文认为有如下几个原因：首先，动态能力的内涵满足自组织耗散结构的创造条件；其次，动态能力强调对外界环境的交互性与自组织系统一致；再次，动态能力具有多层次、多维度的结构与自组织系统一致；最后，动态能力通过主动的知识积累和分享对其功能和结构进行重构与自组织系统的自行演化特征一致。从这四个方面综合来看，动态能力本身也是一种自组织系统。

3.2.2　动态能力的 D-S 分析框架

融合动态能力基本分析框架和自组织理论的思想，本文提出了一个动态能力的 D-S 整合分析框架。

首先，该 D-S 整合分析框架重视资源的重要作用。秉承动态能力理论的相关特性，该框架首先强调了企业可利用资源的重要性，资源虽然不等同于能力，但却是能力的边界，是企业竞争优势的物质基础。

其次，该分析框架更加注重配置和整合资源的能力。资源是企业可控制或者可利用因素的存量，其本身并不能创造出价值①，它只能决定企业"可以做什么"，却决定不了企业"如何做"的问题②。决定企业"如何做"是企业自身的能力，通过配置和整合资源来实现组织的目标，其强调的是如何比其他企业更有效地配置资源以获取经济租金。

最后，在该 D-S 整合分析框架下，动态能力作为企业最高层次的能力，是一个典型的自组织系统。利用自组织理论作为其分析框架的最大的好处在于明确了动态能力是一个能力整合系统，各个子能力之间通过非线性的交互作用，相互协调、相互竞争共同促进组织的演化，是动态能力基本分析框架的有益补充。

综上所述，利用本文提出的动态能力 D-S 整合分析框架能够较好地反映动态能力的全部特性，同时也为并购能力的概念界定以及进一步的结构分析提供了较充实的理论基础。

4. 并购能力概念及结构

4.1　并购能力的概念

基于上一节的理论分析，并购能力作为一种动态能力，适用于 D-S 整合分析框架。可以从以下几个方面来得出并购能力的概念。

第一，并购能力不是无源之水，相应的剩余资源是必要的。在 D-S 分析框架下，首先强调的是对资源的有效配置。基于前面的分析，并购是企业重大的对外投资，不管成功与否，都不能影响企业正常的经营，因此，成功的并购首先需要的是与并购相关的剩余资

---

① Raphael Amit，Paul J. H. Schoemaker. Strategic assets and organizational rent［J］. *Strategic Management Journal*，1993，14(1)：33-46.

② Olli-Pekka Kauppila. Alliance management capability and firm performance：Using resource-based theory to look inside the process black box［J］. *Long Range Planning*，2013，2：44.

源。剩余资源是并购能力的直接输入变量，也是并购能力系统的初始环节。

第二，并购能力包含配置剩余资源的相应能力子系统。并购是一个复杂的对外投资，包含着众多的决策流程，并不是资源在不同企业边界间的简单流动和分配，需要在一个能力体系下进行有效的配置。因此，并购能力的另一重要组成部分即是配置这些资源的相应能力。

第三，并购能力是一个自组织的能力系统。在 D-S 分析框架下，动态能力是自组织的系统，并购能力作为一种动态能力也充分满足了自组织耗散结构的条件方法论。并购从流程上来看至少包含了目标识别、交易完成和并购整合这三个阶段，而且每一个阶段下面也不是单一的维度，例如目标识别还可以细分为客户关系、政府关系等，交易完成再分为谈判、内部融资、外部融资等，并购整合还可以再分为财务整合、人力资源整合、IT 系统整合、技术整合等，因此，并购能力是多层次、多维度的复杂能力系统。进一步，并购能力的能力子系统之间并非独立，而是相互影响，相互协调，这进一步继承了自组织系统要素之间相互影响、交互的核心观点。例如并购目标的识别对之后并购交易的难易程度以及整合的效果有直接的影响，不匹配的潜在目标也不利于之后的交易和整合。另一方面，良好的整合效果也会对下一次的并购目标识别和交易完成提供经验和信心。因此，并购能力的各个能力子系统之间相互影响，形成一个完整的能力循环。

第四，并购能力与持续竞争优势的关系。动态能力的最终目的是获得持续的竞争优势。并购能力的目的也在于通过并购获得企业价值的提升，从而获得持续的竞争优势。因此，并购能力的最终目的在于获取并购价值。

综合以上的思路，我们对并购能力做出了概念界定：

并购能力是一个以剩余资源为基础，通过各子能力系统对资源的配置和整合，实现并购价值提升的自组织系统。

此处需要解释的一点是，对剩余资源的界定。正如张秋生(2005)所述，并购是一项高投入高风险的对外投资，需要企业投资大量的资源，但是这种资源的投入不能影响企业正常的运营。因此，企业需要具备超出正常运营的额外资源，即剩余资源。

4.2 并购能力的基本结构

根据并购能力的 D-S 基本分析框架，并购能力是一个典型的自组织系统，其基本构成要素分别为并购可支配的剩余资源和相应的能力子系统，包括目标识别能力、交易完成能力和整合能力。

4.2.1 可支配的剩余资源

并购可支配的剩余资源毫无疑问是并购能力系统中最初始的一个环节。在张秋生(2005)和陈轲(2006)的基础上，本文将并购可支配的资源分为以下两类。

(1)剩余财务资源。

财务资源无疑是企业进行并购的先行条件。对于一项并购交易，收购方往往要支付巨额的对价，如果没有足够的剩余财务资源很难完成交易。这里财务资源的剩余包括两个层面的含义。首先是企业内源性的财务资源。根据权衡理论，企业会先通过内部进行融资，包括现金以及有价证券等短期能够变现的金融资产。其次是企业外源性的财务资源。现阶段企业还不能通过发行债券来进行并购交易。但是，股份支付已经成了市场上一种重要的支付手段。随着 2008 年《上市公司重大资产重组管理办法》对于股份支付的具体规定的出台，中国市场上的支付手段不再只是过去单一的现金支付，股份支付在近几年的并购事件中平均可以占到 15% 的比例，且呈逐年升高的趋势。现阶段中国上市公司的股权集中度还非常之高，大股东持有相当大的比例，因此在不丧失控制权的前提下，股份支付还有很大的施展空间。具备良好并购能力的企业应该合理地运用这两种财务剩余。

（2）剩余人力资源。

除了可支配的剩余财务资源，在并购中，"人"的要素显得格外重要。谢纪刚等（2009）在研究并购管理能力的时候对人力资源的重要性进行了研究。他从项目管理的角度出发认为如果一个企业能设立专门的并购管理职能机构以及并购管理专职的人员，那么其会获得一个更好的并购绩效。类似的，Duysters 和 Heimeriks（2002）在研究联盟能力的构建时认为企业若想有效率地将联盟经验转换为联盟能力，最有效的办法就是设定专职人员管理和获取知识，保证联盟经验能够转化为联盟能力。因此，具备良好并购能力的企业必须具备剩余的人力资源，以保证并购的成功实施。

具体来看，在并购的前期准备阶段，需要派出有经验和胜任能力的专员去寻找潜在的目标方，此时需要对这项并购的可行性进行全方位的尽职调查。并与企业的高级管理团队进行充分的讨论和风险分析。对于并购交易能力，涉及双方的谈判、协议的签订等流程，这都需要相关的专业人员来完成。对于并购整合能力，剩余的人力资源的支持就显得更重要和关键，可以说，整合阶段就是双方人力资源的一个整合。收购方经常需要向目标方派出技术人员、财务人员以及高级管理人员。有些并购中，收购方甚至会全部换掉目标方的管理层，由己方派出人员全面接管。可见，是否有足够的剩余人力资源是并购成功不可或缺的因素之一。

4.2.2 配置资源的能力子系统

并购相关的剩余资源是静态的，其本身不能使企业通过并购获得竞争优势，这些剩余资源只有在能力子系统的作用下进行配置和整合才能使企业获得相应的竞争优势。本文将能力分为三个能力子系统，即并购目标识别能力、并购交易完成能力和并购整合能力。秉承自组织的特性，这三个能力子系统并不是独立的，它们之间相互作用、相互影响共同促进并购能力自组织系统的演化。

（1）并购目标识别能力。

目标识别是并购的第一步，也是关乎整个并购能否成功的基石。正确地识别潜在的并购目标可以使后续的并购交易和并购整合变得顺畅，达到事半功倍的效果。作为并购能力系统的一级能力子系统，并购目标识别能力还可以细分为以下二级能力子系统。

第一，双方资源匹配分析能力。

从资源论角度来看，成功的并购是双方资源的互补或者增强。因此，在识别潜在的并购目标时，第一步要做的就是从资源匹配性上来分析目标方是否具有潜在的价值。资源的匹配包括相似性和互补性分析两个方面。相似性是为了获得规模经济或者范围经济，互补性是为了获得协同效应。收购方应该从自身的战略出发，设定目标企业的资源匹配标准，从双方的技术资源、人力资源、客户资源、品牌资源、地理位置等方面进行分析。

第二，双方文化的匹配分析能力。

文化是并购是否成功的关键因素。文化的冲突是大量企业合并经历缓慢痛苦的死亡的主要原因。在并购识别阶段，不仅要对双方实物资源的相似性和互补性进行详尽的分析，例如技术资源的相互提升、客户资源的推广到品牌资源的扩大等，更重要的是对双方文化是否匹配，是否具有可整合性进行深入分析。这直接关系到后期的并购整合的难易程度以及协同效应的发挥。

第三，信息搜集和识别能力。

在目标识别能力子系统中，收购方需要具备良好的信息搜集和识别能力，如果所用的外部信息作假或者参考标准选择失误将会直接影响并购能否成功①。

信息的搜集和识别能力包括两个层面的意思。

第一个层面是"广度"问题。在复杂的并购市场上，收购方一旦根据自身的资源和文化匹配战略确定了潜在目标的选择标准，就要尽可能地从多种渠道搜寻可能相关的信息，罗列出有价值的潜在目标。搜寻的渠道包括自身对行业内相关信息的掌握，与合作伙伴例如供应商、客户、银行等机构的信息交换，通过与政府的良好关系获得有用的信息等。此外，收购方要善于利用中介机构在信息搜集和识别中的重要作用。毕竟，即使对于那些经常进行并购的企业来说，在复杂的并购市场搜寻识别有效的信息也非易事。因此，收购方可以适当依靠外部中介的专业知识，尽可能多地利用多种渠道筛选潜在的并购目标。

第二个层面是"深度"问题，在第一步的基础上对特定的潜在的目标进行细致的尽职调查，包括目标方的资产规模，利润大小，是否有潜在的或有负债以及产权的法律纠纷等。在这一过程中，信息不对称普遍存在，潜在的目标方往往出于各种各样的利益驱动而刻意隐瞒一些重要的信息，如巨额或有负债、重大的产权纠纷等。收购方需要准确地搜集和识别这些信息，为后续的并购交易是否值得进行提供参考意见。此外，对目标方各项资产和负债的"深度"挖掘还是其进行价值评估的基础，直接关系到并购交易能够顺利进行，是并购目标识别能力和并购交易完成能力相互作用的联系纽带。因此，收购方应该重视信息搜集和识别能力的重要作用。

（2）并购交易完成能力。

第一，目标企业价值评估能力。

对目标企业价值进行合理的评估是并购交易完成能力中重要的一环，其直接影响到收购方的最终收益。如果对潜在的目标方定价过高，则会损害收购方股东的利益，使得并购交易难以进行。Shleifer 和 Vishny（2003）研究发现，在并购中收购方和目标方的收益总和是均衡的，如果目标方获得额外的收益就会损害收购方的收益。因此，对目标方合理定价，可以保护收购方股东的切身利益，是交易得以进行的基础。另一方面，如果对目标方定价过低，则会损害对方的积极性，从而导致交易破产的概率增大。因此，在并购交易阶段的首要任务就是对目标方进行一个合理的价值评估。

第二，交易谈判能力。

在实际的并购操作中，选定了合适的目标方以后，目标方可能并不具有转让股权的意

---

① 崔永梅，余璇. 基于流程的战略性并购内部控制评价研究［J］. 会计研究，2011，6：57-62.

愿。例如，蓝色光标在上市前作为公关行业极具潜力的公司吸引了众多的投资者，但是都未能成功说服其出让股权，结果蓝色光标上市后市值由 30 亿元涨到 170 亿元人民币。如果当初能够成功地说服蓝色光标出售股权，对收购方自身的发展可想而知。因此，在并购交易中，良好的谈判能力可以促进交易的完成，给企业带来巨大的经济利益。

交易的谈判还涉及最终的定价问题。定价是整个并购的核心敏感问题，大部分并购交易的失败源自双方对于价格的分歧。目标方不同的并购动机和需求会使得定价出现较大的波动，因此，需要收购方具备良好的谈判技巧，使交易以相对合理的价格成交，不仅能提高对方交易的积极性，还能保证自身的利益。因此，在并购交易能力系统中，交易谈判能力是重要的一个组成部分，是并购交易能够顺利完成的重要因素。

(3) 并购整合能力。

第一，人力资源整合能力。

人的因素是并购整合中最为敏感的要素之一，其本身具有复杂性和不可预测性的特点。大量的研究表明，并购的主要失败原因之一是收购方过于将整合精力放在实物资源的整合上，例如双方的生产设备、技术研发、IT 系统等，而忽视了对人的因素的整合，导致诸如团队信任度下降、沟通恶化、团队协作能力下降权力争夺等现象，损害企业的长期绩效。因此，人力资源整合能力在并购整合能力系统中具有十分重要的地位。具体来说可以分为两类。

第一类是高级管理人员的整合能力。高级管理人员是一个企业得以向前发展的"牵引机"，收购方应该尽可能地留住人才，但这并不意味着"整合"等于"留任"，有时候适当的剥离也是一种有效的整合。因此，本文认为对高级管理人员的整合能力包括两个层次的含义，第一是对无效管理人员的果断舍弃。效率理论认为企业之所以会被并购是因为其管理效率较低，因此在控制权市场上会出现更高效的企业将其收购，以替换那些无效的管理人员，促进收购后经营的提升[1]。Virany 等（1992）也认为，替换某些无效的高级管理人员可以制造一些变化，打破现有的行为范式，推动战略转型。第二是对有效人才的留任。企业的高级管理人员是企业的一种战略资源，保留这些管理人员有利于整个团队的平稳过渡。如果某些关键岗位有效的高级管理人员的流失意味着失去了其关于组织的知识及未来的发展规划，而继任者由于要重新熟悉企业的基本情况、树立威望、建立新的沟通网络、人际关系等，会面临很高的初始成本，甚至造成错误[2]。

第二类是关键员工的整合能力。相对于高级管理人员，关键员工的整合要相对简化，但也是极其重要的。关键员工是并购后企业运行的基石，是企业核心技能和知识的载体，失去了这些关键的员工会造成大量的运营和生产效率的流失。高级管理人员普遍具有个性化和差异化的特点，很难用统一的分析框架来决定采用哪一种整合模式。但是，对于企业

---

[1] Jeffrey Pfeffer, and Alison Davis-Blake. Administrative succession and organizational performance: How administrator experience mediates the succession effect [J]. *Academy of Management Journal*, 1986, 29(1): 72-83.

[2] Richard P. Castanias, and Constance E. Helfat. The managerial rents model: Theory and empirical analysis [J]. *Journal of Management*, 2001, 27(6): 661-678.

来说，关键员工具有同质性（谢纪刚等，2014），其离职的一般原因来自并购造成的不确定性，即对现有工资福利和工作环境的担忧。因此，良好的员工整合能力应该确保和这些员工进行及时有效的沟通，以及适当的承诺，安抚员工的情况，保证并购后运营和生产的正常进行。

第二，文化整合能力。

文化是各自企业内部长期形成的特有的价值观，约束着员工做事的风格，其具有路径依赖性、凝聚性和稳定性的特点。在并购中如果想要强行打破这种文化的态势，必然会遭到"抵触"，可能造成经营管理上的冲突从而损害双方的价值。德国戴姆勒和美国克莱斯勒的合并就是这样的例子。德国公司严谨刻板的企业文化和美国公司较为宽松的企业文化格格不入，使得这两个国际汽车巨头合并后经营和管理上冲突不断，在经历了巨额的亏损后不得不分道扬镳。因此，并购文化整合能力在整个并购能力整合系统中有着决定性的作用，不管事先设计了多么好的财务协同、技术协同人力资源协同，一旦文化整合的问题解决不了，就会给整个协同效应带来困难。

第三，组织机制整合能力。

组织机制整合是指并购后双方组织制度和组织结构的必要调整或重建，其核心内容概括来说就是企业组织的再生。对于任何两家企业，战略思维、管理风格、沟通方式等的不同，造成了其组织制度和组织结构以及在此基础上的微观的流程和惯例必然有着很大的差别。因此，组织机制的整合对于并购后双方能够实现组织的有效融合至关重要。其内容包括两个方面：组织制度的整合和组织机构的整合。

组织制度整合是管理制度的整合。组织适应性对并购后双方是否能产生协同效应有重要的影响，其中特别重要的是"管理风格"和"管理系统"的差异，主要体现为管理制度的不同。惯例和流程构成了基本的管理制度，因此，管理制度对于企业组织的重要性可谓"没有规矩，不成方圆"。管理制度的整合体现在并购双方在财务、法务、人力、生产、研发和营销等职能部门在运行制度上的统一和规范，可以减少双方因制度差异造成的不必要的信息沟通成本，提高运行效率。

组织机构的整合是企业并购后对职能部门的调整或者重新设置。由于并购前双方在战略导向、经营理念、管理方式、产权所有制等方面的差异性，双方在职能机构的设置上，不可避免会出现差异。本文认为，组织结构的整合包括以下两个方面：一是财务机构的整合。对财务系统的整合可以使收购方掌握目标方的经营状况，及时有效地做出生产和管理上的决策。因此，财务是收购方想要控制的第一要素。二是企业 IT 系统的整合。IT 系统的整合可以使收购方对目标方生产、研发和销售等微观环节进行详细的了解，从组织内部了解目标方的真实运营情况。

总之，并购能力对价值的提升作用，不仅体现在其可支配的剩余资源上，更重要的是配置和整合这些资源的各个子能力，这些能力之间并不是相互独立的，而是相互影响，共同对并购价值的起着积极的作用，这种影响是竞争对手难以模仿的，其具体的结构如图 1 所示。正如 Teece 等（1997）所指出的，"基于特殊组织过程的能力通常表现出高度的一致性，而这种一致性需要组织内整体的系统的变化，这种变化的深度和广度所带来的复杂性使得竞争对手难以轻易地模仿，即使部分地模仿和复制这种组织模式也只能产生零经济租金"。也就是说，并购能力所带来的持续竞争优势本质上是一种基于资源优势和能力协同的复合竞争优势，能够给企业带来长期的价值提升。

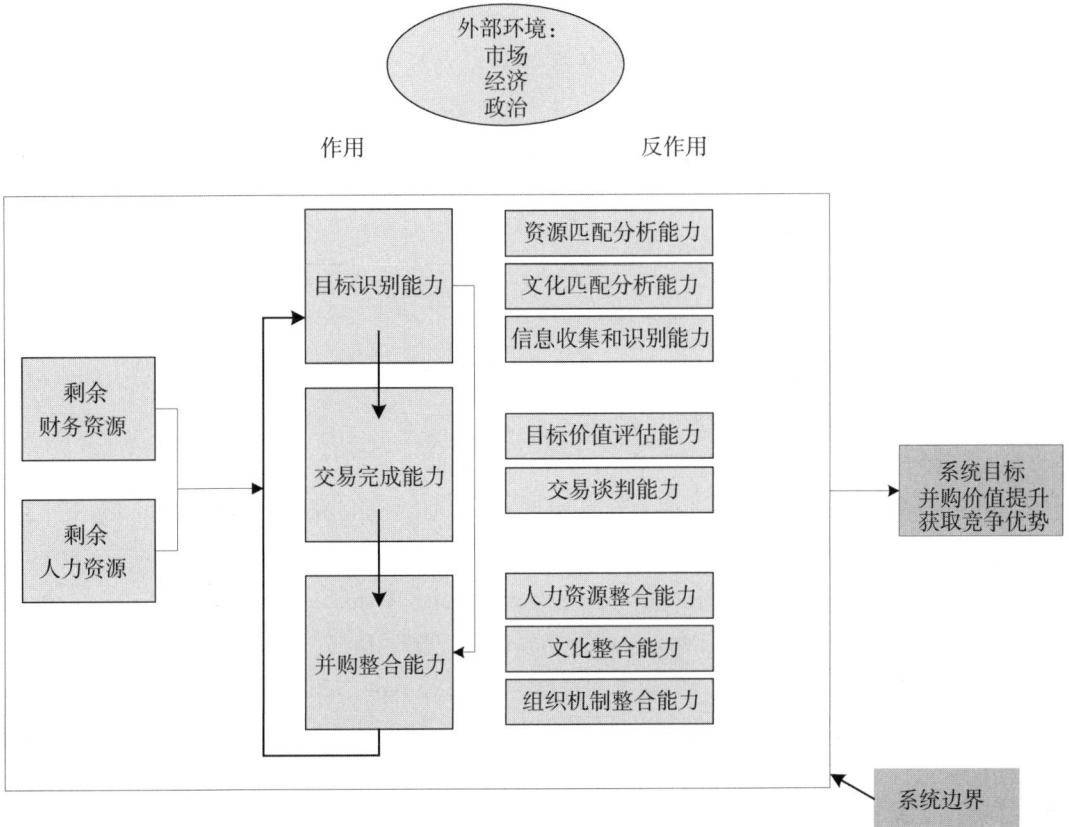

图1 并购能力系统结构图

5. 结论

本文综合动态能力的基本分析框架和自组织理论的相关理论，提出了并购能力的综合D-S理论分析框架。动态能力的基本理论强调对资源的配置和整合以适应外界不断变化的环境，但是没有对动态能力的各个维度之间的关系没有深入的研究，而自组织理论强调了能力子系统之间的非线性的相互作用关系。将这两者结合，本文认为并购能力是一个以剩余资源作为基础，通过并购目标识别能力、并购交易完成能力和并购整合能力，以实现并购价值提升的自组织能力系统。基于此，并购能力自组织系统基本结构为：第一，并购可支配的剩余资源，包括剩余的财务资源和剩余的人力资源。第二，并购目标识别能力、交易能力和整合能力构成的能力子系统，三个能力之间是相互作用、相互协同的非线性关系，提升并购价值。

◎ 参考文献

[1] 陈轲. 企业并购能力初探 [J]. 北京工商大学学报 (社会科学版), 2006, 2.

[2] 胡挺, 陆昭怡. 并购能力与价值创造——工商银行连续并购东亚银行的经验证据 [J]. 华东经济管理, 2013, 27(7).

[3] 陶瑞. 并购能力: 概念, 构成要素与评价 [J]. 软科学, 2014, 28(6).

[4] 谢纪刚, 田飞, 任翘, 韩姗姗. 并购管理能力——解释企业并购失败的新视角 [J]. 中大管理研究, 2009, 4(4).

[5] 谢纪刚, 周绍妮, 于珊珊. 企业并购的人力资本价值评估模型 [J]. 北京交通大学学报(社会科学版), 2014, 13(2).

[6] Andrei Shleifer, and Robert W. Vishny. Stock market driven acquisitions [J]. *Journal of Financial Economics*, 2003, 70(3).

[7] Beverly Virany, Michael L. Tushman, and Elaine Romanelli. Executive succession and organization outcomes in turbulent environments: An organization learning approach [J]. *Organization Science*, 1992, 3(1).

[8] David J. Teece, Gary Pisano, and Amy Shuen. Dynamic capabilities and strategic management [J]. *Strategic Management Journal*, 1997, 18(7).

[9] Frank T. Rothaermel, and David L. Deeds. Alliance type, alliance experience and alliance management capability in high-technology ventures [J]. *Journal of Business Venturing*, 2006, 21(4): 429-460.

[10] Kathleen M. Eisenhardt, and Jeffrey A. Martin. Dynamic capabilities: What are they? [J]. *Strategic Management Journal*, 2000, 21(10-11).

[11] Laamanen, T., and Keil, T. Performance of serial acquirers: Toward an acquisition program perspective [J]. *Strategic Management Journal*, 2008, 29(6).

[12] Laurence Capron, and Annand, J.. Acquisition-based dynamic capabilities [J]. *Dynamic Capabilities: Understanding Strategic Change in Organizations*, 2007, 11.

[13] Nima Amiryany, Marleen Huysman, and Ard-Pieter de Man. Acquisition reconfiguration capability [J]. *European Journal of Innovation Management*, 2012, 15(2).

[14] Richard L. Priem, and John E. Butler. Is the resource-based "view" a useful perspective for strategic management research? [J]. *Academy of Management Review*, 2001, 26(1).

[15] Schijven, M., and Barkema, H. G.. A stepwise approach to acquisition capability development: The joint importance of experience homogeneity and heterogeneity [C]. Working Paper, Tilburg University, 2007.

Theoretical Framework and Constituent Elements of Mergers and Acquisitions Capability

Ge Weijie[1]   Zhang Qiusheng[2]

(1, 2 Economics and Management School of Beijing Jiaotong University, Beijing, 100044)

Abstract: The research of mergers and acquisitions capability is a relatively new field. As a counterpoint against the status quo of the weak theoretical bases, based on the dynamic theory and self-organization theory, we put forward a comprehensive analysis framework to define the mergers and acquisitions capability. M&A capability is a self-organization which is based on the slack resources and sub capability to improve the value of the firm. Its basic components are slack resources including slack financial resources and slack human resources and three sub capability including recognition capability, transaction capability and integration capability.

Key words: M&A capability; Dynamic capability; Self-organization; Slack resources

专业主编：陈立敏

股票流动性、流动性风险和公司透明度[*]

● 辛清泉[1]　　李倩倩[2]　　梁政山[3]

（1，2　重庆大学经济与工商管理学院　重庆　400030；

3　普华永道中天会计师事务所　重庆　400010）

【摘　要】本文研究公司透明度对股票流动性和流动性风险的影响，使用 2003—2011 年中国沪深两市 A 股上市公司数据，研究发现公司信息透明度的提高会增强股票流动性，降低流动性风险。进一步研究发现，公司透明度对股票流动和流动性风险的影响在机构投资者持股比例高的样本组以及控股股东代理成本更高的样本组中更显著。

【关键词】透明度　股票流动性　流动性风险　机构投资者

1. 引言

股票流动性是指投资者能及时地以低成本买卖股票，且不会引起价格过大的波动[①]。流动性风险即流动性的波动，是指流动性随时间会发生不可预测的变化[②]。股票流动性是资本市场是否成熟的一个重要标志，也是股票市场的生命力所在。国内关于流动性的研究，已有十分丰富的成果。如股票流动性与公司价值、股票流动性对资产定价的影响、股票流动性与公司治理、股票流动性风险与股票定价等。但是，以往较多文献均集中在流动性与流动性风险对公司估值、权益资本成本和公司治理的影响上，而较少有文献从源头研究流动性与流动性风险的影响因素。

本文实证研究公司透明度对股票流动性及流动性风险的影响。透明度是指外部信息使用者能够有效获得一个公开交易上市公司特定信息（如年报、各种信息披露公告、分析师报告、企业自愿披露的信息）的程度。从理论上讲，在其他条件不变的前提下，公司透明

＊　本文得到国家自然科学基金重点项目（项目批准号：71232004）、国家自然科学基金面上项目（项目批准号：71272087）和中央高校基本科研业务费项目（项目批准号：CDJSK100209）的资助。

通讯作者：辛清泉，E-mail：xinqingquan@ cqu. edu. cn。

①　Leuz，C.，and Wysocki，P.. Economic consequences of financial reporting and disclosure regulation：A review and suggestions for future research［R］. SSRN Working Paper，2008：30.

②　Lang，M.，and Maffett，M.. Economic effects of transparency in international equity markets［J］. *Foundations and Trends in Accounting*，2011a，4：12.

度提高一方面可以减少投资者之间的逆向选择问题，降低信息成本从而提高股票流动性；另一方面可以减少公司价值的不确定性，进而降低股票的流动性风险。然而，在中国这样一个以散户为主、信息环境不透明的市场上，是否会得出同样的结论？本文选取 2003—2011 年沪深两市 A 股主板上市公司为样本，运用描述性统计、相关性分析和多元线性回归等方法研究方法，实证检验公司透明度如何影响流动性和流动性风险这一问题。

对于公司透明度，本文从盈余质量、是否聘请国际四大审计、分析师跟踪的人数和分析师盈余预测精度以及深交所信息披露考评指数来度量公司信息透明度，并以它们为基础构建了透明度综合指标 TRANS。对于股票流动性，本文从股票日交易数据的角度选取了零报酬日比例和价格冲击测度两个指标作为股票流动性的度量。对于流动性风险，本文先求出月度的价格冲击 Amivest 测度，再按年求出 Amivest 测度的标准差作为流动性风险的度量。在控制了相应的变量之后，通过多元回归分析，我们发现公司透明度与个股流动性呈显著正相关关系。在进一步对样本进行分组检验后发现，高机构投资者持股组和最终控制人控制权和现金流权分离组中，公司透明度与流动性之间的正相关关系更强。本文进一步研究了公司透明度和股票流动性风险之间的关系。结果表明，两者之间具有显著的负相关关系，并且，这一负相关关系在机构投资者高持股组和最终控制人两权分离组中更强。

本研究从多个视角构建了公司透明度指标，丰富了信息透明度和股票流动性方面的研究。国内关于流动性风险的研究还相当少见，本文从信息透明度视角补充了国内这一领域的研究文献。另外，本文的研究发现对投资决策和监管政策也有一定的政策含义。

2. 文献综述

2.1 透明度与股票流动性关系的文献

从信息不对称视角看，公司透明度对股票流动性有着正向影响。当公司信息不透明时，企业与外部投资者以及外部投资者之间的信息不对称更为严重。Bagehot（1971）最早从非对称信息的角度把投资者分成知情投资者和不知情投资者。一方面，在交易中，不知情投资者总会担心自己在与知情投资者交易时利益会受到损害。因而，在交易时不知情投资者将会以更低的买价或是更高的卖价来弥补他们在信息上的劣势，从而导致二级市场的交易中出现更高的交易成本，阻挠了股票的流动。另一方面，信息不对称和逆向选择问题还会直接影响到不知情投资者想要交易的股票数量，降低股票的流动性。

Lang 等（2012）利用国际数据，发现公司透明度与个股流动性之间呈显著的正相关关系，并且在公司治理差的公司这种相关性更强。他们进一步通过中介效应分析，还发现信息透明度通过提高股票流动性从而提高了公司股票价格。

国内关于透明度和流动性的相关研究也有较为丰富的成果。比如，张程睿和王华（2007）以深交所考评指数衡量透明度，研究了公司透明度与信息不对称对股市微观表现的影响，指出较高的透明度有利于个股买卖价差的降低。杨朝军和孙培源（2002）从微观市场交易机制出发，研究发现在我国股市中，交易的信息非对称是影响流动性水平的重要因素。孔东民和邵园园（2011）也从盈余质量和机构投资者的角度，实证研究了其与资产流动性的关系。

2.2 透明度与流动性风险的文献

投资者偏好流动性高的个股，但是，投资者也关注着他们交易个股时点的流动性，即流动性的不确定性。良好的信息环境能够降低公司基本价值的不确定性，并且投资者也更喜欢交易价值确定的资产，所以透明度将有利于流动性不确定性的降低。Morris 和 Shin（2004）也指出，透明度能使公司的价值更真实，因而个股流动性的波动就会更小。使用跨国数据，Lang 和 Maffett（2011b）发现，公司透明度同股票流动性的波动性存在负相关关系，且这种负相关关系在金融危机期间更为显著。Sadka（2011）则从会计信息透明的角度，指出会计信息透明能降低个股流动性风险。

3. 研究设计

3.1 样本选择

本文的研究样本是 2003—2011 年 A 股主板上市公司。除机构投资者持股比例来自于 RESSET 锐思数据库，深交所上市公司信息披露考核指数系手工收集，其他的包括公司数据和市场数据均来自于 CSMAR 国泰安数据库，并且所有的数据处理和分析均使用 SAS 和 STATA 结合完成。

3.2 变量和模型

3.2.1 透明度指标

参照有关中国上市公司信息和制度背景的综述中对公司透明度的定义，再结合本文从外部股东的视角考察公司透明度对于股票微观表现的影响，我们从盈余质量、审计师角度、分析师跟踪人数和盈余预测精度以及信息披露考评指数 5 个层面来计量公司的透明度。

本研究的第一个透明度指标为根据调整的 Dechow 和 Dichev（2002）模型计算的盈余质量指标 DD。Rajgopal 和 Venkatachalam（2011）关于财务报告质量的研究中也用到了该指标。计算模型如下：

$$\text{TCA}_{it} = a_0 + a_1 \text{CFO}_{it-1} + a_2 \text{CFO}_{it} + a_3 \text{CFO}_{it+1} + a_4 \Delta \text{REV}_{it} + a_5 \text{PPE}_{it} + e_{it} \tag{1}$$

在方程中 TCA 是指总流动应计利润，等于营业利润减去经营现金流量再加上折旧和摊销费用。CFO 是指经营现金流量，ΔREV 指营业收入改变量。上述所有变量都除以平均总资产进行平减。我们按行业和年度对方程(1)进行分组回归，之后得到各公司各年的回归残差，即当年度的操控性应计利润。然后，我们结合包括企业 t 年和之前 4 年共 5 年的回归残差，计算出了标准差，并由此得到了企业 t 年的盈余质量指标 DD。为了使它能直接度量公司透明度，我们再将此指标乘以−1 得到第一个透明度指标 MDD。MDD 越大，盈余质量越高，公司的透明度越好。

其次，我们从公司财务报告是否由国际四大审计（BIG4）作为公司透明度的第二个代理变量。如果公司当年聘请了国际四大会计师事务所，则 BIG4 取值为 1，否则为 0。虽然有研究指出，新兴市场中四大会计师事务所的审计质量并不一定高于非四大的审计质量（刘峰和周福源，2007），但是公司聘用国际四大，愿意付高额的审计费用，可能在一定程度上表明公司愿意提供真实公允、可被理解的会计信息，因而公司可能更加透明（王艳艳和陈汉文，2006）。

本文计量透明度的第三个指标，是我们手工收集的深交所对各年深市上市公司的信息披露考评分值。本文参考以前的文献①②，依据深交所对上市公司的信息披露质量从高到低划分的优秀、良好、及格和不及格四个等级，依次为深市上市公司打分 4、3、2 和 1分。得到 SCORE 作为公司透明度的第三个代理变量。SCORE 分值越大，信息披露质量越好，公司透明度越高。

第四个和第五个指标，分别使用分析师跟踪人数 ANALYST 和分析师盈余预测准确性 ACCURACY 来作为透明度的度量。ANALYST 来度量当年对公司的年度盈余做出预测的分析师人数。证券分析师在其报告中通过搜集并整合被跟踪公司私有和公开的信息对公司股票进行估值，他们的存在进一步改进了公司的透明度。因此 ANALYST 越大，则透明度越高。

在分析师盈余预测精度方面，我们先计算得出同一年度不同分析师预测的每股盈余中位数，在此基础上再减去实际的每股盈余，并除以前一年度每股股价。然后，将这一数值取绝对值并乘以 –1，得出分析师盈余预测的准确性 ACCURACY。分析师盈余预测准确性有效地捕捉了分析师信息搜集的行为以及公司信息披露的质量，由此，若 ACCURACY 越大，则表明分析师盈余预测越精确，公司透明度可能越高。

最后，在以上 5 个透明度变量的基础之上，构建了一个有关公司透明度的综合指标 TRANS，其值等于 MDD、BIG4、SCORE、ANALYST 和 ACCURACY 一共 5 个变量的样本百分等级（percentile rank）的平均值。期间若上市公司其中某个或者多个透明度变量缺失，则 TRANS 取剩余变量百分等级均值。我们预测该变量全面地解释了公司透明度，是公司透明度的一个理想的综合指标，并且 TRANS 越大，公司透明度越高。

3.2.2　流动性指标

参照 Leuz 和 Wysocki（2008）、Lang 等（2012）、Lesmond（2005）、Goyenko 等（2005）、张峥和刘力（2006）等以前文献，以及基于低成本和避免投机性噪音，我们未采用换手率来作为流动性的度量，而是借用了负零回报天数比例作为流动性的代理变量。根据理论，零回报日只有在交易的收益低于成本时才会出现，所以低成本又意味着低零回报日比例。利用股票日交易数据算出了非流动性变量零回报天数比例，具体为年度零回报天数总和除以该年度的交易天数，并乘以 –1 转化为流动性变量 MZERORET。该指标越大，股票流动性越强。

①　谭劲松，宋顺林，吴立扬．公司透明度的决定因素——基于代理理论和信号理论的经验研究[J]．会计研究，2010，4：11.
②　伊志宏，姜付秀，秦义虎．产品市场竞争、公司治理与信息披露质量[J]．管理世界，2010，1：14.

考虑到中国 A 股主板市场股票高频数据获得的成本[1]和中国股市的特殊性，我们并没有选择价差和股票日绝对收益率除以股票日成交额作为价格冲击来度量非流动性[2][3]，而是借鉴 Hasbrouck（2009）的处理技巧，采用了实务界广泛使用的 Amivest 平方根测度：

$$\text{Amivest}_{it} = \frac{1}{D_{it}} \sum_{d=1}^{D_{it}} (\mid R_{itd} \mid \times \text{DOLVOL}_{itd}^{-1} \times 10^6)^{\frac{1}{2}} \qquad (2)$$

其中，R_{itd} 和 DOLVOL_{itd} 分别是股票 i 在第 t 年 d 日的日回报率和日成交金额，D_{it} 为股票 i 在 t 年的交易天数。计算得到 Amivest 之后我们再乘以 -1 得到负价格冲击 MPRICEIMP 来度量流动性。该指标越大，股票流动性越强。

3.2.3　流动性风险指标

参考 Lang 和 Maffett（2011b）的文章，本文将先求出月度的价格冲击 Amivest 测度（计算方法见方程（2）），再按年（1—12 月）求出 Amivest 测度的标准差作为流动性风险指标 LIQRISK。

3.2.4　透明度与股票流动性的回归模型

参考 Lang 等（2012），我们使用如下模型检验公司透明度对于个股流动性的影响：

$$
\begin{aligned}
\text{MZERORET}_{it} = {} & a_0 + a_1 \text{TRANSPARENCY}_{it-1} + a_2 \text{LNMVE}_{it-1} + a_3 \text{MTB}_{it-1} + a_4 \text{LEV}_{it-1} + a_5 \text{LOSS}_{it-1} \\
& + a_6 \text{BHSHARE}_{it-1} + a_7 \text{STDRET}_{it-1} + \sum \text{YEAR} + \sum \text{INDUSTRY} + e_{it}
\end{aligned}
$$

$$(3)$$

$$
\begin{aligned}
\text{MPRICEIMP}_{it} = {} & b_0 + b_1 \text{TRANSPARENCY}_{it-1} + b_2 \text{LNMVE}_{it-1} + b_3 \text{MTB}_{it-1} + b_4 \text{LEV}_{it-1} + b_5 \text{LOSS}_{it-1} \\
& + b_6 \text{BHSHARE}_{it-1} + b_7 \text{STDRET}_{it-1} + \sum \text{YEAR} + \sum \text{INDUSTRY} + e_{it}
\end{aligned}
$$

$$(4)$$

方程（3）中，因变量 MZERORET_{it} 是 t 年个股 i 的负零回报天数比例，等于个股 i 第 t 年日交易回报为零的天数除以在第 t 年的总交易天数，再乘以 -1。MZERORET 越大，个股的流动性越大。$\text{TRANSPARENCY}_{it-1}$ 表示公司 i 在 $t-1$ 年的 6 个透明度指标，分别为前文介绍的 MDD、BIG4、SCORE、ANALYST、ACCURACY 和透明度综合指标 TRANS。由于 TRANS 较为全面地衡量了透明度，它是我们主要关注的变量。透明度越高个股的流动性越强，因此，我们预测 $a_1 > 0$。

同时，我们在方程（3）中还引入了多个可能影响个股流动性或是影响公司透明度的控制变量。LNMVE_{it-1} 是公司规模的代理变量，等于 $t-1$ 年末公司总市值的自然对数。MTB_{it-1} 是公司的市值账面比，等于 $t-1$ 年每股股价除以每股账面净资产。LEV_{it-1} 是公司 $t-1$ 年末的财务杠杆，资产负债率。LOSS_{it-1} 是公司 i 在 $t-1$ 年度的亏损状况，是虚拟变量。另外，我们还控制了公司是否在发行 A 股的同时也发行 B 股和 H 股，并构建虚拟变量

① Bekaert, G., Harvey, C. R., and Lundblad, C.. Liquidity and expected returns：Lessons from emerging markets[J]. *Review of Financial Studies*, 2007, 20：21.

② Amihud, Y., Mendelson, H., and Pedersen, L. H.. Liquidity and asset prices[J]. *Foundations and Trends in Finance*, 2006, 4：15.

③ 张峥，刘力. 换手率与股票收益：流动性溢价还是投机性泡沫？[J]. 经济学，2006，5：14.

BHSHARE$_{it-1}$。最后，我们控制了个股 i 在 $t-1$ 年度收益的波动性。

方程（4）中因变量 MPIRCEIMP$_{it}$ 是 t 年个股 i 的负价格冲击变量。MPRICEIMP 越大，个股的流动性越大。另外，透明度变量和控制变量与方程（1）相同，我们仍然最关注透明度综合指标 TRANS，并预测 $b_1>0$。

3.2.5 透明度和流动性风险的回归模型

接下来，我们将通过回归分析考察公司透明度和流动性风险的相关关系。回归模型如下：

$$LIQRISK_{it} = c_0 + c_1 TRANSPARENCY_{it-1} + c_2 LNMVE_{it-1} + c_3 MTB_{it-1} + c_4 LEV_{it-1} + c_5 LOSS_{it-1}$$
$$+ c_6 BHSHARE_{it-1} + \sum YEAR + \sum INDUSTRY + e_{it}$$

$$(5)$$

方程（5）中，被解释变量 LIQRISK$_{it}$ 是 t 年个股 i 的流动性风险，等于个股第 i 年的月度非流动性指标 Amivest 测度的年标准差。LIQRISK 越大，个股的流动性风险则越大。

TRANSPARENCY$_{it-1}$ 和各控制变量的定义与方程（3）和方程（4）相同。同上，TRANS 仍是我们主要关注的变量。透明度越高个股的流动性风险越弱，因此，我们预测 $c_1<0$。

4. 实证结果

4.1 透明度和股票流动性的实证研究

4.1.1 描述性统计

表 1 的 A 栏报告了流动性变量的描述性统计。其中，负零回报日比例 MZERORET 的均值为 -0.027，标准差为 0.021。若一年交易 300 天，那么平均就有 8.1 天将出现零收益率。负价格冲击 MPRICEIMP 的均值为 -0.035，标准差为 0.025。表 1 的 B 栏报告了透明度变量的描述性统计。由于数据的可获得性，以及缺失值等原因，所以导致了各个变量的观测值不等。其中，透明度的第二个指标 BIG4，其均值为 0.081，表明我国上市公司中，聘请国际四大会计师事务所作为外部审计的仅为 8.1%。深市上市公司信息披露考评结果的均值表明其平均信息披露水平介于及格和良好之间。从分析师跟踪的人数上看，ANALYST 的均值为 2.861。另外，根据上述 5 个透明度变量，我们构造的百分等级均值，透明度综合指标 TRANS 的均值为 0.507，标准差为 0.143。表 1 的 C 栏和 D 栏是控制变量和调节变量的描述性统计。

表 1 　　　　　　　　　　　　　　主要变量描述性统计

A 栏：流动性变量

变　量	N	均值	25 分位数	中位数	75 分位数	标准差
MZERORET	10081	-0.027	-0.037	-0.021	-0.012	0.021
MPRICEIMP	10081	-0.035	-0.046	-0.027	-0.017	0.025

B 栏：透明度变量

变　　量	N	均值	25 分位数	中位数	75 分位数	标准差
MDD	5790	−0.036	−0.045	−0.030	−0.020	0.024
BIG4	8400	0.081	0.000	0.000	0.000	0.273
SCORE	3077	2.787	2.000	3.000	3.000	0.648
ANALYST	8566	2.861	0.000	1.000	3.000	5.064
ACCURACY	4652	−0.012	−0.013	−0.005	0.002	0.021
TRANS	7318	0.507	0.387	0.503	0.605	0.143

C 栏：控制变量

变　　量	N	均值	25 分位数	中位数	75 分位数	标准差
LNMVE	10081	14.944	14.172	14.821	15.585	1.090
MTB	10046	1.632	1.045	1.284	1.810	1.053
LEV	10081	0.497	0.282	0.511	0.629	0.401
LOSS	10053	0.100	0.000	0.000	0.000	0.300
BHSHARE	10081	0.088	0.000	0.000	0.000	0.283
STDRET	10081	0.030	0.023	0.029	0.036	0.010

D 栏：调节变量

变　　量	N	均值	25 分位数	中位数	75 分位数	标准差
INST	10049	0.171	0.020	0.105	0.278	0.192
SEP	9383	0.056	0.00	0.00	0.108	0.082

注：连续变量均进行了上下 1% 的 Winsorize 处理。MPIRCEIMP 是指负价格冲击，Amivest 平方根测度度量的非流动性变量乘以−1。MZERORET 是指负零回报日比例，一年内日回报率为零的天数占交易日的比率乘以−1。MDD 指盈余质量，盈余质量指标 DD 乘以−1。BIG4 是指公司当年聘请的审计师是否国际四大虚拟变量。SCORE 深市上市公司信息披露考评分值。ANALYST 指对当年公司盈余做出预测的分析师数量。ACCURACY 指当年分析师盈余预测误差的绝对值(再乘以−1)。TRANS 是公司透明度综合指标，等于 DD、DSCORE、ANALYST、ACCURACY 和 BIG4 这 5 个透明度指标百分等级(percentile rank)的平均值。LNMVE 指公司年末总市值的自然对数。MTB 指公司年末的市值和账面值比率(市净率)。LEV 指公司年末的资产负债率。LOSS 是指公司当年是否亏损虚拟变量。BHSHARE 指公司是否同时发行 B 股或 H 股虚拟变量。STDRET 是指收益率的波动性，日个股回报的年标准差。

　　表 2 报告了流动性变量和透明度之间的皮尔森相关系数。可以发现，除了分析师预测精度变量 ACCURACY 与流动性变量相关性较差且不显著外，其他的透明度变量均与流动性变量正相关。这初步支持了前文的研究假说。

表 2   流动性和透明度的相关系数

变 量	MDD	BIG4	SCORE	ANALYST	ACCURACY	TRANS
MZERORET	0. 050 ***	0. 036 ***	0. 032 *	0. 239 ***	0. 001	0. 106 ***
MPRICEIMP	0. 057 ***	0. 085 ***	0. 162 ***	0. 448 ***	−0. 004	0. 319 ***
MDD		0. 043 ***	0. 176 ***	0. 109 ***	0. 164 ***	0. 585 ***
BIG4			0. 078 ***	0. 190 ***	0. 043 ***	0. 426 ***
SCORE				0. 257 ***	0. 127 ***	0. 627 ***
ANALYST					0. 115 ***	0. 659 ***
ACCURACY						0. 471 ***

注：变量定义参见表1，*** 、** 、* 分别表示 1%、5%和 10%的显著性水平。

4.1.2 透明度与流动性的回归分析

表 3 报告了公司透明度与负零回报天数比例之间的多元回归结果。可以看到总体上，除了 SCORE 以外，其他透明度变量均与流动性显著正相关。表 4 报告了公司透明度与负价格冲击 MPIRCEIMP 之间的多元回归结果。可以看到总体上，除了 SCORE 和 ACCURACY 以外，其他透明度变量均与流动性显著正相关。SCORE 与流动性变量的相关性不显著，可能是由于该分值仅从监管者的角度而忽略了外部投资者的需求，且与深交所偏爱上市公司报告当期高盈余有关[1]。而 ACCURACY 和 MPRICEIMP 不正相关，也可能因为分析师乐观倾向导致盈余预测整体的偏误[2]。

TRANS 作为由单个透明度变量整合而成的透明度综合指标，在公司透明度上解释力度更大，从表 3 和表 4 中都可以看到，TRANS 与流动性指标显著正相关。根据上述回归结果，本文认为，整体上公司透明度与股票流动性显著正相关。

表 3   透明度和流动性的多元回归(流动性指标：**MZERORET**)

变 量	(1) MDD	(2) BIG4	(3) SCORE	(4) ANALYST	(5) ACCURACY	(6) TRANS
TRANSPARENCY	0. 021 ** (2. 494)	0. 002 * (1. 923)	0. 000 (0. 462)	0. 002 *** (8. 756)	0. 022 ** (2. 164)	0. 008 *** (4. 275)
LNMVE	0. 002 *** (6. 430)	−0. 012 *** (−9. 662)	0. 002 *** (5. 178)	0. 001 *** (3. 612)	0. 002 *** (4. 655)	0. 002 *** (6. 516)
MTB	0. 017 *** (15. 137)	0. 002 * (1. 923)	0. 013 *** (5. 714)	0. 013 *** (10. 412)	0. 015 *** (11. 973)	0. 013 *** (10. 333)
LEV	−0. 000 (−1. 247)	0. 002 *** (9. 504)	0. 000 ** (2. 410)	−0. 000 (−0. 027)	0. 000 (0. 773)	0. 000 (0. 378)

---

① 俞春江. 公司透明度与盈余管理关系经验检验[D] . 厦门大学，2008：25.
② 郭杰，洪洁瑛. 中国证券分析师的盈余预测行为有效性研究[J] . 经济研究，2009，11：30.

变 量	（1） MDD	（2） BIG4	（3） SCORE	（4） ANALYST	（5） ACCURACY	（6） TRANS
LOSS	−0.003 ***	0.000	−0.005 ***	−0.006 ***	−0.006 ***	−0.005 ***
	（−3.274）	（0.319）	（−3.715）	（−7.172）	（−5.138）	（−6.643）
BHSHARE	0.001	−0.000	0.003 ***	−0.000	−0.000	−0.000
	（1.061）	（−0.006）	（2.819）	（−0.081）	（−0.362）	（−0.535）
STDRET	0.766 ***	0.901 ***	0.588 ***	0.952 ***	1.181 ***	0.875 ***
	（12.850）	（6.709）	（3.118）	（6.779）	（16.646）	（6.012）
Intercept	−0.059 ***	−0.080 ***	−0.068 ***	−0.060 ***	−0.070 ***	−0.085 ***
	（−13.430）	（−12.671）	（−6.736）	（−9.710）	（−11.976）	（−12.219）
YEAR	Control	Control	Control	Control	Control	Control
INDUSTRY	Control	Control	Control	Control	Control	Control
N	4404	6627	2385	6888	3435	5791
R^2	0.498	0.471	0.444	0.472	0.450	0.482

注：回归因变量为个股 t 年的流动性指标 MZERORET，其余变量都是 $t-1$ 年数据。（1）至（6）栏的透明度指标分别为 MDD、BIG4、SCORE、ANALYSY、ACCURACY 和透明度综合指标 TRANS。相关变量定义参见表 1。回归方程中已控制时间和行业固定效应，t 值已经根据公司个体进行了聚类调整（cluster）。为消除极端值的影响，所有连续变量已经按上下 1% 进行了 Winsorize 处理。***、**、* 分别表示 1%、5% 和 10% 的显著性水平。

表 4　　　　　　　　透明度和流动性的多元回归（流动性指标：MPRICEIMP）

变 量	（1） MDD	（2） BIG4	（3） SCORE	（4） ANALYST	（5） ACCURACY	（6） TRANS
TRANSPARECY	0.030 ***	0.003 *	0.001	0.001 ***	−0.007	0.005 ***
	（3.640）	（1.943）	（1.546）	（3.252）	（−1.143）	（3.408）
LNMVE	0.009 ***	0.011 ***	0.011 ***	0.011 ***	0.007 ***	0.009 ***
	（30.208）	（36.194）	（28.941）	（32.546）	（42.919）	（32.977）
MTB	−0.001	−0.001	−0.002	0.001	−0.000	0.002 *
	（−0.889）	（−0.846）	（−1.198）	（0.929）	（−0.304）	（1.651）
LEV	0.000 **	0.000	0.000	0.000 *	0.000	0.000
	（2.121）	（1.104）	（0.059）	（1.730）	（0.314）	（1.130）
LOSS	−0.001	−0.002 **	−0.002 **	−0.002 **	−0.001 *	−0.002 **
	（−1.484）	（−2.208）	（−2.485）	（−2.524）	（−1.959）	（−2.415）
BHSHARE	−0.005 ***	−0.005 ***	−0.003 ***	−0.006 ***	−0.003 ***	−0.006 ***
	（−5.519）	（−4.760）	（−2.996）	（−5.851）	（−4.896）	（−6.757）
STDRET	0.211 **	0.230 ***	0.097 **	0.221 ***	0.209 ***	0.188 **
	（2.058）	（3.045）	（2.337）	（3.057）	（6.447）	（2.490）
Intercept	−0.191 ***	−0.215 ***	−0.214 ***	−0.220 ***	−0.161 ***	−0.193 ***
	（−25.870）	（−35.568）	（−34.860）	（−36.354）	（−50.504）	（−35.070）
YEAR	Control	Control	Control	Control	Control	Control
INDUSTRY	Control	Control	Control	Control	Control	Control

变　量	（1）MDD	（2）BIG4	（3）SCORE	（4）ANALYST	（5）ACCURACY	（6）TRANS
N	4404	6627	2385	6888	3435	5791
R^2	0.697	0.713	0.709	0.711	0.711	0.718

注：回归因变量为个股 t 年的流动性指标 MPRICEIMP，其余变量都是 $t-1$ 年数据。（1）至（6）栏的透明度指标分别为 MDD、BIG4、SCORE、ANALYSY、ACCURACY 和透明度综合指标 TRANS。相关变量定义参见表1。回归方程中已控制时间和行业固定效应，t 值已经根据公司个体进行了聚类调整（cluster）。为消除极端值的影响，所有连续变量已经按上下1%进行了 Winsorize 处理。＊＊＊、＊＊、＊ 分别表示1%、5%和10%的显著性水平。

4.1.3　机构投资者持股分组回归分析

为进一步考察信息透明度对于股票流动性的正效应在不同场景下是否存在差异，表5报告了按照机构投资者持股比例高低分组（按中位数划分）的回归结果。其中，（1）栏和（2）栏显示以 MZERORET 为因变量的回归结果，（3）栏和（4）栏显示以 MPRICEIMP 为因变量的回归结果。文献指出，相比于个人投资者，机构投资者在解读和运用财务报告信息方面具有更强的专业能力，并且更依赖于分析师预测信息，因此，我们预测信息透明度对于机构持股比例高的公司其效应可能更大。从表5中可以看到，公司透明度与个股流动性的正相关关系在机构投资者持股比例高的公司更明显，进一步验证了机构投资者可能加强了公司透明度对股票流动性的作用。

表5　　　　　　　　　　　机构持股分组比较透明度与流动性

变　量	高持股（1）因变量 MZERORET	低持股（2）因变量 MZERORET	高持股（3）因变量 MPRICEIMP	低持股（4）因变量 MPRICEIMP
TRANS	0.009＊＊＊ (3.486)	0.004＊ (1.842)	0.007＊＊＊ (3.226)	0.005＊＊＊ (2.992)
LNMVE	0.001＊＊＊ (3.002)	0.002＊＊＊ (3.448)	0.010＊＊＊ (20.900)	0.009＊＊＊ (25.355)
MTB	0.006＊＊＊ (3.098)	0.015＊＊＊ (8.252)	−0.003 (−1.290)	−0.002＊ (−1.916)
LEV	−0.000 (−1.231)	0.000 (0.515)	0.000＊ (1.758)	0.000 (0.288)
LOSS	−0.006＊＊＊ (−4.970)	−0.005＊＊＊ (−4.920)	−0.002＊ (−1.727)	−0.001 (−1.354)
BHSHARE	0.003＊＊ (2.213)	−0.003＊＊ (−2.123)	−0.006＊＊＊ (−4.841)	−0.005＊＊＊ (−5.148)

变　量	高持股 （1）	低持股 （2）	高持股 （3）	低持股 （4）
	因变量 MZERORET	因变量 MZERORET	因变量 MPRICEIMP	因变量 MPRICEIMP
STDRET	1.304*** （10.773）	0.613*** （3.939）	0.131* （1.647）	0.123* （1.944）
Intercept	−0.100*** （−11.771）	−0.072*** （−7.644）	−0.186*** （−24.761）	−0.204*** （−27.284）
YEAR	Control	Control	Control	Control
INDUSTRY	Control	Control	Control	Control
N	2726	3065	2726	3065
R^2	0.508	0.449	0.742	0.694

注：回归因变量分别为 MZERORET（（1）至（2）栏）和 MPRICEIMP（（3）至（4）栏）。各变量定义参见表 1。如果公司在 t 年初机构投资者持股比例大于或等于样本中位数，则划分为"高持股"组，否则为"低持股组"。回归方程中已控制时间和行业固定效应，t 值已经根据公司个体进行了聚类调整（cluster）。为消除极端值的影响，所有连续变量已经按上下 1% 进行了 Winsorize 处理。***、**、* 分别表示 1%、5% 和 10% 的显著性水平。

4.1.4　两权分离分组回归分析

Langet 等（2012）、王鹏和周黎安（2006）认为最终控制人现金流权和控制权的分离，将为上市公司带来更严重的代理问题。当代理问题更为严重时，外部投资者对信息透明度有着更强烈的需求，其投资决策也更为依赖信息透明度。因此，我们预测在两权分离组中，公司透明度同股价流动性的关系更为显著。表 6 报告了相应的回归结果。其中（1）栏和（2）栏显示了以 MZERORET 为因变量的回归结果，（3）栏和（4）栏显示了以 MPRICEIMP 为因变量的回归结果。回归结果显示公司透明度对于个股流动性的作用在两权分离组中更大，即在公司控股股东代理问题更为严重时公司透明度对于流动性的作用更突出。

表 6　　　　　　　　　两权分离、透明度与流动性

变　量	两权分离 （1） MZERORET	两权未分离 （2） MZERORET	两权分离 （3） MPRICEIMP	两权未分离 （4） MPRICEIMP
TRANS	0.008*** （3.323）	0.006*** （2.646）	0.006*** （2.687）	0.004** （2.099）
LNMVE	0.002*** （3.611）	0.002*** （3.698）	0.009*** （24.698）	0.009*** （22.294）
MTB	0.013*** （6.949）	0.012*** （5.804）	0.002 （0.872）	−0.005*** （−3.287）

变　量	两权分离 （1） MZERORET	两权未分离 （2） MZERORET	两权分离 （3） MPRICEIMP	两权未分离 （4） MPRICEIMP
LEV	−0.000 （−0.681）	0.000** （2.002）	0.000 （1.137）	−0.000 （−0.035）
LOSS	−0.006*** （−4.998）	−0.006*** （−5.219）	−0.001 （−1.141）	−0.002*** （−2.637）
BHSHARE	−0.000 （−0.280）	0.000 （0.315）	−0.005*** （−3.932）	−0.006*** （−5.165）
STDRET	1.037*** （10.852）	1.013*** （9.933）	0.256*** （3.182）	0.208 （1.480）
Intercept	−0.088*** （−11.000）	−0.097*** （−9.781）	−0.204*** （−28.924）	−0.186*** （−21.204）
YEAR	Control	Control	Control	Control
INDUSTRY	Control	Control	Control	Control
N	2543	2975	2543	2975
R^2	0.491	0.498	0.721	0.713

注：回归因变量分别为 MZERORET（（1）至（2）栏）和 MPRICEIMP（（3）至（4）栏）。各变量定义参见表 1。如果公司在 t 年初最终控制人的控制权大于现金流权，则划分为两权分离公司，控制权同现金流权相等则划分为两权未分离公司。回归方程中已控制时间和行业固定效应，t 值已经根据公司个体进行了聚类调整（cluster）。为消除极端值的影响，所有连续变量已经按上下 1% 进行了 Winsorize 处理。***、**、* 分别表示 1%、5% 和 10% 的显著性水平。

4.2　透明度和流动性风险的实证研究

表 7 报告了公司透明度和股票流动性风险的回归结果。可以看到，在透明度的 5 个指标中，除分析师预测准确度（ACCURACY）外，其余 4 个指标系数均为负，且在 1% 水平上显著。透明度综合指标（TRANS）的系数同样显著为负，表明更高的透明度同更低的流动性风险相连。

表 7　　　　　公司透明度和股票流动性风险的回归分析（LIQRISK）

变　量	（1） MDD	（2） BIG4	（3） SCORE	（4） ANALYST	（5） ACCURACY	（6） TRANS
TRANSPARECY	−0.026*** （−3.849）	−0.002*** （−3.108）	−0.001** （−2.038）	−0.001*** （−7.241）	0.003 （0.647）	−0.003*** （−2.799）
LNMVE	−0.003*** （−21.244）	−0.005*** （−29.399）	−0.005*** （−16.061）	−0.004*** （−28.134）	−0.003*** （−25.256）	−0.004*** （−25.368）
MTB	0.008*** （12.036）	0.004*** （7.746）	0.004*** （3.702）	0.005*** （9.335）	0.004*** （7.635）	0.004*** （6.853）

变 量	(1) MDD	(2) BIG4	(3) SCORE	(4) ANALYST	(5) ACCURACY	(6) TRANS
LEV	−0. 000	−0. 000***	−0. 000***	−0. 000***	−0. 000	−0. 000
	(−0. 647)	(−3. 261)	(−3. 696)	(−3. 236)	(−0. 675)	(−0. 530)
LOSS	0. 004***	0. 000	0. 001	0. 000	0. 001*	0. 001*
	(7. 252)	(0. 664)	(1. 096)	(0. 750)	(1. 897)	(1. 671)
BHSHARE	−0. 000	0. 002***	0. 001**	0. 002***	0. 001**	0. 002***
	(−0. 472)	(3. 582)	(2. 048)	(5. 459)	(2. 158)	(4. 366)
Intercept	0. 002***	0. 075***	0. 079***	0. 067***	0. 047***	0. 063***
	(3. 608)	(28. 230)	(14. 497)	(28. 013)	(22. 732)	(29. 227)
YEAR	Control	Control	Control	Control	Control	Control
INDUSTRY	Control	Control	Control	Control	Control	Control
N	4404	6627	2384	6888	3435	5791
Adj-R2	0. 213	0. 241	0. 207	0. 249	0. 228	0. 187

注：回归的因变量为个股 t 年的流动性风险指标 LIQRISK，其余变量都是 $t-1$ 年数据。回归方程中已控制时间和行业固定效应，t 值已经根据公司个体进行了聚类调整（cluster）。为消除极端值的影响，所有连续变量已经按上下 1% 进行了 Winsorize 处理。***、**、* 分别表示 1%、5% 和 10% 的显著性水平。

表 8 报告了不同场景下透明度综合指标 TRANS 对股票流动性风险的回归结果。可以看到，信息透明使公司的价值更容易预测，个股的流动性风险将变得更小，并且在机构投资者高持股比例组和最终控制人两权分离组中该负相关关系更强。这和前文的理论预测是一致的。

表 8　　　　　　　　　　公司透明度综合指标 TRANS 与股票流动性风险

变 量	高持股 (1)	低持股 (2)	两权分离 (3)	两权未分离 (4)
TRANS	−0. 004***	−0. 002	−0. 004**	−0. 002*
	(−3. 234)	(−1. 160)	(−2. 015)	(−1. 666)
LNMVE	−0. 003***	−0. 004***	−0. 004***	−0. 003***
	(−18. 204)	(−17. 958)	(−15. 732)	(−19. 468)
MTB	0. 003***	0. 004***	0. 002**	0. 005***
	(4. 700)	(5. 301)	(2. 247)	(7. 168)
LEV	−0. 000	−0. 000	−0. 000	−0. 000
	(−0. 339)	(−0. 802)	(−0. 403)	(−0. 332)
LOSS	0. 000	0. 001**	0. 001	0. 001
	(0. 064)	(2. 031)	(0. 956)	(1. 565)
BHSHARE	0. 002***	0. 002***	0. 003***	0. 002***
	(2. 852)	(3. 204)	(3. 209)	(2. 619)
Intercept	0. 060***	0. 069***	0. 069***	0. 059***
	(21. 755)	(19. 856)	(18. 312)	(21. 986)
YEAR	Control	Control	Control	Control

变　量	高持股 （1）	低持股 （2）	两权分离 （3）	两权未分离 （4）
INDUSTRY	Control	Control	Control	Control
N	2726	3065	2543	2975
R^2	0.185	0.186	0.164	0.211

注：回归的因变量为个股 t 年的流动性风险指标 LIQRISK，其余变量都是 $t-1$ 年数据。（1）至（2）栏是按照机构持股比例高低分组，（3）至（4）栏是按照最终控制人控制权和现金流权是否分离进行分组。如果公司在 t 年初机构投资者持股比例大于或等于样本中位数，则划分为"高持股"组，否则为"低持股组"。如果公司在 t 年初最终控制人的控制权大于现金流权，则划分为两权分离公司，控制权同现金流权相等则划分为两权未分离公司。回归方程中已控制时间和行业固定效应，t 值已经根据公司个体进行了聚类调整（cluster）。为消除极端值的影响，所有连续变量已经按上下 1% 进行了 Winsorize 处理。***、**、* 分别表示 1%、5% 和 10% 的显著性水平。

4.3　敏感性检验

首先，为防止变量遗漏的问题，在多元回归分析中，我们控制一系列可能影响股票流动性和流动性风险的企业层面以及行业和时间的控制变量。其次，使用的解释变量和控制变量都是前一期的数据，解除了来自同时性问题的担忧。再次，不同场景下进行分组实证研究，因而研究结果的稳健性更强。

此外，我们还进行了如下敏感性分析。第一，由于从 2005 年开始，我国证券市场进行了股权分置改革，给股市的流动性带来了较大的冲击，所以我们剔除了 2005 年之前的研究样本。第二，参考 Lang 等（2012）的研究，我们使用同一期的透明度变量和流动性变量、流动性风险变量对模型进行回归。回归结果与上述研究结论没有实质性差异。

5.　结论

本文系统检验了上市公司更透明的信息环境是否同更高的股票流动性以及更低的股票流动性风险相连。使用沪深 A 股市场 2003—2011 年的数据，我们发现透明度显著提高了个股的流动性和降低了个股的流动性风险，这同更透明的信息环境有利于减少个股交易时的逆向选择问题，进而降低了交易成本的理论是一致的。进一步研究还发现，透明度提升流动性的效应和透明度稳定流动性风险的效应，在机构投资者持股比例更高以及代理问题更为严重的公司样本组中更为明显。这意味着，信息透明度在外部投资者信息需求强烈时发挥的作用更大，由此进一步加深了公司信息透明度对于股票流动性和流动性风险作用渠道的理解。

此研究对于监管部门也有着重要意义。本文研究显示进一步加强信息披露监管，更加透明的财务报告和信息披露，向市场中注入更为丰富和准确的企业特有信息，有助于缓解企业内部管理者和外部投资者以及外部投资者之间的信息不对称，从而改善市场的流动性和降低市场的流动性风险，重塑投资者的投资信心。

◎ 参考文献

[1]陈辉，顾乃康，万小勇．股票流动性、股权分置改革与公司价值[J]．管理科学，2011，3．

[2]黄峰，杨朝军．流动性风险与股票定价：来自我国股市的经验证据[J]．管理世界，2007，5．

[3]孔东民，邵园园．盈余质量、机构投资者和资产流动性[J]．国际金融研究，2011，10．

[4]刘峰，周福源．国际四大意味着高审计质量吗[J]．会计研究，2007，3．

[5]苏冬蔚，麦元勋．流动性与资产定价：基于我国股市资产换手率与预期收益的实证研究[J]．经济研究，2004，2．

[6]王鹏，周黎安．控股股东的控制权、所有权与公司绩效：基于中国上市公司的证据[J]．金融研究，2006，2．

[7]王艳艳，陈汉文．审计质量与会计信息透明度——来自中国上市公司的经验数据[J]．会计研究，2006，4．

[8]杨朝军，孙培源．微观结构、市场深度与非对称信息：对上海股市日内流动性模式的一个解释[J]．世界经济，2002，11．

[9]张程睿，王华．公司透明度与市场信息不对称——基于对中国股票市场的经验研究[C]．中国会计学会 2007 年学术年会论文集，2007．

[10]Bagehot, W.. The only game in town[J]. *Financial Analysts Journal*, 1971, 22.

[11]Bekaert, G., Harvey, C. R., and Lundblad, C.. Liquidity and expected returns: Lessons from emerging markets[J]. *Review of Financial Studies*, 2007, 20.

[12]Bushman, R. M., Piotroski, J. D., and Smith, A J.. What determines corporate transparency? [J]. *Journal of Accounting Research*, 2004, 42.

[13]Brunnermeier, M. K., and Pedersen, L. H.. Market liquidity and funding liquidity[J]. *Review of Financial Studies*, 2009, 22.

[14]Cohen, R., Gompers, P., and Vuolteenaho, T.. Who underreacts to cash-flow news? Evidence from trading between individuals and institutions [J]. *Journal of Financial Economics*, 2002, 66.

[15]Dechow, P. M., and Dichev, I. D.. The quality of accruals and earnings: The role of accrual estimation errors[J]. *The Accounting Review*, 2002, 77.

[16]Goyenko, R., Holden, C. W., and Lundblad, C.. Horseraces of monthly and annual liquidity measures[R]. *SSRN Working Paper*, 2005.

[17]Hasbrouck, J.. Trading costs and returns for US equities: Estimating effective costs from daily data[J]. *Journal of Finance*, 2009, 64.

[18]Lang, M., and Maffett, M.. Economic effects of transparency in international equity markets[J]. *Foundations and Trends in Accounting*, 2011a, 4.

[19] Lang, M., and Maffett, M.. Transparency and liquidity uncertainty in crisis periods[J]. *Journal of Accounting and Economics*, 2011b, 52.

[20] Lang, M., Lins, K. V., and Maffett, M.. Transparency, liquidity, and valuation: International evidence on when transparency matters most [J]. *Journal of Accounting Research*, 2012, 50.

[21] Lang, M. H., and Lundholm, R. J.. Corporate disclosure policy and analyst behavior[J]. *The Accounting Review*, 1996, 71.

[22] Lesmond, D. A.. Liquidity of emerging markets[J]. *Journal of Financial Economics*, 2005, 77.

[23] Leuz, C., and Wysocki, P.. Economic consequences of financial reporting and disclosure regulation: A review and suggestions for future research[R]. *SSRN Working Paper*, 2008.

[24] Morris, S., and Shin, H. S.. Liquidity black holes[J]. *Review of Finance*, 2004, 8.

[25] Rajgopal, S., and Venkatachalam, M.. Financial reporting quality and idiosyncratic return volatility[J]. *Journal of Accounting and Economics*, 2011, 51.

[26] Sadka, R.. Liquidity risk and accounting information [J]. *Journal of Accounting and Economics*, 2011, 52.

Stock Liquidity, Liquidity Risk and Corporate Transparency

Xin Qingquan[1]   Li Qianqian[2]   Liang Zhengshan[3]

(1, 2   Economics and Business Administration School of Chongqing University, Chongqing, 400030;

3   PWC, Chongqing, 400010)

Abstract: This paper investigates whether firm-level transparency affects the stock liquidity and liquidity risk using 2003 to 2011 A-share listed companies of Shanghai and Shenzhen as samples. The results suggest that enhancing the transparency of company information improve stock liquidity and reduce liquidity risk. Further study suggests that the relations between transparency and stock liquidity, liquidity risk are more pronounced when agency problems embedded in the ownership structures are more severe and when institutional ownership is higher.

Key words: Transparency; Stock liquidity; Liquidity risk; Institutional investors

专业主编：潘红波

竞争：有效银行治理的基础*

● 易志强

（中南大学商学院　长沙　410083）

【摘　要】本文采用 GMM 方法，对我国 69 家城商行 2005—2009 年的年度数据进行了实证检验，研究发现：竞争释放了银行内部治理机制的活力；金融竞争程度较高地区的城商行设置了较强的公司治理机制，但只有金融竞争程度最高地区（如上海、广东、浙江）城商行的公司治理机制发挥了应有作用；金融竞争程度较低地区的城商行设置了相对较弱的公司治理机制，且治理机制无效。实证结果表明，竞争是有效银行治理的基础，脱离竞争环境的银行治理机制是无效的，这一结论也为我国目前旨在促进银行竞争的金融改革从公司治理的视角提供了理论和实证依据。

【关键词】竞争　银行治理　城市商业银行

1. 序言

自从 Berle 等提出了所有权和控制权分离观点以来，大量的理论和实证研究开始致力于探讨公司治理对于降低股东和经理人之间代理成本的意义。国际银行治理规则的制定则始于 1989 年，该年巴塞尔委员会（Basel Committee）颁布了 Basel Ⅰ，确立了政府监管、市场约束和内部控制三大银行治理支柱。1997—1998 年的亚洲金融危机爆发，使得银行治理作为公司治理中一个重要而又独立的领域开始受到学界、银行界的高度重视，巴塞尔委员会相继于 1999 年和 2004 年颁布了《加强银行机构公司治理》以及 Basel Ⅱ。

2007 年夏天爆发的次贷危机表明，董事会结构、薪酬设计以及股东权利等银行治理机制严重失灵①。2010 年在韩国 G20 峰会上通过了 Basel Ⅲ，该协议凸显了全球监管当局对资本要求、内部治理以及政府监督在银行治理方面有效性的认可，却忽视了竞争作为一种外部约束机制的价值。这出于两个原因，传统观点认为，一方面激烈的市场竞争有可能导致银行高管过度的风险偏好，在银行业特殊的资本结构条件下，极易给金融体系造成系

---

　*　通讯作者：易志强，E-mail：yizhiqiang@ 163. com。

① Pablo de Andres, and Eleuterio Vallelado. Corporate governance in banking：The role of the board of directors［J］. *Journal of Banking & Finance*，2008，32：2570-2580.

统性冲击并引发经济危机，因此各国对银行的市场准入、经营活动以及产品设计等诸多方面进行了严格的管制；另一方面，相对于其他行业，更为严重的信息不对称问题，限制了竞争对经理人以牺牲股东利益为代价图利不当行为的约束力。

与之相反，2009 年诺贝尔经济学奖获得者 Oliver Williamson 指出，不论是内部治理、市场约束，还是政府监管，没有哪种治理机制是万能的，每一种治理机制都有自身的不足，独立于其他两种机制的任何一种机制都无法有效运行，三大治理机制必须协同一致才能实现降低代理成本的目标，由此可见，市场竞争和内部治理、政府监管一样，应该是银行有效治理不可或缺的必要组成部分。

本文充分利用我国各省市金融监管环境相对统一，而金融竞争程度存在差异的自然实证条件，试图探索银行竞争和银行内部治理之间的相互关系，以便为我国目前正在逐步推进的、旨在提高银行业竞争强度的一系列改革措施，从银行治理的视角提供理论和实证证据。

2. 竞争与银行治理

2.1 竞争与一般公司治理关系研究

2.1.1 竞争与一般公司治理——替代关系

认为竞争和公司治理之间存在替代关系的观点基于这样一种经济学原理：公司建立如独立董事、股权激励等公司治理机制有成本，如果市场竞争已经提供给经理人有效的约束，此时再建立强大公司治理机制的成本可能会超过收益，因此，公司会选择强度较低的治理机制，这样竞争和公司治理之间就会表现出一种直接的相互替代关系。

Aggarwal 等、Chou 等研究发现，竞争性行业往往有着更低的股权激励强度，更弱的公司治理机制。Giroud 等研究表明，在竞争性的行业中良好公司治理机制对于业绩的影响很小且并不显著，而在非竞争性的行业中公司治理机制对于业绩的影响较大并且显著。Giroud 等考察了在通过限制公司并购的法案之后，处在竞争性和非竞争性行业的公司业绩上的差异，研究结果表明只有处在非竞争性行业公司的业绩受到了显著的负面影响，证明了市场竞争能够替代公司治理机制约束经理人的不当行为。Julia 等研究发现，竞争性行业的公司有着更差的公司治理机制，而且只有在竞争程度比较低的行业中公司治理的质量才能显著影响业绩，并认为经理人对于公司清算的担心使产品市场竞争能够替代公司治理。

2.1.2 竞争与一般公司治理——互补关系

认为竞争和公司治理之间存在互补关系则是基于另外一种经济学观点，即竞争性的市场需要经理人具备专业的知识以便迅速作出复杂的、前瞻性的决策，这样会迫使公司授予经理人更大的决策权，因此，公司必须设置更强大的公司治理机制监督经理人以阻止其如收入操控、过度承担风险等不当行为。

Karuna 分析了不同行业的竞争程度，发现竞争性行业的公司有着更好的公司治理结构，并认为高度竞争的行业要求经理人对市场的变动迅速做出反应，这些经理人也被授予了更大的权力制定公司战略，因此，在高度竞争性行业中的公司必须设置良好的公司治理机制，以对经理人进行监督。Guadalupe 等使用 19 个国家公开交易的数据研究发现，当国内行业面临来自国际市场的竞争时，公司的经理人和所有人通过控制公司而获得的私人利益将减少，而私人利益的减少被视为是一种好的公司治理的象征，这也提供了竞争提高公司治理效率的间接证据，由此，Guadalupe、Pérez- González 得出结论，认为竞争对于公司治理的积极意义源于同一行业中的公司信息透明度的改善以及经理人对公司破产的担忧。

2.2 竞争与银行治理关系研究

2.2.1 竞争——促进金融体系稳定

在市场经济中，银行基于自身信誉发行一种具有索取权的金融契约，通过聚集小额存款，发放大额贷款的方式来发挥信用中介作用，履行资产转换职能①。银行的经营特点以及在经济中的作用就决定了银行具有区别于其他行业的 3 个特殊性：

第一，资产负债结构的高杠杆性。银行资金主要来源于通过发行债务工具吸收的公众存款，债务比例超过 90%，即便是 2010 年通过的 Basel Ⅲ 将资本充足率提高到了 10.5%，银行的财务杠杆仍然高达约 10 倍。

第二，债务结构的分散性。由于银行资金主要来源于小额存款，而单一大额企业存款在负债中的比率非常低，这样的债务结构就导致了银行的债权人非常分散。

第三，资产负债期限的不匹配性。为了满足小额存款人对于流动性的要求，银行为存款人提供各种流动性较强的金融合约，而银行的资产主要是由流动性较低的贷款构成，如此一来，银行通过持有流动性较差的资产和发行流动性负债为市场经济主体提供了流动性，发挥着流动性创造的功能②。

传统观点认为，竞争带来的压力有可能会导致银行经理人过高的风险偏好，为了追求利润、稳定职位、确保股权激励的价值，经理人需要进行高风险投资，配置高风险资产，这将直接导致银行损失概率和破产可能性增加。当分散债权人的个人理性与集体非理性爆发冲突，银行挤兑发生，此时，"借短贷长"的资产负债结构使得银行缺乏足够的流动性应对存款人提前提取存款的行为，而高度的财务杠杆使银行受到流动性冲击带来的损失被数倍放大，资不抵债的情况下银行破产。因此，竞争将可能导致银行体系乃至经济运行的不稳定性增加。

然而，学界却在理论及实证研究中发现了大量的竞争有助于增强金融体系稳定的证据。Boyd 等构建了一种 BDN 模型，将银行的市场势力从单一存款市场延伸到存、贷款两个市场，指出垄断造成的贷款利率不断上涨，将驱使借款人选择风险更高的项目，而这些风险会转嫁给银行，造成银行不良贷款和破产风险增加，这就是"风险转嫁理论"。Boyd 等找到了支持该理论的实证证据，他们以美国约 2500 家小型村镇银行截面数据和来自

---

① Gurley, J., and Shaw, E.. *Money in the theory of finance* [M]. Washington：Brookings Institution, 1960：20.

② Diamond, D., and Dybvig, P.. Bank runs, Deposit's insurance, and liquidity [J]. *Journal of Political Economy*, 1983, 91：401-419.

134 个国家约 2700 家银行面板数据作为研究对象，选择 z-score 指数作为银行风险指标、Herfindahl-Hirschmann 指数作为银行竞争指标，研究表明银行业集中带来了更大的破产风险。Schaek 等基于 38 个国家 1980—2003 年的银行数据，同样发现更具竞争性的银行体系发生危机的概率更低。Berger 等、Schaeck 等研究发现竞争迫使银行持有更为充足的资本，降低了银行破产的可能性。

2.2.2　竞争——削弱信息不对称的负面影响

贷款作为银行的主要资产是银行和客户之间签订的一种非市场化的金融契约。由于不同的借款人有不同的资信状况，因此，银行针对每笔特定的贷款制定特定的借款条件，包括贷款利率、还款期限以及偿还方式等。贷款合约的非标准化产生的信息不对称性使得贷款资产很难像其他资产一样进行交易，无法形成具有流动性的二级市场。此外，银行为了降低收集、处理以及分析借款人信息的成本，同时借款人为了规避向不同银行申请贷款时重复进行信息披露和接受多次授信审查的成本，银行和借款人之间倾向于建立一种长期关系以减少发放贷款过程中产生的信息不对称问题，降低相关成本和风险。

不像股票、债券等标准化的金融合约，贷款资产的非标准化使得这种金融资产流动性的二级市场无法建立，以及这种金融产品相比于其他的产品信息不对称问题更为严重，再加上银行和客户之间建立的长期关系对非关系银行形成的进入壁垒，这些因素都导致了银行业的产品市场竞争无法有效约束经理人背离股东价值最大化行为。此外，信息的不透明性还降低了接管市场效率，因此即使是在工业化国家，敌意接管银行也很少发生。

尽管传统观点认为贷款资产的信息不透明降低了竞争对于银行治理的作用，但是，从理论上来说，加强竞争却能够弱化信息不透明对银行治理的负面影响。因为，当银行业竞争程度较低时，信贷资金成为一种相对稀缺的资源，贷款利率偏高，借款人为了获得贷款，会向授信审批人员提供各种形式的好处，并和特定银行之间建立一种长期合作关系，以避免向不同银行申请贷款时重复进行信息披露、接受多次授信审查和再次贿赂授信人员的相关成本。然而，当银行业的竞争程度提高时，由于贷款利率下降，以及业务竞争压力使得授信审批人员无法再获得垄断稀缺信贷资源带来的租金，再加上银行为了争取客户不得不提高授信审批效率、简化授信审批流程，这个时候借款人变更贷款银行带来的收益可能超过和现有贷款银行维持长期关系而产生的收益。银行业竞争就通过降低融资成本的方式，给予借款人变更贷款银行的经济激励，与此同时，客户流失的压力迫使银行经理人提高服务质量、降低经营成本，最终竞争的加强削弱了信息不对称对银行治理的负面影响。

2.2.3　竞争——有效银行治理的基础

商业银行通过吸收存款、发放贷款的方式将经济中的储蓄转化为投资，特殊的经营模式使银行业具有区别于其他行业的特征，主要表现为：资本结构的特殊性、资产交易的非透明性以及严格的行业监管。尽管传统观点认为银行特殊的资本结构使银行具有内在的脆弱性，在这种条件下竞争的加剧有可能触发银行危机，而且，资产交易的非透明性降低了竞争对于银行经理人不当行为的约束力，但是，从上文的分析来看，大量的理论和实证证据已经证实，竞争能够提高金融体系的稳定性，同时，银行竞争程度的提高也弱化了金融资产不透明性给银行治理带来的负面影响。

如果没有有效的银行竞争，市场就不会给予银行高管足够的压力，垄断势力使得银行获得利润相对容易，银行高管持有的股权激励价值没有下降的风险，也不会因业绩不佳而被替换。在这样"平静的"生活中，银行高管不会有激励认真听取、思考、采纳独立董事的专业意见，努力降低成本、提高业绩，从而导致独立董事和股权激励制度不能有效地约束银行高管侵占股东利益的行为，丧失了降低代理成本的积极作用。只有在竞争性的环境中，失去垄断地位的银行经理人才有激励认真思考独立董事关于银行战略、风险管理和产品创新等方面的专业意见，努力提高服务质量、降低经营成本以稳固自己的职位，实现股权激励的价值。因此，竞争是有效银行治理的基础，没有竞争的银行治理机制无法发挥应有的效力。

Toyota 和 Honda 这样的日本公司就很好地证明了激烈的竞争能够造就成功的公司。在这些公司中，董事会的人数至少是类似规模美国和英国公司的 3 倍，有着更低的独立董事比例，接管也很少发生，这样的特点使日本公司缺乏来自董事会和控制权市场的有效监督，从而不被传统的观念视为一种理想的公司治理机制。然而，事实上日本公司在全球市场上获得了巨大的成功和丰厚的利润，它们的产品成为高质量、低价格、设计精美的代表，众多的消费者钟爱日本产品并将其确定为优先购买的目标。日本公司的成功表明，高质量的公司治理并不是良好业绩的必要条件，换言之，产品市场的竞争能够提供对于经理人的有效监督并替代公司治理机制。

网络浏览器 Firefox 是上述观点又一个很好的现实例证，其母公司 Mozilla 是一家公共事业公司，它在全球招聘富有创造性的软件工程师开发公开的源代码以供公众使用，其市场份额从 2005 年 1 月的 4.22%上升到了 2007 年 3 月的 13.38%，与此同时，微软的市场份额从 85.97%下降到了 70.52%。Mozilla 只有四个董事，而且没有外部独立董事。Firefox 的成功表明，有着较差公司治理机制的非市场化组织有能力和市场化的组织展开竞争，并在这种竞争中获得优势，从而也证明了好的治理并不一定能够产生好的业绩，只有竞争才能提供对经理人的有效监督。

3. 统计研究及实证检验

本文旨在探讨竞争和银行治理的关系以及竞争对于银行治理机制作用的影响，而监管政策的强度和方式等监管维度也影响着银行内部治理效率以及竞争和银行治理之间的关系，因此在考虑竞争和银行治理的关系时，必须控制监管对这种关系带来的影响，而我国各个省、市金融监管相对一致，金融竞争程度存在差异的环境，为本文从实证角度检验理论观点提供了自然实证条件。

3.1 研究样本及数据来源

本文以我国 69 家城商行为研究对象，地理范围涵盖了我国的东、中、西部，这样的研究结果更具普遍性。城商行经营绩效、财务结构、治理信息来自银行 2005—2009 年公开披露的 203 份年报，描述金融市场竞争程度以及法律法规环境的数据则来源于樊纲

2011 年公布的《中国市场化指数（1997—2009）》，此外，本文使用的宏观经济数据来源于各个省市统计局网站。

3.2　模型设计与变量定义

在借鉴同类文献做法和经验的基础之上，本文基础模型设计及相关变量定义如下：

$$y_{i,t}=\beta_0+\beta_1\text{board-ind}_{i,t}+\beta_2\text{incentive}_{i,t}+\beta_3\text{leverage}_{i,t}+\beta_4\text{asset}_{i,t}+\beta_5\text{competition}_{i,t}+\beta_6\text{law}_{i,t}+\beta_7\text{gdp}_{i,t}+\beta_8\text{cpi}+e_{i,t}$$

上述模型中 i 表示城商行，t 表示时间，e 为残差项。

本节的被解释变量 y 代表成本收入比（cost）以衡量银行成本控制能力，权益收益率（roe）以衡量经营业绩。

解释变量则选择传统的银行治理机制——董事会独立性（board-ind）、股权激励（incentive），如果这两种治理机制能够发挥积极作用，银行经营业绩将得到改善，运营成本也会得到有效控制。本节还选取了反映城商行特征、外部治理机制以及地方宏观经济指标作为控制变量。其中，城商行特征指标选取资产规模的自然对数（asset）以及资产负债比（leverage）；外部治理机制选择了金融行业竞争程度指标（competition）和法律法规环境指标（law）；同时，选取地区生产总值增长率（gdp）和消费者物价指数增长率（cpi）衡量地方经济特征。

为了深入考察金融竞争程度对银行治理机制的意义，在基础模型基础之上，实证过程还将引入两个交互作用项 competition×board-ind 和 competition×incentive，如果在对权益收益率的回归结果中，交互作用项系数为正，而在对成本收入比的回归结果中，交互作用项系数为负，表明金融竞争程度能够强化银行治理机制对于提升银行效率的积极意义。上述变量定义详见表 1。

表 1　　　　　　　　　　　　　　　　变量定义表

变量类型	变量名称	变量符号	变量定义
被解释变量	权益收益率	roe	净利润与权益的比率
	成本收入比	cost	经营成本与总收入的比率
解释变量	董事会独立性	board-ind	独立董事数量占全体董事数量的比重
	股权激励	incentive	董事、高管持有股权激励取值为 1，否则为 0
控制变量	资产规模	asset	总资产的自然对数
	资产负债比	leverage	总负债与总资产的比率
	金融业竞争程度	competition	金融行业竞争激烈程度
	法律法规环境	law	法律法规的完善和执行程度
	国内生产总值增长率	gdp	城商行所在省、直辖市的经济增长速度
	消费者物价指数增长率	cpi	城商行所在省、直辖市的消费者物价增长速度

3.3 统计分析

3.3.1 基础统计分析

为了能够初步了解实证检验所采用变量的基本数量特征，本节对重要变量进行了统计分析，如表2所示。样本中最具盈利能力的城商行的权益收益率是盈利能力最差银行的约24倍，说明我国城商行之间的盈利能力存在很大差异。董事会独立董事比例均值为11.491%，而最小值为0，表明我国部分城商行独立董事制度尚未建立。在203个样本数据中有138个建立了股权激励机制，约占样本数量的70%，其中既有董事持股也有高管持股。银行规模和杠杆的离散系数在所有变量中是较低的，意味着这两个变量的相对离散程度较小。金融市场竞争程度的离散系数是0.685，而法律法规环境的离散系数只有0.208，表明相对于金融市场竞争程度而言，我国各省市法律法规环境差异不大。

表2   **重要变量统计特征**

变量	最大值	最小值	均值	标准差	离散系数
roe	48.717%	2.054%	17.335%	10.661%	0.615
asset	26.456	21.032	23.584	1.121	0.047
leverage	1.398	0.948	1.079	0.084	0.080
board-ind	36.363%	0	11.491%	9.994%	0.869
incentive	1	0	67.980%	33.497%	0.492
competition	10.860	3.020	7.372	5.054	0.685
law	10	3.030	5.647	1.176	0.208

注：离散系数指标，即变量标准差/均值，它可以用于比较有着不同规模变量的离散程度。

3.3.2 分组样本治理机制强度统计分析

将69家城商行的203个样本数据依据樊纲发布的《中国市场化指数(1997—2009)》中的金融业竞争程度指标数值分为竞争程度低端的样本集合(L-10%)、(L-20%)、(L-40%)，分别代表金融业竞争程度低端10%、20%、50%的样本集合，以及与之对应的竞争程度高端的样本集合(H-10%)、(H-20%)、(H-40%)，以观察处于不同金融竞争程度区间样本在银行治理机制设置强度上的差异，同时为下文实证研究竞争和银行治理机制相互关系建立分组样本，其治理机制统计特征如表3所示。

表3的分组样本治理机制统计结果显示，样本集合(L-10%)和(H-10%)的独立董事比重最大值分别为11.111%、36.367%，平均值分别为5.223%和16.185%，其差异为10.962%，且在1%的水平上统计显著，说明平均而言金融竞争程度高端的样本集合(H-10%)比金融竞争程度低端的样本集合(L-10%)独立董事的比重更高；样本集合(L-10%)和(H-10%)独立董事标准差分别为11.294%、9.173%，表明独立董事制度在竞争程度高端的样本集合中是一种更为普遍的现象。就股权激励而言，样本区间(L-10%)和(H-10%)拥有股权激励的样本数量分别为6、14，意味着股权激励制度在金融竞

争程度较高的环境中被更为普遍的设置。

表3 分组样本集合治理机制统计特征

公司治理机制	金融业竞争程度区间	L-10%	H-10%	L-20%	H-20%	L-40%	H-40%
独立董事	Mean	5.223%	16.185%	9.608%	14.844%	10.322%	12.896%
	Median	7.691%	11.114%	10%	14.285%	13.333%	15.386%
	Max	11.111%	36.367%	12.500%	36.367%	18.181%	36.367%
	Min	0	0	0	0	0	0
	Std. dev	11.294%	9.173%	9.349%	5.638%	6.810%	5.049%
	Mean(H-L)	10.962%*** (0.937%)		5.236%** (0.210%)		2.574%** (0.083%)	
股权激励	样本数量	6	14	12	27	27	55

注: ***代表 $p<0.01$, **代表 $p<0.05$, *代表 $p<0.10$ (后同)。

样本区间在(L-20%)和(H-20%)的统计数据也支持了以上的统计结论, 即金融竞争程度更高环境中的城商行设置了强度更高的公司治理机制。随着样本区间扩展至(L-40%)、(H-40%), 不同金融竞争程度样本集合中体现出的独立董事比重、股权激励强度差异逐步变小。

分组样本集合的治理机制统计特征说明, 在金融竞争程度较高的环境中, 城商行设立了更为完善的银行治理机制, 这种现象和 Karuna 的发现一致, 他的研究结果表明, 竞争性行业的公司给 CEO 提供了更强的股权激励, 而且往往也有着较好的公司治理机制。①

3.4 实证研究

3.4.1 (L-50%)样本集合治理机制有效性检验

依据樊纲发布的《中国市场化指数(1997—2009)》, 将金融业竞争程度低端50%样本集合中剔除既没有设置独立董事也没有股权激励银行治理机制的样本, 选择了治理机制相对完善的 45 个样本数据, 在这些样本中部分只建立了独立董事制度, 部分只建立了股权激励制度, 部分两种治理机制都已经建立。本节实证目的旨在考察, 在金融市场竞争程度较低的环境中, 治理机制是否有效。

广义矩估计方法(GMM)允许随机误差项存在序列相关和异方差, 所得到的参数估计量比其他估计方法更合乎实际。因此, 本文首先采用 GMM 方法对研究样本进行实证检验, 实证结果如表4所示。

---

① Karuna, C.. Industry product market competition and managerial incentives[J]. *Journal of Accounting and Economics*, 2007, 43(2): 275-298.

表 4 　　　　　　　　　　　　　（L-50%）样本集合治理机制有效性检验结果

变　量	roe(L-50%)			cost(L-50%)		
	（1）	（2）	（3）	（1）	（2）	（3）
board-ind	0.017 (0.036)	0.015 (0.021)	0.015 (0.020)	−0.899 (−1.376)	−0.367 (−0.611)	−0.703 (−0.889)
incentive	−0.323 (0.753)	−0.351 (0.880)	−0.366 (0.787)	−2.112 (−3.008)	−1.884 (−1.487)	−1.908 (−2.091)
asset	0.027** (0.004)	0.027** (0.004)	−0.032** (−0.004)	−0.041** (−0.002)	−0.063*** (−0.001)	−0.052** (−0.002)
leverage	0.224** (0.031)	0.201** (0.026)	0.196** (0.031)	0.440 (0.617)	0.367 (0.536)	0.573 (0.893)
competition	1.009* (0.452)	1.002* (0.429)	1.001* (0.441)	−0.894*** (−0.007)	−0.937*** (−0.008)	−0.929*** (−0.008)
law	−1.116** (−0.178)	−1.208** (−0.311)	−1.176** (−0.262)	0.012 (0.009)	0.016 (0.009)	0.015 (0.008)
gdp	2.210** (0.269)	1.907** (0.268)	1.871** (0.263)	0.512* (0.080)	−0.560* (0.094)	−0.551* (0.083)
cpi	0.418 (0.946)	0.431 (1.089)	0.420 (0.618)	−0.009 (0.011)	−0.011 (0.020)	−0.008 (0.009)
board-ind× competition		0.016* (0.007)			−0.550** (−0.021)	
incentive× competition			0.021* (0.006)			−0.473** (0.017)
Adjusted R^2	0.663	0.670	0.679	0.811	0.854	0.820

　　表 4 的实证结果显示，独立董事没有显著改善银行业绩、降低银行成本，而股权激励和银行业绩正向相关、和银行成本负向相关，但统计上也并不显著。这个结论和李维安、曹廷求的研究发现基本一致，他们利用山东、河南两省 28 家城市银行的调查样本对我国地方商业银行的治理机制及其效果进行了实证分析，结果发现，银行高管人员薪酬有较明显的负激励效果，外部董事比例基本没有对银行绩效产生影响。金融业竞争（competition）显著地提高了银行盈利能力，降低了银行运营成本。① 在对城商行业绩（roe）的回归结果中，交互作用项 board-ind×competition 和 incentive×competition 的系数分别为 0.016、0.021，且均在 10% 的水平上显著，说明金融业竞争的加剧释放了独立董事和股权激励这

――――――――――

　　① 李维安，曹廷求. 股权结构、治理机制与城市银行绩效：来自山东、河南两省的调查证据［J］. 经济研究，2004，12：14.

两个银行治理机制的积极作用，从而有助于银行业绩的改善。在对城商行成本收入比（cost）的回归结果中，交互作用项 board-ind×competition 和 incentive×competition 的系数分别为-0.550、-0.473，均在5%的水平上显著，说明在竞争更为激烈的环境中，城商行的独立董事及股权激励能够起到显著降低银行成本的作用。

表4的实证结果说明，在金融竞争程度较低的市场环境中，尽管有些城商行设立了较为完善的公司治理机制，但独立董事、股权激励并没有显著改善城商行的经营效率。这可能是由于缺乏竞争的金融市场，给予了当地城商行一定的垄断势力，在获得利润相对容易的条件下，银行高管持有的股权激励价值没有下降的风险，也不会因业绩不佳而被替换。在这样"平静的"生活中，银行高管没有激励认真听取、思考、采纳独立董事的专业意见，努力降低成本、提高业绩。这个结果在一定程度上证实，没有金融市场的高度竞争，独立董事和股权激励制度将不能有效的约束银行高管损害股东、图利自己的行为，丧失了降低代理成本的正面作用。

3.4.2 （L-10%）、（H-10%）样本集合治理机制有效性检验

本节将对两个极端区间（L-10%）和（H-10%）的样本数据进行实证检验，考察不同金融竞争程度环境中银行治理机制的有效性，并利用股权激励、独立董事和金融竞争程度形成的交互作用项考察金融业竞争对于银行治理机制效率的意义。（L-10%）样本集合治理机制有效性检验结果见表5，（H-10%）样本集合治理机制有效性检验结果见表6。

表5 （L-10%）样本集合治理机制有效性检验结果

变 量	roe（L-10%）			cost（L-10%）		
	（1）	（2）	（3）	（1）	（2）	（3）
board-ind	0.132 (0.439)	0.162 (0.521)	0.138 (0.462)	-0.078 (-0.053)	-0.073 (-0.082)	-0.068 (-0.090)
incentive	0.067 (0.116)	0.056 (0.126)	0.046 (0.089)	-0.007 (-0.005)	-0.009 (-0.005)	-0.008 (-0.004)
asset	0.036** (0.005)	0.036** (0.004)	0.032** (0.004)	-0.032* (-0.006)	-0.030* (-0.004)	-0.026** (-0.001)
leverage	0.286** (0.036)	0.293** (0.032)	0.276** (0.040)	0.441 (0.837)	0.390 (0.405)	0.407 (0.593)
competition	1.336* (0.568)	1.452* (0.612)	1.341* (0.538)	-1.008** (-0.051)	-1.012** (-0.049)	-1.007* (-0.168)
law	-1.702** (-0.246)	-1.816** (-0.321)	-1.876** (-0.362)	0.373* (0.326)	0.298* (0.412)	0.367* (0.400)
gdp	2.001** (0.321)	1.897** (0.216)	1.871** (0.253)	0.448** (0.020)	0.416** (0.021)	0.465** (0.021)
cpi	0.561 (1.008)	0.514 (1.001)	0.562 (0.879)	0.018 (0.017)	0.011 (0.008)	0.012 (0.009)

变　量	roe(L-10%)			cost(L-10%)		
	(1)	(2)	(3)	(1)	(2)	(3)
board-ind×competition		0.024 ** (0.001)			−0.412 ** (−0.005)	
incentive×competition			0.021 ** (0.001)			−0.406 * (−0.063)
Adjusted R^2	0.656	0.673	0.679	0.656	0.708	0.701

表6　　　　　　　　　　　　(H-10%)样本集合治理机制有效性检验结果

变　量	roe(H-10%)			cost(H-10%)		
	(1)	(2)	(3)	(1)	(2)	(3)
board-ind	0.149 * (0.401)	0.137 * (0.361)	0.153 * (0.520)	−0.929 ** (−0.033)	−0.948 ** (−0.037)	−0.927 ** (−0.031)
incentive	0.037 * (0.076)	0.046 * (0.076)	0.040 * (0.059)	−0.403 * (−0.092)	−0.440 ** (−0.017)	−0.438 ** (−0.025)
asset	0.031 ** (0.005)	0.028 ** (0.004)	0.030 ** (0.005)	0.028 * (0.004)	0.024 * (0.003)	0.027 * (0.003)
leverage	0.196 ** (0.032)	0.183 ** (0.030)	0.176 ** (0.033)	0.380 (0.412)	0.397 (0.405)	0.357 (0.442)
competition	1.431 * (0.667)	1.478 * (0.609)	1.209 * (0.523)	−1.002 ** (−0.034)	−1.007 ** (−0.038)	−1.008 ** (−0.036)
law	−1.897 ** (−0.264)	−1.839 ** (−0.304)	−1.888 ** (−0.306)	0.753 (0.705)	0.746 (0.900)	0.784 (0.817)
gdp	2.102 ** (0.317)	1.899 ** (0.298)	1.887 ** (0.272)	0.198 ** (0.008)	0.176 ** (0.007)	0.181 ** (0.014)
cpi	0.661 (1.218)	0.547 (1.052)	0.533 (0.804)	0.098 (0.112)	0.088 (0.109)	0.092 (0.051)
board-ind×competition		0.026 ** (0.001)			−0.310 ** (−0.010)	
incentive×competition			0.018 ** (0.001)			−0.304 * (−0.061)
Adjusted R^2	0.654	0.670	0.675	0.719	0.731	0.737

　　表5的实证结果显示，（L-10%）样本集合的银行治理机制没有显著改善银行业绩，

降低银行成本，但两个交互作用项 board-ind×competition 和 incentive×competition 的实证结果表明，金融业竞争有效地促进了银行治理机制作用的发挥。而表 6 中，（H-10%）样本集合的实证结果显示，独立董事和股权激励在高度竞争的市场环境中能够有效地发挥作用，显著地改善了银行业绩，降低了银行成本，并且从两个交互作用项的实证结果来看，金融市场竞争进一步促进了在(H-10%)样本集合中的城商行治理机制作用的发挥。

（L-10%）样本集合和（L-50%）样本集合的实证结果基本一致，说明在金融竞争程度不高的市场环境中，银行治理机制没有发挥积极作用，而（H-10%）样本集合的实证结果表明，治理机制有效。这可能是由于只有激烈竞争的金融市场环境才能对银行高管施加强大的压力，地方市场垄断势力的削弱使得银行获得利润较为困难，银行高管面临股权激励价值下降以及因业绩不佳而被取代的风险。为了在竞争中有效改善业绩，确保股权激励价值和在职利益，银行高管不得不勤勉工作，努力控制成本、管理风险，同时虚心听取具有资深财经研究背景的独立董事对于银行产品创新、风险控制、战略规划等方面的专业意见，以便在残酷的市场竞争中稳固自己的职位，实现股权激励的保值增值。

为了确保以上研究结论的可靠性，本文还以（L-20%）、（H-20%）样本集合为研究对象，对以上实证结论进行了稳健性检验。实证结果显示，竞争程度低端（L-20%）样本集合的检验结果基本支持了上述的研究结论，而样本集合（H-20%）与竞争程度最高端样本集合（H-10%）的检验结果不一致，没有发现银行治理机制有效的实证证据，但竞争依然释放了治理机制的活力。这可能是由于在（H-10%）样本集合中加入了竞争程度相对较低的样本所致，这个结果也反映出，在我国，只有上海、浙江、广东等金融业最发达地区的城商行，其内部治理机制发挥了应有的效力。

4. 研究结论

本文利用我国特有的各省市金融监管环境一致，而金融竞争程度存在差异的自然实证条件，采用 GMM 方法对我国 69 家城商行 203 份年报数据进行了实证检验，研究发现：

第一，竞争释放了银行内部治理机制的活力；

第二，金融竞争程度较高地区的城商行设置了强度更高的银行内部治理机制，但只有金融竞争程度最高地区(如上海、广东、浙江)城商行的内部治理机制显著改善了银行经营效率；

第三，金融竞争程度较低地区的城商行建立了强度较低的内部治理机制，而且这些治理机制并没有显著的改善银行业绩，降低银行成本。

综合以上结论可见，竞争是有效银行治理的基础，它驱使着银行设置强度较高的公司治理机制，同时也激发着如独立董事、股权激励在内的治理机制的效用。本文的研究结论为我国目前旨在促进银行竞争的金融改革从公司治理的视角提供了理论和实证依据。

◎ 参考文献

[1] Aggarwal, R., and Samwick, A.. Executive compensation, strategic competition, and

relative performance evaluation: Theory and evidence[J]. *Finance*, 1999, 54.

[2] Berger, A. N., Klapper, L. F., and R. Turk Ariss. Bank competition and financial stability[J]. *Journal of Financial Services Research*, 2009, 35.

[3] Berle A. A., and Means, C. G.. *The modern corporation and private property* [M]. MacMillan, New York, 1932.

[4] Boyd J. H., and G. De Nicolo. The theory of bank risk taking and competition revisited[J]. *Journal of Finance*, 2005, 60.

[5] Boyd J. H., De Nicoló G, and Al Jalal A.. Bank risk taking and competition revisited: New theory and new evidence [Z]. *Manuscript, Carlson School of Management, University of Minnesota*, 2006.

[6] Chou, W., Ng, L., and Wang, Q.. Product market competition and corporate governance [J]. *Georgia Institute of Technology*, 2008.

[7] Diamond D., and P. Dybvig. Bank runs, deposit's insurance, and liquidity[J]. *Journal of Political Economy*, 1983, 91.

[8] Giroud X., and Mueller H. M.. Corporate governance, product market competition, and equity prices[J]. CEPR Discussion Paper, 2009.

[9] Giroud, Xavier, and Holger Mueller M.. Does corporate governance matter in competitive industries? [J]. *Journal of Financial Economics*, 2010, 95.

[10] Guadalupe, Maria, and Francisco P'erez-Gonz' alez. Competition and private benefits of control[J]. *Working Paper Stanford University*, 2010.

[11] Gurley, J., and E. Shaw. Money in the theory of finance [D]. Washington: Brookings Institution, 1960.

[12] Julia Chou, Lilian Ng, Valeriy Sibilkov, and Qinghai Wang. Product market competition and corporate governance[J]. *Review of Development Finance*, 2011, 1.

[13] Schaek, K., Čihák, M., and Wolfe, S.. Are more competitive banking systems more stable? [R]. *IMF Working Paper*, 2006, 143.

[14] Schaeck K., M. Cihak, and S. Wolfe. Are competitive banking systems more stable? [J]. *Journal of Money, Credit and Banking*, 2009, 41.

[15] Wooldridge, J. M.. *Introductory econometrics: A modern approach* [M]. South-Western Cengage Learning, 2009.

Competition: the Basis of Effective Bank Governance

Yi Zhiqiang

(Business School of Central South University, ChangSha, 410083)

Abstract: By using GMM method, this paper empirically tests 2005-2009 annual data of 69 city commercial banks and finds: (1) competition releases the vigor of inner governance mechanism; (2) the districts with higher degree of financial competition establish stronger corporate governance mechanism, but only the corporate mechanism of city commercial banks locating in the district (such as Shanghai, Guangdong, Zhejiang) with the highest extent of financial competition plays the proper role; 3. city commercial banks locating in the district with the lower extent of financial competition establish weaker corporate mechanism, which is ineffective. The result of empirical test indicates that competition is the base of effective bank governance, which is null and void without competition. The result provides theoretical and empirical basis for the reform aiming to promoting bank competition degree from the view of corporate governance.

Key words: Competition; Bank governance; City commercial bank

专业主编：杜旌

珞珈管理评论 ［2015 年卷 第 1 辑（总第 16 辑）］　　Luojia Management Review No. 1, 2015（Sum. 16）

政府背景、市场竞争与企业创新[*]

● 孔东民[1]　徐茗丽[2]

（1，2　华中科技大学经济学院　武汉　430074）

【摘　要】创新是培育和提高企业核心竞争力的关键。本文考察上市公司政府背景对创新产出的影响。在控制一系列公司治理等其他公司特征变量后，发现政府背景显著地抑制了企业创新，并且这种抑制作用在垄断程度高的行业、市场化进程高的地区表现得更加强烈。进一步考察不同类型的政府背景对创新产出的影响，发现地方政府背景是负面冲击的主要来源。

【关键词】政府背景　市场竞争　创新

1. 引言

　　本文研究企业政府背景对创新产出的影响及其机制。政府在许多大型经济体中扮演着重要的角色。在我国，自从十一届三中全会确立经济体制改革的目标以来，经济体制逐渐由高度集中的计划经济体制转变为社会主义市场经济体制。在这种转型经济的制度环境下，市场机制和再分配机制同时存在。虽然市场在资源配置中的基础性作用不断被强化，政府对经济的干预和对稀缺资源的控制力度较改革前巨幅下降，但是与成熟的市场经济国家相比，差距仍然很大，这表现为：政府对关键资源（如土地等）的控制、行政审批、对企业进行范围广泛的规制、产业政策等；政府对企业的监管和规制模糊，有操作空间；政府行为不规范，政府服务仍在相当大的程度上决定于关系的亲疏远近，甚至还存在买卖。

　　政治关联在我国企业极为普遍。为了减少政府干预与政府对资源的控制对企业经营带来的负面影响，企业具有强烈动机建立或维持政治关联，以期获得从法律等正式制度中无法得到的支持和保护。企业通过政治关联，能够争取企业家个人的社会地位、增强企业经营的合法性、降低与政府交往的不确定性、履行企业家的社会责任。与政府保持良好关系，能够减少来自地方政府方面的权利侵害，还能借助政府力量防范其他非政府行为的侵害。

　　政治关联给企业带来的经济效益是多维度的。现有文献对政治关联的经济后果，进行

---

　　*　本文的研究得到国家自然科学基金项目（项目批准号：71173078；71372130）的资助。

　　通讯作者：孔东民，E-mail：xumingli@ hust. edu. cn。

了广泛的研究，得到了丰富的结论。当企业存在政治关联时，投资受到的融资约束更少，更容易获得银行的信贷支持。政治关联还能给企业带来税收优惠。在企业税外负担较重的省市，政治关联企业在所得税适用税率和实际所得税率上都显著低于非政治关联企业。政治关联企业在获取财政补贴方面也占据优势。Faccio 等（2006）使用 35 个国家的跨国数据研究发现政治关联企业获得政府援助的可能性显著高于非关联企业。

然而，政治关联与企业创新之间的关系，尚存在争论。一方面，政府掌握大量创新资源，不仅可以通过直接向企业拨付研发费用控制企业的研发投入，还可以通过风险投资基金投入、人才调配等手段调节国有企业的研发能力。另一方面，政治关联并不会对企业进行技术效率改进或创造性破坏活动产生有利的影响，甚至会降低大规模企业的创新效率。实证检验也得到了不同的结论。梁强等发现政治关联有利于非高新技术企业的创新投入；唐清泉等研究发现，企业政治关联对非国有企业的研发投入具有显著的促进作用；江雅雯等利用世界银行的调查数据发现，企业主动建立的政治关联正向影响企业研发活动。但是，它对企业创新乃至经济增长的影响可能是负面的。丁重和张耀辉通过建立制度倾斜环境中的创新主体博弈模型，分析发现，对垄断厂商在制度与政策上的倾斜，会同时削弱垄断企业与非垄断企业进行创新的动力，进而使得创新对经济增长的贡献减少。政治关联不仅没有促进企业进行技术效率改进或创造性破坏活动，反而还会使大规模企业的创新效率有所降低。

基于创新对经济增长的基础性作用以及企业在创新中的主体地位，我们在现有文献的基础上，考察上市公司管理人员政府背景这种政治关联情形对企业创新产出的作用及其机制，以期为政治关联影响宏观经济发展和社会福利的途径提供新的证据。虽然目前文献中政治关联对企业创新的影响不一致，但政治关联证明影响企业创新的证据大多来自创新投入的研究，创新绩效或创新效率方面的经验证据更多地表明政治关联对企业创新带来了负面的影响。同时，杨其静关于政治关联干扰和削弱企业核心能力建设方面努力的论证，也给我们论证政府背景与创新产出的关系提供了一个视角，该研究指出，为了建立和维护政府背景，企业家和高管需要耗费大量精力和资源，从而减少在企业能力建设上的投入，政府背景软化了企业的预算约束和市场竞争压力，从而弱化了企业进行能力建设的动力，政府官员往往迫使企业形成特殊的治理结构以维护其利益，从而对企业的组织、激励机制和文化建设造成不利影响。因此，我们认为，作为企业发展的核心力量，创新产出会受到政府背景带来的负面影响。考虑到政府背景对企业创新造成的影响可能是创新动力不足，我们考察市场竞争是否会带来边际影响。此外，鉴于中央政府与地方政府在资源调配范围的区别，我们进一步区分了政府背景的类型，分别考察了不同类型的政府背景对企业创新的影响。

整体来说，本文的贡献如下：第一，通过手工匹配的微观企业层面的专利申请数据，考察了企业管理人员政府背景对企业创新产出的影响，补充了现有文献关于政治关联与企业创新之间关系的认识；第二，从行业集中度和地区市场化进程两个维度考察了市场竞争对企业创新的边际影响，完善了政府背景对企业创新的作用机制；第三，分别考察了中央政府背景和地方政府背景对企业创新的影响，有利于我们深入认识政府背景的经济后果。

本文其余部分安排如下：第二部分报告了数据来源和变量定义；第三部分对政府背景

对企业创新产出的影响以及行业集中度的边际影响的实证结果进行了分析；第四部分扩展性地检验了地区市场化进程的边际影响，并进一步检验了不同类型的政府背景对企业创新的影响；第五部分总结并讨论了本文的发现。

2. 数据说明与变量定义

2.1 样本选取

本文的专利申请数据来自中国专利数据库。该数据库通过将中华人民共和国国家知识产权局公布的专利原始数据与上市公司数据手工匹配处理，涵盖了上市公司从 IPO 年份到 2010 年期间的专利申请数量等数据，解决了专利数据与公司数据无法关联的问题，比直接对照上市公司下载的专利数据更加全面和精确。政府背景数据是在查阅上市公司2000—2009 年高管、董事和监事人员的简历的基础上手工搜集的。其他数据来源于国泰安 CSMAR 数据库。研究样本为 2000—2009 年所有 A 股上市公司。在对金融类上市公司、某一年度或几个年度交易状态异常或相关数据缺失的样本进行剔除后，最终得到 10705 个观测值。本文对各变量在 1% 和 99% 上进行 Winsorize 收尾处理，以避免异常值对研究结论造成影响。

2.2 变量定义

与目前国内外大量文献一致，我们从创新产出的角度出发，采用企业专利申请数量衡量企业创新，同时，参照 Tan 等的做法，将发明专利视为高质量创新单独考察，是用新型专利与外观设计专利合并考察。政府背景的测度，沿袭并扩展 Faccio（2006）、Fan 等（2007）、吴文锋等关于 CEO 或高管政府背景的定义，将企业存在高管、董事或监事人员担任（或曾经担任）政府、军队官员或人大代表、政协委员的情况视为企业具有政府背景，进一步将政府背景区分为中央政府背景和地方政府背景。市场竞争变量，参照孔东民等的做法，构造行业集中度，并利用樊纲等的地区市场化进程指数，以从行业和地区两个层面进行测度。控制变量的选取综合了 Zahra 等、Tan 等关于创新的实证研究。

具体变量定义如表 1 所示。

表 1　　　　　　　　　　　　　　变 量 定 义

类　型	符　号	名　称	定　义
被解释变量	Patent	专利申请量	专利申请总量，即发明专利、实用新型专利与外观设计专利申请量之和
	$Patent_1$		发明专利申请量
	$Patent_{23}$		非发明专利申请量，即实用新型专利与外观设计专利申请量之和

类　型	符　号	名　称	定　义
解释变量	PC	政府背景	政府背景虚拟变量，企业管理人员（高管、董事或监事）在政府（包括军队）任职，或担任人大代表、政协委员，则取1，否则取0
	PC_c		中央政府背景虚拟变量，企业管理人员在中央政府机构任职，或担任全国人大代表、全国政协委员，则取1，否则取0
	PC_l		地方政府背景虚拟变量，企业管理人员在地方政府部门任职，或担任地方人大代表、地方政协委员，则取1，否则取0
调节变量	HHI	市场竞争	行业集中度，某行业内所有企业以销售额衡量的市场占有率的平方和
	MktIndex		市场化进程，樊纲等公布的中国各地区相对市场化进程指数
控制变量	Assets（亿元）	总资产	公司的期末资产总值
	Size	公司规模	公司期末资产总值的自然对数
	Leverage	资产负债率	公司期末负债总值与资产总值的比值
	ROA	资产收益率	公司净利润与总资产的比值
	SalesGrowth	销售额增长率	当年与上一年的销售收入之比减去1
	Age	公司年龄	公司成立的年限，等于当前年度加1减去公司成立年份
	Dual	两职合一	虚拟变量，CEO和董事长两职合一则取1，两职分离则取0
	IndRatio	独立董事占比	独立董事人数与董事会规模的比例
	TopHd（%）	高管持股比率	高管人员持股数量与总股本的百分比

3. 实证结果

3.1 描述性统计与相关系数

表2报告了各变量的描述性统计结果。从该表可以看出，专利申请总量的平均数为4.1965，最小值和中位数都为0，最大值为106，标准差为14.4199，说明专利申请量存在

严重的右偏，在不同公司之间差异很大，发明专利申请量与非发明专利申请量也反映出类似的特点。发明专利申请量明显小于非发明专利，这一方面是由于非发明专利细分为实用新型专利和外观设计专利两类，另一方面是因为发明专利技术含量更高，故发明专利产量较低。研究样本中，45.97%的企业具有政府背景，其中，12.12%的企业具有中央政府背景，37.19%的企业具有地方政府背景，这其中包含3.34%的企业同时具有中央与地方政府背景(下文称双重政府背景)。各个行业内普遍存在较大的竞争，竞争度平均为0.0652。各地区市场化进程企业资产平均值为36.6亿元，资产负债率平均为0.479，资产收益率平均水平较低(2.92%)，但销售额增长率平均高达20.64%。平均来说，样本中的企业已成立10.74年，12.59%的企业CEO与董事长两职合一，独立董事人数占据董事会的29.17%，高管仅持有0.4515%的股份。

表2 描述性统计

变 量	N	Mean	S. D.	Min	Median	Max
Patent	10705	4.1965	14.4199	0	0	106
$Patent_1$	10705	1.3926	5.3001	0	0	40
$Patent_{23}$	10705	2.7989	10.5757	0	0	79
PC	10705	0.4597	0.4984	0	0	1
PC_c	10705	0.1212	0.3263	0	0	1
PC_1	10705	0.3719	0.4833	0	0	1
HHI	10705	0.0652	0.0577	0.0178	0.0446	0.3586
MktIndex	10705	7.5351	2.2872	0	7.48	11.8
Assets(亿元)	10705	36.6000	67.2000	2.5300	16.8000	503.0000
Size	10705	21.3775	1.0073	19.3502	21.2410	24.6412
Leverage	10705	0.4790	0.1766	0.0807	0.4879	0.8598
ROA	10705	0.0292	0.0584	−0.2297	0.0312	0.1744
SalesGrowth	10705	0.2064	0.4536	−0.6541	0.1397	2.8109
Age	10705	10.7407	4.1454	3	10	22
Dual	10705	0.1259	0.3318	0	0	1
IndRatio	10705	0.2917	0.1281	0	0.3333	0.5
TopHd(%)	10705	0.4515	2.5077	0	0.0011	19.6016

表3报告了各变量的简单相关系数矩阵。该表显示，政府背景总体来说与企业专利申请量呈负相关关系，然而，这种负相关主要来自地方政府背景，中央政府背景与专利申请量正相关。行业集中度与专利申请量存在微弱的正相关，市场化程度也与专利申请量正相关。企业规模与专利申请总量的相关系数约为0.2，说明规模越大的企业创新越多；资产

表 3

相关系数表

变量	Ln-Patent	Ln-Patent₁	Ln-Patent₂₃	PC	PCc	PCl	HHI	Mkt-Index	Size	Leve-rage	ROA	Sales-Growth	LnAge	Dual	Ind-Ratio
LnPatent₁	0.8452														
LnPatent₂₃	0.9271	0.6484													
PC	−0.0891	−0.0583	−0.0906												
PCc	0.0426	0.0475	0.0321	0.3727											
PCl	−0.1018	−0.0748	−0.0969	0.7989	0.0051										
HHI	0.0388	0.0694	0.0393	0.0753	0.0091	0.0932									
MktIndex	0.2072	0.2130	0.1594	−0.0073	−0.0048	−0.0021	0.0676								
Size	0.1947	0.1976	0.1907	0.0483	0.0712	0.0430	0.1246	0.2234							
Leverage	−0.0308	−0.0232	−0.0140	−0.0210	−0.0636	−0.0002	−0.0431	0.0726	0.2820						
ROA	0.1117	0.1086	0.0874	0.0431	0.0751	0.0305	0.0813	0.0876	0.1644	−0.3439					
SalesGrowth	−0.0131	−0.0094	−0.0094	0.0050	0.0159	0.0079	0.0262	−0.0273	0.0784	0.0757	0.2515				
LnAge	0.0050	0.0171	0.0041	−0.0327	−0.0839	−0.0232	−0.0560	0.3450	0.1506	0.2313	−0.0914	−0.0520			
Dual	0.0814	0.0799	0.0631	−0.0139	0.0014	−0.0194	−0.0128	0.0365	−0.0755	−0.0324	−0.0034	−0.0144	−0.0051		
IndRatio	0.1805	0.1741	0.1472	−0.0259	−0.0271	−0.0058	0.0655	0.4575	0.1904	0.1267	−0.0003	−0.0055	0.3844	−0.0004	
TopHd	0.1447	0.1504	0.0967	−0.0012	0.0114	−0.0058	0.0527	0.1793	−0.0971	−0.0779	0.0909	0.0086	−0.1031	0.1478	0.0927

注: 本表报告了回归模型中各变量的相关系数, 其中, $LnPatent = \ln(Patent+1)$, $LnPatent_1$ 和 $LnPatent_{23}$ 也分别是由 $Patent_1$ 和 $Patent_{23}$ 经过相同处理得到的, $Size = \ln[\,Assets(\,\text{单位}: \text{元})\,]$, $LnAge = \ln(Age)$。

负债率与专利申请量负相关，说明债务融资抑制企业的创新活动；资产收益率、销售额增长率与专利申请量分别呈正相关和负相关，说明企业整体盈利水平对创新活动有推动作用，但较快的销售额增长速度又会减小企业创新的激励。企业年龄与专利申请量几乎不相关。两职合一、独立董事占比以及高管持股比例三个公司治理变量都与专利申请量正相关，说明 CEO 与董事长两职合一、独立董事占比提高、高管持股比例增加都对企业创新有利。虽然如此，简单相关系数只反映了变量之间两两相关的程度，在控制其他变量的情况下，各变量对企业专利申请量的具体影响如何，还需进一步在回归中检验。

3.2 政府背景与企业创新

首先，我们考察政府背景对企业创新的影响。需要说明的是，企业的专利申请量总是大于等于零，即在零点左端删失（left-censored），因此，本文在考察其他变量对专利申请量的影响时，采用 Tobit 模型进行回归。政府背景与专利申请量的回归方程如下：

$$LnPatent = \beta_0 + \beta_1 PC + \gamma Control + \sum Industry + \sum Year + \varepsilon \qquad (1)$$

根据前述分析，政府背景对企业创新有抑制效应，我们预期 $\beta_1 < 0$。表 4 Reg-1 列出了模型（1）的回归结果，β_1 小于零，并在 1% 的水平上显著，与相关关系及预期均一致。当企业由无政府背景到获取政府背景后，专利申请量平均下降约 20%。为了进一步考察创新的质量受到的影响，我们参照 Tan 等，基于发明专利最具原创性和技术含量的考虑，将发明专利用于衡量专利的质量，同时也将实用新型专利和外观设计专利都归为非发明专利，与发明专利进行对比。发明专利申请量（$LnPatent_1$）和非发明专利申请量（$LnPatent_{23}$）作为因变量时，模型(1)的回归结果分别对应于表 4 的 Reg-2 和 Reg-3。可以看出，政府背景对发明专利申请量的影响不仅在统计上不显著，而且经济意义也很小，它对专利申请总量的抑制作用主要源于它对非发明专利申请量显著为负的影响，企业从无政府背景到获得政府背景后，非发明专利申请量平均下降约 28%。这间接说明非发明专利给企业带来的收益不如发明专利，当企业具有政府背景后，政府背景给企业带来的资源优势会使得企业放弃非发明专利活动。

控制变量的效应也与相关系数表以及以往文献基本一致。企业规模越大，创新成果的数量越多，质量也越高，这是由研发活动的本质属性决定的。研发活动需要巨额资金支持，由于创新成果具有不确定性而伴随巨大风险，研发活动的巨额固定成本和沉没成本使得大企业相对中小企业有更高的抗风险能力，从在创新成果方面占据优势；从融资约束的角度来说，规模越大的企业，自融资能力越强，创新活动收到的制约越少，越有可能进行创新①。资产负债率的系数显著为负，说明企业负债比例越高，创新成果越少，因为债权人偏好低风险的投资项目。资产收益率对创新产出的正向效应进一步说明企业的创新活动需要资金支持，企业盈利能力越强，开展的创新活动越多，创新成果也就可能越多，并且创新质量也可能越高。然而，企业销售额增长率却显著地降低了企业的创新产出，说明企业的创新活动是为攫取市场份额，当企业销售额增长速度加快时，企业创新的需求和动力

---

① 周黎安，罗凯. 企业规模与创新：来自中国省级水平的经验证据[J]. 经济学（季刊），2005，2：623-638.

减小。企业年龄对创新活动的影响也是显著为负的，随着年龄的增长，企业的创新动机减小，这与苏依依和周长辉[1]的结论是一致的。此外，三个公司治理变量都显著地激励了企业创新，CEO与董事长两职合一提高了创新自由度、推动了创新决策的执行，独立董事有利于企业做出更高质量的创新决策，高管持股增加了管理层的创新激励。

表4 政府背景与企业创新的回归结果

变 量	Reg-1	Reg-2	Reg-3
	LnPatent	$LnPatent_1$	$LnPatent_{23}$
PC	-0.225^{***}	-0.020	-0.332^{***}
	(-3.539)	(-0.325)	(-4.633)
Size	0.753^{***}	0.669^{***}	0.770^{***}
	(19.812)	(18.305)	(18.795)
Leverage	-1.214^{***}	-0.997^{***}	-1.083^{***}
	(-5.576)	(-4.736)	(-4.444)
ROA	4.283^{***}	3.736^{***}	3.979^{***}
	(6.607)	(5.831)	(5.425)
SalesGrowth	-0.269^{***}	-0.218^{***}	-0.269^{***}
	(-3.350)	(-2.852)	(-3.010)
LnAge	-0.734^{***}	-0.724^{***}	-0.569^{***}
	(-8.016)	(-8.096)	(-5.534)
Dual	0.697^{***}	0.597^{***}	0.663^{***}
	(7.746)	(6.907)	(6.388)
IndRatio	1.467^{**}	1.880^{***}	1.106^{*}
	(2.545)	(3.311)	(1.732)
TopHd	0.043^{***}	0.037^{***}	0.022^{**}
	(4.571)	(4.077)	(1.961)
Constant	-15.701^{***}	-14.465^{***}	-17.189^{***}
	(-18.196)	(-17.438)	(-18.157)
Year Effect	Yes	Yes	Yes
Industry Effect	Yes	Yes	Yes
Obs	10705	10705	10705
Pesudo R^2	0.170	0.186	0.163

注：本表报告了政府背景对企业专利申请量的影响。Pesudo R^2是Tobit模型的拟合优度指标，括号内为经过稳健性调整的t值，***、**和*分别表示在1%、5%和10%的显著性水平上拒绝零假设。

---

① 苏依依，周长辉. 企业创新的集群驱动[J]. 管理世界，2008，3：94-104.

3.3 政府背景、行业集中度与企业创新

接下来，我们引入行业集中度变量，考察政府背景与行业集中度对企业创新的交互影响。具体的估计模型(2)如下：

$$LnPatent = \beta_0 + \beta_1 PC + \beta_2 HHI + \lambda_1 PC \times HHI + \gamma Control + \sum Industry + \sum Year + \varepsilon$$

$$(2)$$

这里，我们关注交叉项的系数。如果 $\lambda_1 < 0$，则意味着在 HHI 较高的行业，即垄断行业中，有政府背景的企业相比无政府背景企业有更低的创新产出；反之，则意味着在竞争行业，政府背景对企业创新产出的负面影响越大。

估计结果如表5所示。其中 Reg-1、Reg-2 及 Reg-3 分别报告了政府背景和行业集中度对专利申请总量、发明专利申请量及非发明专利申请量的影响。结果显示，HHI 在边际上对专利申请量有负的影响，即行业垄断程度越高，政府背景对企业创新的负面影响越显著。换言之，行业竞争在边际上对企业创新有正面激励效应，行业竞争程度的提升降低了政府背景对企业创新的抑制效果。这表明政府背景通过缓解来自市场竞争方面的压力导致企业创新动力不足，从而对企业创新造成负面冲击。当行业竞争激烈时，政府背景缓解市场压力的作用有限，因而对企业创新的抑制效果较小。

表5   政府背景、行业集中度与企业创新

变　　量	Reg-1	Reg-2	Reg-3
	LnPatent	$LnPatent_1$	$LnPatent_{23}$
PC	−0.115	0.103	−0.210**
	(−1.274)	(1.187)	(−2.089)
HHI	2.092	0.701	3.454*
	(1.153)	(0.392)	(1.703)
PC×HHI	−1.710*	−1.842**	−1.883*
	(−1.768)	(−2.004)	(−1.853)
Size	0.754***	0.670***	0.771***
	(19.834)	(18.335)	(18.810)
Leverage	−1.211***	−1.001***	−1.074***
	(−5.561)	(−4.761)	(−4.408)
ROA	4.269***	3.719***	3.970***
	(6.589)	(5.816)	(5.415)
SalesGrowth	−0.267***	−0.215***	−0.268***
	(−3.324)	(−2.809)	(−2.997)

变 量	Reg-1	Reg-2	Reg-3
	LnPatent	LnPatent$_1$	LnPatent$_{23}$
LnAge	-0.738 ***	-0.729 ***	-0.574 ***
	(-8.071)	(-8.157)	(-5.591)
Dual	0.696 ***	0.594 ***	0.663 ***
	(7.724)	(6.879)	(6.376)
IndRatio	1.456 **	1.863 ***	1.101 *
	(2.529)	(3.283)	(1.727)
TopHd	0.043 ***	0.037 ***	0.022 *
	(4.533)	(4.069)	(1.905)
Constant	-15.849 ***	-14.498 ***	-17.453 ***
	(-18.190)	(-17.359)	(-18.214)
Year Effect	Yes	Yes	Yes
Industry Effect	Yes	Yes	Yes
Obs	10705	10705	10705
Pesudo R^2	0.170	0.187	0.164

注：本表报告了政府背景、行业集中度对企业专利申请量的影响。Pesudo R^2 是 Tobit 模型的拟合优度指标，括号内为经过稳健性调整的 t 值，***、**和*分别表示在1%、5%和10%的显著性水平上拒绝零假设。

4. 扩展性检验

4.1 政府背景、市场化进程与企业创新

此部分，我们进一步考察政府背景对企业创新的抑制程度是否受到地区市场化进程的影响。具体估计模型(3)如下：

$$LnPatent = \beta_0 + \beta_1 PC + \beta_3 MktIndex + \lambda_2 PC \times MktIndex + \gamma Control +$$
$$\sum Industry + \sum Year + \varepsilon \qquad (3)$$

从表6列出的回归结果来看，MktIndex 的系数显著为正，而 PC×MktIndex 的系数为负但较小，说明 MktIndex 对企业专利申请量的总效应为正，市场化水平的提高有利于推动企业创新的进程。同时，交互项系数在 Reg-1 和 Reg-2 中显著为负，表明市场化进程越高的地区，政府背景对企业创新的抑制作用越大，可能原因是，市场化进程更高的地区，经济更发达，市场机制更加完善，通过政治资源攫取经济利益的成本更高，从而有政府背景

的企业的创新活动受到更大的冲击。

将表 6 和表 5 对比可以发现，行业维度的市场竞争（行业集中度）与地区维度的市场竞争（地区市场化进程）对企业创新产出的边际效应相反，说明两种维度的市场竞争在政府背景对企业创新的影响过程中发挥不同的作用。行业竞争程度的加剧，提高了企业的市场压力和创新动力，有利于缓解政府背景带来的负面效果；而地区竞争程度的提升，增加了企业寻租活动的成本，使得政府背景对企业创新活动产生更大的负面影响。

表6　　　　　　　　　　　　政府背景、市场化进程与企业创新

变　量	Reg-1	Reg-2	Reg-3
	LnPatent	$LnPatent_1$	$LnPatent_{23}$
PC	0. 221	0. 461 **	0. 009
	(0. 958)	(2. 004)	(0. 035)
MktIndex	0. 206 ***	0. 195 ***	0. 159 ***
	(10. 225)	(10. 018)	(6. 938)
PC×MktIndex	−0. 059 **	−0. 062 **	−0. 045
	(−2. 144)	(−2. 307)	(−1. 435)
Size	0. 709 ***	0. 631 ***	0. 738 ***
	(18. 776)	(17. 506)	(17. 979)
Leverage	−1. 188 ***	−0. 982 ***	−1. 067 ***
	(−5. 508)	(−4. 720)	(−4. 393)
ROA	3. 890 ***	3. 312 ***	3. 710 ***
	(6. 033)	(5. 246)	(5. 037)
SalesGrowth	−0. 226 ***	−0. 172 **	−0. 237 ***
	(−2. 850)	(−2. 292)	(−2. 671)
LnAge	−0. 788 ***	−0. 763 ***	−0. 615 ***
	(−8. 724)	(−8. 663)	(−6. 038)
Dual	0. 644 ***	0. 546 ***	0. 622 ***
	(7. 137)	(6. 284)	(5. 960)
IndRatio	1. 244 **	1. 714 ***	0. 957
	(2. 161)	(3. 004)	(1. 497)
TopHd	0. 026 ***	0. 022 **	0. 009
	(2. 661)	(2. 336)	(0. 800)
Constant	−16. 096 ***	−14. 948 ***	−17. 529 ***
	(−18. 810)	(−18. 147)	(−18. 603)
Year Effect	Yes	Yes	Yes
Industry Effect	Yes	Yes	Yes
Obs	10705	10705	10705
Pesudo R^2	0. 175	0. 193	0. 166

注：本表报告了政府背景、市场化进程对企业专利申请量的影响。Pesudo R^2 是 Tobit 模型的拟合优度指标，括号内为经过稳健性调整的 t 值，***、**和*分别表示在 1%、5% 和 10% 的显著性水平上拒绝零假设。

4.2 不同类型的政府背景、市场竞争与企业创新

在本部分，我们进一步将政府背景区分为中央政府背景和地方政府背景，以考察不同类型的政府背景对企业创新的影响以及市场竞争的交互影响。为了避免双重政府背景对结果造成干扰，我们在分组时将这类观测值剔除。最终的回归结果列于表7。

Reg-1、Reg-2 和 Reg-3 分别表示政府背景、中央政府背景和地方政府背景对企业专利申请总量的影响，Reg-4、Reg-5 和 Reg-6 依次表示对应的政府背景与行业集中度的交互影响。从回归结果来看，地方政府背景显著地降低了企业创新产出，而中央政府背景对企业产出的影响不显著，说明地方政府更多地给企业带来了特殊权益，阻碍了企业通过创新获取经济利益的进程。交互效应的结果显示，行业竞争程度的加剧会在整体上降低政府背景对企业创新的抑制程度，但并不特定地表现为哪一类型（中央政府背景或地方政府背景）的企业。

地方政府关联与中央政府关联效果显著的反差，说明了地方政府在干预市场自由发展中扮演了有害的角色。在改革开放的进程中，地方政府获得了更多发展经济的自主权，除少数程序如行业准入需要中央政府审批之外，企业大多数经营活动由地方政府监督和管理，地方政府度对企业经营活动的影响大于中央政府。因此，地方政府对经济干预的程度更大，对企业创新造成了显著的负面影响。

表 7　　　　　　　不同类型的政府背景、市场竞争与企业创新

| 变　量 | Reg-1 | Reg-2 | Reg-3 | Reg-4 | Reg-5 | Reg-6 |
	LnPatent	LnPatent	LnPatent	LnPatent	LnPatent	LnPatent
PC	-0.225^{***}			-0.115		
	(-3.539)			(-1.274)		
PCc		0.088			0.158	
		(0.776)			(0.928)	
PC_l			-0.243^{***}			-0.155
			(-3.309)			(-1.505)
HHI				2.092	0.608	0.330
				(1.153)	(0.282)	(0.175)
PC×HHI				-1.70^{*}		
				(-1.768)		
PCc×HHI					-1.098	
					(-0.597)	
PC_l×HHI						-1.383
						(-1.234)

变　量	Reg-1	Reg-2	Reg-3	Reg-4	Reg-5	Reg-6
	LnPatent	LnPatent	LnPatent	LnPatent	LnPatent	LnPatent
Size	0.753 ***	0.786 ***	0.807 ***	0.754 ***	0.786 ***	0.807 ***
	(19.812)	(17.503)	(20.090)	(19.834)	(17.515)	(20.081)
Leverage	−1.214 ***	−0.951 ***	−1.073 ***	−1.211 ***	−0.953 ***	−1.076 ***
	(−5.576)	(−3.606)	(−4.598)	(−5.561)	(−3.610)	(−4.609)
ROA	4.283 ***	4.530 ***	4.449 ***	4.269 ***	4.528 ***	4.449 ***
	(6.607)	(5.896)	(6.357)	(6.589)	(5.893)	(6.360)
SalesGrowth	−0.269 ***	−0.266 ***	−0.286 ***	−0.267 ***	−0.265 ***	−0.286 ***
	(−3.350)	(−2.629)	(−3.331)	(−3.324)	(−2.619)	(−3.333)
LnAge	−0.734 ***	−0.720 ***	−0.706 ***	−0.738 ***	−0.720 ***	−0.706 ***
	(−8.016)	(−6.694)	(−7.227)	(−8.071)	(−6.697)	(−7.228)
Dual	0.697 ***	0.549 ***	0.728 ***	0.696 ***	0.549 ***	0.723 ***
	(7.746)	(5.291)	(7.449)	(7.724)	(5.286)	(7.396)
IndRatio	1.467 **	1.520 **	1.083 *	1.456 **	1.519 **	1.058 *
	(2.545)	(2.224)	(1.707)	(2.529)	(2.222)	(1.668)
TopHd	0.043 ***	0.056 ***	0.051 ***	0.043 ***	0.056 ***	0.051 ***
	(4.571)	(4.944)	(4.997)	(4.533)	(4.945)	(5.002)
Constant	−15.701 ***	−16.669 ***	−17.360 ***	−15.849 ***	−16.719 ***	−17.360 ***
	(−18.196)	(−16.172)	(−18.661)	(−18.190)	(−16.080)	(−18.478)
Year Effect	Yes	Yes	Yes	Yes	Yes	Yes
Industry Effect	Yes	Yes	Yes	Yes	Yes	Yes
Obs	10705	6724	9408	10705	6724	9408
Pesudo R^2	0.170	0.165	0.176	0.170	0.165	0.176

注：本表报告了不同类型的政府背景类型对企业专利申请量的影响。Pesudo R^2 是 Tobit 模型的拟合优度指标，括号内为经过稳健性调整的 t 值，***、** 和 * 分别表示在 1%、5% 和 10% 的显著性水平上拒绝零假设。

5. 结论

通过手工收集整理的政府背景虚拟变量，本文考察了政府背景对企业创新产出的影响。研究发现，政府背景对企业专利申请量有显著的抑制作用，并且主要体现在非发明专利申请量上。进一步考察政府背景与市场竞争的交互影响，发现行业维度的市场竞争（行业集中度）与地区维度的市场竞争（地区市场化进程）对企业创新产出的边际效应相反，行业竞争程度的提升缓解了政府背景对创新的负面影响，而地区市场化进程的提升则加剧了政府背景对创新的抑制效果。此外，通过将政府背景区分为中央政府背景和地方政府背景，我们深入地探索了不同类型的政府背景对企业创新的影响，结果发现，只有地方政府背景显著地抑制了企业创新，地方政府在干预市场自由发展中扮演了主要的角色。

本文的结论对政府相关部门及企业战略的指定有参考意义。我国目前仍然处于经济转型升级的关键时期，政府对市场的干预程度仍然较大，通过寻求政府背景，企业可以获得多维度的经济利益。然而，政府背景给企业和国家带来的收益是有限的，它对企业创新造成的负面影响，在长期对企业和国家的长远发展是不利的，因为只有创新，才能最终提升企业和国家的竞争力以及整个社会的福利。同时，这种负面效应在垄断程度高的行业、市场化进程高的地区尤为突出，说明在这类市场，政府要更加严格控制干预的程度。中央政府背景与地方政府背景的效应对比表明，地方政府在干预经济方面的力度过大，中央政府应避免过度放权，同时加大力度对地方政府干预经济、滥用职权做大业绩的行为进行监督与惩治。

◎ 参考文献

[1]丁重，邓可斌. 政治关系与创新效率：基于公司特质信息的研究[J]. 财经研究，2010，10.

[2]丁重，张耀辉. 制度倾斜、低技术锁定与中国经济增长[J]. 中国工业经济，2009，11.

[3]樊纲，王小鲁，朱恒鹏. 中国市场化指数——各地区市场化相对进程2011年报告[M]. 北京：经济科学出版社，2011.

[4]胡旭阳. 民营企业家的政治身份与民营企业的融资便利——以浙江省民营百强企业为例[J]. 管理世界，2006，5.

[5]江雅雯，黄燕，徐雯. 政治联系、制度因素与企业的创新活动[J]. 南方经济，2011，11.

[6]孔东民，刘莎莎，王亚男. 市场竞争、产权与政府补贴[J]. 经济研究，2013，2.

[7]梁强，李新春，郭超. 非正式制度保护与企业创新投入——基于中国民营上市企业的经验研究[J]. 南开经济研究，2011，3.

[8]罗党论，唐清泉. 政治关系、进入壁垒与企业绩效——来自中国民营上市公司的经验证据[J]. 世界经济，2009，7.

[9]罗党论，甄丽明. 民营控制、政治关系与企业融资约束——基于中国民营上市公司的经验证据[J]. 金融研究，2008，12.

[10]苏依依，周长辉. 企业创新的集群驱动[J]. 管理世界，2008，3.

[11] 唐清泉，高亮，李懿东. 企业转型升级与研发投入的外部环境研究——基于政治关系和市场化进程的视角[J]. 当代经济管理，2011，6.

[12] 温军，冯根福. 异质机构、企业性质与自主创新[J]. 经济研究，2012，3.

[13] 邬爱其，金宝敏. 个人地位、企业发展、社会责任与制度风险：中国民营企业家政治参与动机的研究[J]. 中国工业经济，2008，7.

[14] 吴文锋，吴冲锋，刘晓薇. 中国民营上市公司高管的政府背景与公司价值[J]. 经济研究，2008，7.

[15] 吴文锋，吴冲锋，芮萌. 中国上市公司高管的政府背景与税收优惠[J]. 管理世界，2009，3.

[16] 吴延兵. 国有企业双重效率损失研究[J]. 经济研究，2012，3.

[17] 徐细雄，杨卓，刘星. 企业政治关系研究前沿探析[J]. 外国经济与管理，2010，3.

[18] 杨其静. 企业成长：政治关联还是能力建设 [J]. 经济研究，2011，10.

[19] 余明桂，回雅甫，潘红波. 政治联系、寻租与地方政府财政补贴有效性[J]. 经济研究，2010，3.

[20] 张建君，张志学. 中国民营企业家的政治战略[J]. 管理世界，2005，7.

[21] 周黎安，罗凯. 企业规模与创新：来自中国省级水平的经验证据[J]. 经济学(季刊)，2005，2.

[22] Brunnermeiersb, and Cohenma. Determinants of environmental innovation in US manufacturing industries [J]. *Journal of Environmental Economics and Management*, 2003, 45.

[23] Creponb, and Duguete. Estimating the innovation function from patent numbers: GMM on count panel data[J]. *Journal of Applied Econometrics*, 1997, 12.

[24] Facciom, Masulis, and Mcconnell. Political connections and corporate bailouts[J]. *The Journal of Finance*, 2006, 61.

[25] Facciom. Politically connected firms[J]. *American Economic Review*, 2006, 96.

[26] Fan, JP, Wong, TJ, and Zhang, T. . Politically connected CEOs, corporate governance, and post-IPO performance of China's newly partially privatized firms [J]. *Journal of Financial Economics*, 2007, 84.

[27] Fismanr. Estimating the value of political connections[J]. *American Economic Review*, 2001, 91.

[28] Lalls. Technological Capabilities and Industrialization[J]. *World Development*, 1992, 20.

[29] Tany, Tian, Zhang, and Zhao. Privatization and innovation: Evidence from a quasi-natural experiment in China[EB]. (2014-6-13). http: //ssrn. com/abstract=2433824.

[30] Vossenr, and R&D. Firm size and branch of industry: Policy implications[R]. University of Groningen, Research Institute SOM (Systems, Organisations and Management), 1998.

[31] Zahrasa, Neubaumdo, and Husem. Entrepreneurship in medium-size companies: Exploring the effects of ownership and governance systems[J]. J*ournal of Management*, 2000, 26.

Political Connection, Market Competition and Innovation

Kong Dongmin[1]   Xu Mingli[2]

(1, 2   Economics School of Huazhong University of Science and Technology, Wuhan, 430074)

Abstract: Innovation is the key of fostering and enhancing firms' core competence. This study examines the effect of political connection on innovation output in Chinese listed firms. Controlling a series of firm-specific variables, we find that political connection decreases innovation, and the negative effect presents more significantly in highly-concentrated industries and highly-marketized provinces. Further, we investigate how political connection of different types influence the firms' innovation, and come to the conclusion that local government political connection is the main resource of the negative impact.

Key words: Political connection; Market competition; Innovation

专业主编：潘红波

金融市场化、融资约束和民营企业创新[*]

● 余明桂[1]　郝博[2]　张江涛[3]

（1，2，3　武汉大学经济与管理学院　武汉　430072）

【摘　要】本文检验金融市场化如何影响民营企业创新。我们以2003—2010年中国民营上市公司的数据为样本，以专利申请数量衡量企业创新。结果显示，金融市场化显著降低了民营企业创新活动对经营现金流的敏感性，并且，这一作用主要存在于融资约束较强的民营企业中。以上研究结论表明，金融市场化有助于民营企业进行外部融资，缓解企业创新面临的融资约束，由此促进了企业创新。因此，深化金融市场改革对于减轻民营企业融资约束并促进企业创新至关重要。

【关键词】金融市场化　融资约束　民营企业创新

1. 引言

已有的研究表明，金融发展促进经济增长[①]。自 Rajan 和 Zingales（1998）提出应当深化对经济增长微观机制的认识后，大量文献关注了金融发展对企业的影响。特别是近年来，金融因素与企业创新研究相结合，为金融发展促进企业研发投入提供了经验证据。例如，Hall 和 Lerner（2010）指出，在研发密集行业中的小企业面临更高的资金成本，规模化的研发型企业更倾向于内源融资，采用风投进行外源融资需要发达的金融市场。Brown 和 Petersen（2011）的研究发现，R&D 投资的调整成本高，融资来源不稳定，面临融资约束的企业会使用留存现金来平滑 R&D 投资。Cornaggia 等（2013）认为，银行业竞争有助于外部融资依赖程度较强的私有企业和本地贷款受限企业的创新。上述研究均表明，金融发展滞后是企业创新活动融资的障碍，改善外部融资环境有助于促进企业创新。

国内文献也集中讨论了融资约束对企业投资的影响，以及金融发展对改善企业融资约

---

* 本文受国家自然科学基金项目（项目批准号：70972090、70902052、71172205、71272229、71372126）、教育部"新世纪优秀人才支持计划"、教育部哲学社会科学重大课题攻关项目（项目批准号：10JZD0019）以及武汉大学人文社科"70 后"青年学者学术团队计划的资助。

通讯作者：郝博，E-mail：haobo@ whu. edu. cn。

① Beck, T., R. Levine, and N. Loayza. Finance and the sources of growth[J]. *Journal of Financial Economics*, 2000, 58(1-2)：261-300.

束的作用。例如，朱红军等（2006）发现，民营企业投资对内部现金流的依赖要高于国有企业，而在市场化程度高的地区，企业投资对内部现金流的依赖性得到降低，这种变化在民营企业中更加明显。唐建新和陈冬（2009）对中小板企业的研究显示，金融发展能够显著缓解无政治关系的民营中小企业面临的融资约束。沈红波等（2010）也认为，中国制造业上市公司投资和现金流高度敏感，金融发展显著地缓解了企业的融资约束，民营企业受到的融资约束越强，金融发展对其融资约束的缓解作用也就越大。在此基础上，国内已有研究将融资约束对企业投资的影响具体到研发投资领域。例如，张杰（2012）等利用中国工业企业数据验证了融资约束的存在，以及其对民营企业研发投入的抑制作用。卢馨等（2013）的研究也指出，国内高新技术上市公司存在融资约束，融资约束制约了企业 R&D 投资。更进一步，解维敏和方红星（2011）检验了金融发展对企业研发投入的促进作用。研究发现，地区金融发展积极地推动了国内上市公司的 R&D 投入，这种正向影响体现在小规模企业和私有产权控制的企业中。

上述文献为金融发展和融资约束对企业影响的研究奠定了基础。但遗憾的是，根据我们所掌握的情况，少有国内研究就金融市场化对民营企业创新的具体影响机制给出直接经验证据。因此，本文的研究能够有效嵌入这一领域的主流文献，以实证揭示金融发展影响民营企业创新投资的具体渠道，从而深化和完善金融市场化与企业创新的相关研究。并且，鞠晓生等（2013）的研究表明，在正规金融严重不足的情况下，企业会使用营运资本对创新投资进行平滑。这既表明中国企业在面对正式制度不健全时的灵活性，也再次凸显出正式制度发展对于企业创新的重要意义。正因如此，本文对于金融正式制度与微观企业创新的实证研究显得十分迫切和必要。

本文想要回答和实证的问题是，金融市场化具体通过何种渠道影响民营企业创新。我们以 2003—2010 年沪深主板市场中的民营上市公司为样本，以企业未来一年专利申请数量衡量企业创新，以企业所在省份信贷资源流向民营经济的比例衡量金融市场化水平，使用负二项分布回归进行检验。结果发现，金融市场化缓解了民营企业创新活动面临的融资约束，特别是对于融资约束较强的民营企业，显著降低了企业创新活动对经营现金净流量的依赖。以上结果意味着，金融市场化对于逐步解决民营企业融资难问题，缓解企业创新面临的融资约束，并由此促进企业创新有着重要意义。

本文的贡献主要体现在以下三个方面：第一，揭示了金融市场化对民营企业创新影响的具体机制，并给出了稳健的经验证据。Allen 等（2005）认为中国的经济增长主要依赖于非正规金融的发展。但本文的研究也表明，正式制度的建设对于民营企业发展和整个实体经济成长仍然起到重要的基础性作用。第二，通过分组检验，分析了金融市场化促进民营企业创新的必要条件。本文发现金融市场化的创新促进效应主要体现在融资约束较强的民营企业中。这一结论从企业创新的角度表明，金融发展对企业的影响受到其他替代性非正式制度和企业内部治理机制的制约①②，从而补充和完善了金融市场化对民营企业创新影响的相关研究。第三，本文的研究结论凸显出深化金融市场改革的必要性和迫切性，为政

---

① 连玉君，程建. 投资—现金流敏感性：融资约束还是代理成本[J]. 财经研究，2007，2：37-46.

② 唐建新，陈冬. 金融发展与融资约束——来自中小企业板的证据[J]. 财贸经济，2009，5：5-11.

府部门制定金融发展政策提供了理论支持。特别是，中国当前正经历新一轮的政治经济改革，本文的研究也表明，破除金融垄断，放开行业准入，推动金融创新等举措对于民营企业生存发展、中国经济转型升级以及建设创新型国家具有重要的政策和实践意义。

本文后续章节安排如下：第二节是理论分析和研究假设；第三节是样本和模型设定；第四节是结果与分析；第五节给出简短的结论。

2. 理论分析和研究假设

2.1 融资约束与民营企业创新

经典的 MM 理论指出，在信息对称和无摩擦的完美市场中，内源融资和的外源融资的成本相同，投资决策和融资决策相互独立，不存在融资约束问题，企业将依次投资于所有 NPV 大于零的项目，直到投资的边际收益等于零。但是，由于信息不对称和交易成本的存在，企业内外部融资成本存在较大差异，外部融资的成本相对较高。基于此，Myers（1984）提出了融资优序理论，认为企业的融资渠道存在先内源融资再外源融资，先债务融资再股权融资的顺序。随后，Fazzari 等（1988）提出了融资约束的概念，指出在资本市场不完善的情况下，企业外部融资受到约束，导致投资低于最优水平，并在一定程度上依赖于股东投入和利润积累带来的内部资金。他们首次使用投资对现金流的敏感性来衡量企业面临的融资约束，证实了两者之间存在显著的正向关系。

进一步，创新活动作为一种长期风险性投资，通常需要保密并且难以进行外部监督，开发和商业化耗时长，整个过程和最终产出的不确定性高。由于企业创新活动内在的高风险和复杂性，使得其信息不对称程度更高，并带来逆向选择和道德风险问题，更难获得外部融资，对内部资金的依赖性更强①。但是，企业创新是资本和技术密集型投资，同时具有较高的调整成本，仅仅依靠内源融资很难持续开展。当内部资金不足以支撑创新项目，而外部融资存在严重约束时，企业创新活动面临较大的"融资缺口"。融资约束的存在使得企业无法充分投资于净现值为正的项目，抑制了企业创新和长期成长。为应对融资约束，企业可能通过流动性管理和营运资本管理来对研发投资进行平滑②③，而这些高成本的适应性行为将给企业经营带来潜在影响。

相比于国有企业，民营企业面临更强的融资约束，这一问题在发展中国家和转轨经济体中表现得更为突出④。对于正处在转型期的发展中国家，政府在资源配置中占据控制地

① Hall, B. H.. The financing of research and development[J]. *Oxford Review of Economic Policy*, 2002, 18: 35-51.

② Brown, J., and B. Petersen. Cash holdings and R&D smoothing[J]. *Journal of Corporate Finance*, 2011, 17(3): 694-709.

③ 鞠晓生，卢荻，虞义华. 融资约束、营运资本管理与企业创新可持续性[J]. 经济研究，2013, 1: 4-16.

④ Cull, R., and L. Xu. Who gets credit? The behavior of bureaucrats and state banks in allocating credit to Chinese state-owned enterprises[J]. *Journal of Development Economics*, 2003, 71(2): 533-559.

位。由于缺少国有企业的政府背景和隐性担保以及由此带来的信贷资源和预算软约束，民营企业在获得外部融资的渠道、规模、期限和成本方面处于不利地位①②。因此，民营企业更加依赖自我积累和内部资金。中国的金融体系是以银行为核心的间接金融体系，国有银行处于垄断地位。这导致银行信贷资源更多地配置给国有企业，民营企业较少获得信贷支持③。外部融资约束不利于民营企业及时抓住创新投资机会，抑制了企业的创新活动。在这种情况下，中国的民营企业不得不发展金融联系和政治联系以获取银行贷款，或者利用非正规金融，例如商业信用和民间信贷等来满足资金需求。

2.2　金融市场化、融资约束与民营企业创新

已有的研究表明，金融市场化有助于缓解信息不对称，降低交易成本。Love（2003）指出，金融发展通过降低信息不对称和契约不完备的程度来缓解融资约束，使得企业能够根据成长机会进行投资。沈红波等（2011）发现，金融发展水平的提高有助于减弱银企之间的信息不对称，降低银行对小规模民营公司贷款的担保要求。随着金融市场的发展，商业信用体系得到逐步完善，企业的资信状况更易追踪和评价，减轻了企业的逆向选择与道德风险问题；金融机构也能通过规模效应降低成本和分散风险，进而增加资金供给。

金融市场化有助于减少政府干预，提高资本配置效率。伴随金融市场化的进程，市场在资源配置中发挥重要作用，这减少了金融资源分配的扭曲，提高了资源分配和企业投资的效率。Wurgler（2000）认为，发达的金融市场能够优化资本配置，金融部门会更多地投资于增长性的产业。Galindo 等（2007）也指出，开放的金融市场提高了资本配置效率，使得资金更多地流向了资本边际收益更高的企业。Benfratello 等（2008）也发现，银行体系的发展能够提高企业开展创新活动的可能性，特别是对高技术企业、外部融资依赖企业和小规模企业。

具体到中国，由于政府在资源配置中处于控制地位，其对信贷资源的隐形干预使得国有企业更容易获得贷款④，因而民营企业面临融资的"所有制歧视"⑤。金融市场化使得银行的信贷决策独立性增强，从而增加了民营企业外部融资的机会，减轻了企业创新的融资约束。金融市场化的深入，使得金融机构在资金获取和供给上更有效率。同时，金融机构收集处理信息和防范控制风险的能力也得到提高。金融机构有更强的内外部激励去评估企业和甄别投资项目，为成长性的企业融资。

综合以上分析，金融市场化为民营企业提供更多融资渠道，降低融资成本，带来融资便利，有效改善了企业外部融资环境，缓解了企业面临的融资约束，促进和优化了企业投

①　江伟，李斌. 制度环境、国有产权与银行差别贷款[J]. 金融研究，2006，11：116-126.

②　余明桂，潘红波. 政治关系、制度环境与民营企业银行贷款[J]. 管理世界，2008，8：9-21.

③　Allen, F., Qian, J., and Qian,, M.. Law, finance, and economic growth in China[J]. *Journal of Financial Economics*，2005，77（1）：57-116.

④　朱红军，何贤杰，陈信元. 金融发展、预算软约束与企业投资[J]. 会计研究，2006，10：64-71.

⑤　Brandt, L., and Li, H.. Bank discrimination in transition economies：Ideology, information, or incentives? [J]. *Journal of Comparative Economics*，2003，31（3）：387-431.

资，进而有助于企业更好地把握创新投资机会。

因此，我们提出以下研究假设。

假设：在其他条件一定的情况下，金融市场化通过缓解融资约束促进民营企业创新。

3. 样本和模型设定

3.1 样本和数据

本文以 2003—2010 年在沪深主板市场进行股票交易的 A 股民营上市公司为样本。根据 He 和 Tian(2013)，对于缺失专利信息的企业，将其专利数设为零①。本文所使用的数据包括企业发明专利数据、制度环境数据和企业特征数据。其中，企业发明专利申请数据来自中国专利数据库(He 等，2013)②；制度环境数据来于樊纲等(2011)编制的中国各地区市场化相对进程报告；企业特征数据来自于 CSMAR 数据库。我们对企业专利数据和企业特征数据进行如下处理：(1)剔除金融类上市公司；(2)剔除控制变量存在缺失的观测值；(3)对所有连续变量进行上下 1% 的 Winsorize 处理。最终，我们的样本期间为 2003—2010 年③。经过整理后，共获得 3503 个企业—年度观测值。样本的具体分布如表 1 所示④。

表 1　　　　　　　　　　　　样本的行业和年度分布

ind	年 份								合计
	2003	2004	2005	2006	2007	2008	2009	2010	
A	7	7	11	12	10	11	15	15	88
B	3	1	1	1	1	2	8	10	27
C	208	222	236	265	266	256	344	323	2120
D	5	4	4	4	4	4	16	16	57
E	6	6	6	6	7	7	10	8	56
F	26	24	25	34	33	30	41	40	253
G	4	4	5	4	3	7	14	10	51
H	3	2	2	2	2	2	3	4	20

① He 和 Tian(2013)遵循了已有主流创新研究文献对研发和专利数据缺失的处理方法，补零而不是简单删除的方法避免了样本自选择的问题。

② 中国专利数据库(He 等，2013)的数据来源是中国国家知识产权局，其中的上市公司专利数据包含了上市公司及其子公司的发明专利、实用新型专利以及外观设计专利。

③ CSMAR 数据库中民营企业数据的开始时间是 2003 年。中国专利数据库(He 等，2013)中上市公司专利数据的截止时间是 2010 年。

④ 表 1 中的行业分类代码含义参见中国证监会《上市公司行业分类指引》(2012 年修订)。

ind	年　份								合计
	2003	2004	2005	2006	2007	2008	2009	2010	
I	25	26	26	27	26	23	21	17	191
K	27	27	29	31	35	39	50	63	301
L	3	4	4	4	4	3	6	4	32
M	0	0	0	0	0	0	1	1	2
N	1	1	1	2	3	4	4	4	20
O	1	1	1	1	1	0	0	0	5
Q	0	0	0	0	1	1	1	1	4
R	0	0	0	0	0	0	1	0	1
S	38	36	35	36	36	33	35	26	275
合计	357	365	386	429	432	422	570	542	3503

3.2　模型设定和变量定义

为了检验本文的假设,我们将待检验的基本模型①设定为:

$$\text{Patent}_{i,\ t+1} = \alpha + \beta_1 \text{FMIndex}_{it} + \beta_2 \text{CashFlow}_{it} + \beta_3 \text{FMIndex}_{it} \times \text{CashFlow}_{it} + \beta_2' X_{it} + \varepsilon_{it}$$

$$(1)$$

其中,Patent 表示企业创新,i 表示企业,t 表示年份。根据 He 等(2013),专利数据提供了标准化、细节化的信息,专利活动可以更好地度量企业利用其创新投入的有效性。并且,在三种专利中,发明专利的创新性最强。因此,本文使用企业申请的发明专利数量衡量企业创新。由于企业专利产出反映的是创新活动的成果,这通常需要一个过程,所以我们观测企业未来一年的专利产出(Patent_{t+1})。FMIndex 表示企业所在省份的金融市场化指数,CashFlow 表示企业经营现金流量净额,FMIndex×CashFlow 是两者的交互项,X 是由多个控制变量构成的向量。各变量的具体定义详见表 2。

根据已有文献,当主要变量具有非负整数特征时,采用计数模型进行拟合效果更好(Atanassov 等,2007)。由于企业专利申请数量为正整数值,参考温军和冯根福(2012)以及罗思平和于永达(2012)等的做法,本文使用负二项分布模型进行检验。在检验中,对标准误差进行了企业层面的群聚(Cluster)调整,以避免常用的面板数据估计方法对标准误差的低估(Petersen,2009)。

①　本文采用专利度量创新活动,因此参考 He 和 Tian(2013)以及谢震和艾春荣(2014)构建基本模型。已有研究多采用研发投入度量创新,因而通常使用传统的欧拉方程和托宾 Q 方程。

表 2 　　　　　　　　　　　　　　　　　　变 量 定 义

类　型	名　　称	符　　号	定　　义
因变量	企业创新	Patent$_{t+1}$	企业在下一年申请发明专利的数量
		R&D	企业当年总研发支出除以年末总资产
解释变量	现金流	CashFlow	企业年度经营现金流量净额除以总资产
	金融市场化	FMIndex	参见樊纲等(2011)市场化相对进程报告①
控制变量	企业规模	Size	企业年末总资产的自然对数
	资产收益率	ROA	企业年度净利润除以年末总资产
	成长机会	TobinQ	企业市场价值除以账面总资产
	市场竞争	HHI	参见赫芬达尔指数计算方法②
	股权集中度	ShrCon	企业前十位大股东合计持股比例
	高管持股	Manage	企业年末高管持股数除以年末总股数
	机构持股	Fund	企业年末机构合计持有的股份比例
	行业	IndD	控制行业
	年度	YearD	控制年度

3.3 描述性统计特征

表 3 提供了主要变量的描述性统计特征③。其中的数据显示，样本企业专利申请的平均值和标准差分别是 9.11 和 148.9，这大于全部主板上市公司 6.32 和 91.39 的水平，表明民营企业平均创新产出更多，但企业间创新活动的差异更大。金融市场化指数的平均值和标准差分别是 10.41 和 2.83，最小值是 2.92，最大值是 14.65，说明金融市场化进程在年度和地区之间的差异较大。现金流量的平均值和标准差分别是 0.04 和 2.83，最小值是 -0.27，最大值是 0.31，说明经营现金流在民营上市公司中也存在较大差异。在 3503 个样本观测值中，存在专利申请的观测值有 1094 个，占样本总量的 31.23。总体来看，民营上市公司的创新产出在整个样本期处在较低水平但保持了较快增长。

表 4 列出了主要变量的 Spearman 相关系数④矩阵。表中的数据显示，企业创新水平

---

① 参见《中国市场化指数——各地区市场化相对进程 2011 年报告》(樊纲等)中的信贷市场化指数(4a2)。

② 某年度某行业市场竞争程度的赫芬达尔指数 $= \sum_1^n (\text{Sales}_i / \sum_i^n \text{Sales}_i)^2$。

③ 我们使用企业未来一年专利申请数量衡量企业创新，因此专利数据的统计区间是 2004—2010 年，其他变量数据的统计区间是 2003—2009 年。表 3 中的数据保留到小数点后三位，因而高管持股(Manage)的主要指标显示为零。

④ Pearson 相关系数要求数据是成对地从正态分布中取得的，并且数据至少在逻辑范畴内是等间距的。根据本文的数据分布特征，我们使用 Spearman 相关系数，其对变量相关性的估计会高于 Pearson 线性相关系数。

表3 主要变量的描述性统计特征

变量	N	mean	sd	min	p25	p50	p75	max
Patent	3503	9.110	148.9	0	0	0	1	4741
FMIndex	2882	10.41	2.830	2.920	8.560	10.93	12.84	14.65
CashFlow	3503	0.040	0.090	−0.270	0	0.040	0.090	0.310
Size	3503	21.13	1.160	18.07	20.43	21.08	21.83	24.29
ROA	3503	0.010	0.130	−0.790	0.010	0.030	0.060	0.330
TobinQ	3503	2.075	1.768	0.616	1.157	1.457	2.244	12.329
HHI	3503	0.060	0.110	0.006	0.009	0.010	0.057	0.459
ShrCon	3503	52.45	14.61	18.54	41.89	52.99	63.33	84.98
Manage	3476	0	0.020	0	0	0	0	0.160
Fund	3503	3.470	7.040	0	0	0	3.130	33.28

与经营现金流量净额显著正相关；同时，企业创新水平与金融市场化程度显著正相关。这初步表明，民营企业创新活动对经营现金流量存在依赖；同时，金融市场化进程对民营企业创新活动存在影响。创新水平与企业规模和资产收益率等正相关，这与已有的研究一致[1][2]。另外，主要变量的相关系数中，Fund 和 Size 为 0.561[3]，其余控制变量之间的相关系数均低于 0.5，这表明变量之间不存在严重的多重共线性。

表4 Spearman 相关系数矩阵

	$Patent_{t+1}$	FMIndex	CashFlow	Size	ROA	TobinQ	Manage	Fund
$Patent_{t+1}$	1							
FMIndex	0.180***	1						
CashFlow	0.135***	0.071***	1					
Size	0.345***	0.192***	0.100***	1				
ROA	0.230***	0.107***	0.312	0.256***	1			
TobinQ	0.001	0.255***	0.083***	−0.286***	0.169***	1		
Manage	0.220***	0.060***	0.100***	0.214***	0.159***	−0.002	1	
Fund	0.353***	0.226***	0.224***	0.561***	0.461***	0.147***	0.201***	1

注：***、**和 * 分别表示 1%、5%和 10%的显著性水平。

---

[1] 温军，冯根福. 异质机构、企业性质和自主创新[J]. 经济研究，2012，3：53-64.

[2] 李春涛，宋敏. 中国制造业企业的创新活动：所有制和 CEO 激励的作用[J]. 经济研究，2010，5：55-67.

[3] 我们也统计了主要变量的 Pearson 相关系数，Fund 和 Size 仅为 0.369。

4. 结果与分析

4.1 单变量分析

表 5 给出了单变量分析的结果，显示了在不同的融资约束水平和金融市场化程度下，民营企业创新水平的差异。我们首先根据样本企业 KZ 指数①的年度中位数②，将样本企业分为融资约束较强和融资约束较弱组进行对比检验。从平均值看，融资约束较强组未来一年专利申请数量的平均值为 1.522，而融资约束较弱组的平均值为 16.683。独立样本 T 检验的结果显示两者的差异在 1% 的水平上显著。从中位数看，尽管两组的取值均为 0，但 Wilcoxon 秩和检验的结果显示，两者的差异仍在 1% 的水平上显著。

然后，我们按照样本企业所在省份金融市场化指数的年度中位数，将样本企业分为高市场化程度组和低市场化程度组进行对比检验。其中，高市场化程度组中企业未来一年专利申请数量的平均值为 15.881，而低市场化程度组的平均值为 4.427，这一差异在 1% 的水平上显著。同时，我们也比较了两组样本的中位数，结果显示两组样本的中位数在 1% 的水平存在显著差异。以上结果初步反映出，融资约束水平不同的企业以及处在不同金融市场化环境中的企业，创新水平存在显著差异，这为本文的假设提供了基本的支持。我们将在后文的多变量回归分析中进一步检验这一结论。

表 5   单变量分析

	N	均值检验		中位数检验	
		均值	T 值	中位数	Z 值
融资约束较强	1750	1.522	−3.016***	0	−13.989***
融资约束较弱	1753	16.683		0	
市场化程度高	1432	15.881	2.239**	0	5.476***
市场化程度低	2071	4.427		0	

注：平均值差异的检验使用独立样本双尾 t 检验，中位数差异的检验使用 Wilcoxon 秩和检验。***、**和 * 分别表示 1%、5% 和 10% 的显著性水平。

4.2 金融市场化、融资约束与民营企业创新

表 6 报告了金融市场化、融资约束与民营企业创新的回归检验结果。其中，第(1)列

---

① 根据 Kaplan 和 Zingales(1997)以及 Lamont 等(2001)，KZ 指数的计算公式为：

KZ=−1.002Cashflow+0.283TobinQ+3.139Leverage+30.367Dividends−1.315Cashholdings

② 使用中位数进行分组，可以使两组子样本的数量基本相当，避免了采用均值分组时，样本分布对子样本规模的影响。我们也使用均值进行分组检验，主要结果保持一致。

和第(2)列是全样本回归结果，并在第(2)列中控制了年度和行业效应。结果显示，CashFlow 的系数在 5% 的水平上显著为正，表明民营企业创新活动对经营现金流有较高的敏感性，存在一定程度的融资约束。交互项 FMIndes×CashFlow 的系数在 5% 的水平上显著为负，表明金融市场化弱化了民营企业创新活动对自身经营现金流的依赖。以上结果表明，信贷资金配置的市场化，有助于拓宽民营企业融资渠道，降低企业融资成本，缓解创新活动面临的融资约束，由此促进民营企业创新。总的来说，以上发现与本文的假设分析是一致的。

表 6 　　　　　　　　　　金融市场化、融资约束与民营企业创新

	全样本		融资约束较强		融资约束较弱	
	（1）	（2）	（3）	（4）	（5）	（6）
Intercept	−26.680***	−29.250***	−29.139***	−32.153***	−23.339***	−26.884***
	（0.000）	（0.000）	（0.000）	（0.000）	（0.000）	（0.000）
FMIndex	0.091***	0.095*	0.057	0.101	0.112***	0.100**
	（0.010）	（0.054）	（0.201）	（0.105）	（0.007）	（0.042）
CashFlow	5.897**	6.657**	18.600***	13.838*	−1.821	0.712
	（0.050）	（0.037）	（0.005）	（0.059）	（0.678）	（0.873）
FMIndex×CashFlow	−0.405*	−0.550**	−1.222**	−1.043*	0.001	−0.195
	（0.099）	（0.039）	（0.025）	（0.082）	（0.998）	（0.607）
Size	1.177***	1.261***	1.284***	1.350***	1.047***	1.157***
	（0.000）	（0.000）	（0.000）	（0.000）	（0.000）	（0.000）
ROA	0.924	1.489*	1.586	2.354*	0.241	0.685
	（0.290）	（0.077）	（0.228）	（0.080）	（0.771）	（0.372）
TobinQ	0.143**	0.217***	0.356***	0.408***	0.009	0.092
	（0.016）	（0.002）	（0.002）	（0.000）	（0.877）	（0.142）
HHI	−0.952	13.887***	−2.686**	17.589***	0.134	17.831**
	（0.231）	（0.003）	（0.016）	（0.007）	（0.884）	（0.047）
ShrCon	0.015*	0.005	0.018**	0.006	0.006	0.001
	（0.052）	（0.449）	（0.032）	（0.412）	（0.440）	（0.862）
Manage	12.460***	10.152***	13.150***	10.782***	12.492***	10.108***
	（0.000）	（0.000）	（0.000）	（0.000）	（0.001）	（0.002）
Fund	0.066***	0.052***	0.058***	0.051***	0.076***	0.058***
	（0.000）	（0.000）	（0.005）	（0.003）	（0.000）	（0.000）
YearD	No	Yes	No	Yes	No	Yes
IndD	No	Yes	No	Yes	No	Yes
N	2645	2645	1304	1304	1341	1341

　　注：因变量是 Patent$_{t+1}$，使用负二项分布回归。括号中的数字为双尾检验的 p 值，其中标准误差经过企业群聚（Cluster）调整。***、**和*分别表示 1%、5% 和 10% 的显著性水平。

在上面的检验中，我们基于 Fazzari 等(1988)的思路，以创新活动对现金流的敏感度来衡量融资约束，并发现金融市场化能够缓解企业创新对内部资金的依赖。而根据 Jensen (1986)对代理问题和自由现金流的研究，当管理层背离股东利益而追求规模扩张时，企业投资对现金流也较为敏感。此时，现金流可能被用于无效率的项目，投资对现金流的敏感度反映的是过度投资。罗琦等(2007)的研究也发现，中国民营企业中存在过度投资，导致这类企业同样出现高的投资—现金流敏感度。为此，我们根据民营企业受到的融资约束程度进行分组检验。已有研究显示，融资约束较轻的公司更可能进行过度投资，而融资约束较强的公司则出现投资不足①②。因此，通过分组检验可以进一步分析和验证金融市场化对民营企业创新影响的机制。

表6中第(3)列到第(6)列给出了按照企业融资约束程度进行分组检验的结果。我们按照样本企业 KZ 指数的年度中位数进行分组，并且在第(4)列和第(6)列中控制了年度和行业效应。第(3)列和第(4)列是融资约束较强组的回归结果。在第(3)列中，CashFlow 的系数在 1% 的水平上显著为正，表明企业创新活动的开展依赖于经营活动产生的现金净流入。交互项 FMIndes×CashFlow 的系数在 5% 的水平上显著为负，表明金融市场化有助于降低民营企业创新活动对经营现金流的依赖程度。这一结果在控制了年度和行业效应后不变。第(5)列和第(6)列是融资约束较弱组的回归结果。结果显示，CashFlow 和交互项 FMIndes×CashFlow 的系数均不显著。这表明，金融市场化缓解创新活动对经营现金流依赖的作用，主要体现在融资约束较强的民营企业中。

分组检验的结论进一步就金融市场化促进民营企业创新的具体渠道给出了经验证据，同时，也揭示出不同民营企业之间在融资约束状况和投资决策动机上的复杂性。例如，唐建新和陈冬(2009)认为，中国的金融发展是否必然缓解企业的融资约束需要深入分析，并指出金融发展可以显著缓解无政治关系的民营中小企业面临的较强融资约束。同时，本文更多的检验③还显示，尽管融资约束较弱的民营企业也存在现金—现金流敏感性，但创新产出对现金流却不敏感，这反映出民营企业存在的代理问题和潜在的过度投资行为。本文的研究从企业创新的角度对相关文献做出了印证，即金融市场化对民营企业创新的促进效应，受到其他替代性非正式制度和企业内部治理机制的影响。

4.3 稳健性检验

在基准模型中，我们得出的结论是，金融市场化在缓解创新活动融资约束方面有助于民营企业创新。为了验证本文主要模型估计结果的有效性，我们进行了多项稳健性检验。在样本选择方面，以单一行业中的企业为样本能在一定程度上避免行业特征对企业创新活动的特定影响④。因此，我们以资本和技术要素较为密集的制造业企业为样本单独进行了

---

① 连玉君，程建. 投资—现金流敏感性：融资约束还是代理成本[J]. 财经研究，2007，2：37-46.

② 王彦超. 融资约束、现金持有与过度投资[J]. 金融研究，2009，7：121-133.

③ 本文检验了融资约束程度不同的两组企业的现金—现金流敏感性。结果显示，融资约束较弱的企业同样存在显著的现金—现金流敏感性。这一结果与连玉君和程建(2007)一致。

④ 余明桂，李文贵，潘红波. 管理者过度自信和企业风险承担[J]. 金融研究，2013，1：149-163.

检验。在主要变量的度量方面：（1）考虑到使用创新产出指标度量企业创新活动可能涉及创新效率问题，我们还使用总研发支出衡量企业创新活动，再次检验金融市场化、融资约束和民营企业创新间的关系；（2）考虑到专利活动的周期较长，我们扩大了企业创新度量指标的考察区间。除了使用企业未来一年的专利申请数量度量企业创新外，我们还以企业未来三年的平均专利申请数量进行检验。以上检验的主要结果均不存在实质性改变，具体检验结果见表7。这表明，本文的结论比较稳健。

表7 金融市场化、融资约束与民营企业创新：稳健性检验

| | 制造业 | | 全样本 | | | |
| | Patent$t$+1 | | R&D | | Patent$m$ | |
	（1）	（2）	（3）	（4）	（5）	（6）
Intercept	−27.192 ***	−23.410 ***	−0.0096	0.0023	−3.832 ***	−26.983 ***
	（0.000）	（0.000）	（0.296）	（0.854）	（0.005）	（0.000）
FMIndex	0.118 ***	0.164 ***	0.0001 ***	0.0000	0.441 ***	0.121 **
	（0.002）	（0.001）	（0.009）	（0.969）	（0.002）	（0.023）
CashFlow	8.601 **	7.170 *	0.0168 **	0.0174 ***	26.572 ***	7.861 *
	（0.033）	（0.099）	（0.012）	（0.010）	（0.000）	（0.052）
FMIndex×CashFlow	−0.765 **	−0.652 *	−0.0015 **	−0.0015 **	−2.836 ***	−0.789 *
	（0.021）	（0.066）	（0.013）	（0.011）	（0.001）	（0.051）
Size	1.198 ***	1.221 ***	0.0005	−0.0002		1.177 ***
	（0.000）	（0.000）	（0.275）	（0.728）		（0.000）
ROA	0.645	0.884	−0.0006	−0.0008		3.795 ***
	（0.526）	（0.357）	（0.214）	（0.129）		（0.000）
TobinQ	0.054	0.180 **	0.0001	−0.0001		0.238 **
	（0.402）	（0.016）	（0.462）	（0.467）		（0.039）
HHI	25.520	−642.937 **	0.0050	0.0189		1.382
	（0.675）	（0.012）	（0.145）	（0.140）		（0.645）
ShrCon	0.016 **	0.010	−0.0000	−0.0000		0.011
	（0.043）	（0.210）	（0.284）	（0.851）		（0.179）
Manage	11.807 ***	11.703 ***	0.0257	0.0255		9.352 ***
	（0.000）	（0.000）	（0.231）	（0.230）		（0.000）
Fund	0.060 ***	0.062 ***	0.0001 ***	0.0001 **		0.059 ***
	（0.000）	（0.000）	（0.007）	（0.013）		（0.001）
YearD	No	Yes	No	Yes	Yes	Yes
IndD	Null	Null	No	Yes	Yes	Yes
N	1634	1634	1810	1810	1870	1858

注：第（1）、（2）列中因变量是未来一年专利申请数 Patent$t$+1，第（5）、（6）列中因变量是取整的未来三年专利申请数 Patent$_m$，使用负二项分布回归。第（3）、（4）列中因变量是当年研发支出 R&D，使用面板固定效应模型回归。括号中的数字为双尾检验的 p 值，其中标准误差经过企业群聚（Cluster）调整。***、**和 * 分别表示 1%、5%和 10%的显著性水平。

5. 结论

本文检验了金融市场化对企业创新的影响机制。我们以沪深主板民营上市公司2003—2010 年的数据作为样本，以企业所在省份信贷资金分配的市场化程度衡量金融市场化水平，以企业未来一年专利申请数量衡量企业创新。结果发现，金融市场化显著降低了民营企业创新活动对经营现金流的敏感性，并且，这一作用主要存在于融资约束较强的民营企业中。本文的研究结果表明，金融市场化有助于民营企业进行外部融资，缓解企业创新面临的融资约束，就这一角度而言促进了企业创新。考虑到稳健性，我们单独以制造业企业为样本，使用主要变量的其他度量指标，主要结果保持不变。

民营企业是中国经济最具活力的增长点，在国民经济中发挥着日益重要的作用，促进民营企业创新是实现企业生存发展和转型升级的关键。当前中国的正式金融制度建设仍存在严重不足，因此深化金融市场改革对于减轻民营企业融资约束并由此促进企业创新有着重要意义。同时，本文对金融市场化促进民营企业创新具体渠道的阐述和检验，从企业微观层面支持了 La Porta(1998)、Levine(2000)和 Aghion(2005)提出的金融发展与经济成长理论框架，有助于更好地认识金融市场这一正式制度对经济发展起到的重要作用。总之，本文的研究加深了对企业创新影响因素的理解，也为制度环境在经济发展中扮演的角色提供了更多解释视角，对深化国内金融市场改革具有一定的政策意义。

◎ 参考文献

[1] 陈爽英，井润田，龙小宁，邵云飞. 民营企业家社会关系资本对研发投资决策影响的实证研究[J]. 管理世界，2010，1.

[2] 邓建平，曾勇. 金融关联能否缓解民营企业的融资约束[J]. 金融研究，2011，8.

[3] 樊纲，王小鲁，朱恒鹏. 中国市场化指数——各地区市场化相对进程 2011 年报告[M]. 北京：经济科学出版社，2011.

[4] 何韧，刘兵勇，王婧婧. 银企关系、制度环境与中小微企业信贷可得性[J]. 金融研究，2012，11.

[5] 卢馨，郑阳飞，李建明. 融资约束对企业 R&D 投资的影响研究——来自中国高新技术上市公司的经验证据[J]. 会计研究，2013，5.

[6] 罗党论，甄丽明. 民营控制、政治关系与企业融资约束——基于中国民营上市公司的经验证据[J]. 金融研究，2008，12.

[7] 罗琦，肖文翀，夏新平. 融资约束抑或过度投资——中国上市企业投资—现金流敏感度的经验证据[J]. 中国工业经济，2007，9.

[8] 罗思平，于永达. 技术转移、"海归"与企业技术创新——基于中国光伏产业的实证研究[J]. 管理世界，2012，11.

[9] 沈红波，寇宏，张川. 金融发展、融资约束与企业投资的实证研究[J]. 中国工业经济，2010，6.

［10］ 沈红波，廖冠民，曹军. 金融发展、产权性质与上市公司担保融资［J］. 中国工业经济，2011，6.

［11］ 唐建新，陈冬. 金融发展与融资约束——来自中小企业板的证据［J］. 财贸经济，2009，5.

［12］ 解维敏，方红星. 金融发展、融资约束与企业研发投入［J］. 金融研究，2011，5.

［13］ 余明桂，潘红波. 金融发展、商业信用与产品市场竞争［J］. 管理世界，2010，8.

［14］ 张杰，芦哲，郑文平，陈志远. 融资约束、融资渠道与企业 R&D 投入［J］. 世界经济，2012，10.

［15］ Aghion, P., P. Howitt and D. Mayer-Foulkes. The effect of financial development on convergence: Theory and evidence［J］. *Quarterly Journal of Economics*, 2005, 120(1): 173-222.

［16］ Alti, A.. How sensitive is investment to cash flow when financing is frictionless? ［J］. *The Journal of Finance*, 2003, 58(2): 707-722.

［17］ Atanassov, J., V. Nanda and A. Seru. Finance and innovation: The case of publicly traded firms［R］. Working Paper, 2007.

［18］ Beck, T., R. Levine and N. Loayza. Finance and the sources of growth［J］. *Journal of Financial Economics*, 2000, 58(1-2): 261-300.

［19］ Benfratello, L., F. Schiantarelli and A. Sembenelli. Banks and innovation: Microeconometric evidence on Italian firms［J］. *Journal of Financial Economics*, 2008, 90(2): 197-217.

［20］ Brandt, L. and H. Li. Bank discrimination in transition economies: Ideology, information, or incentives? ［J］. *Journal of Comparative Economics*, 2003, 31(3): 387-431.

［21］ Brown, J. and B. Petersen. Cash holdings and R&D smoothing［J］. *Journal of Corporate Finance*, 2011, 17(3): 694-709.

［22］ Campello, M.. Capital structure and product market interactions: Evidence from business cycles［J］. *Journal of Financial Economics*, 2003, 68(3): 353-378.

［23］ Demirguc-Kunt, A. and V. Maksimovic. Law, finance, and firm growth［J］. *The Journal of Finance*, 1998, 53(6): 2107-2137.

［24］ Fazzari, S. M., R. G. Hubbard, B. C. Petersen, A. S. Blinder and J. M. Poterba. Financing constraints and corporate investment［J］. *Brookings Papers on Economic Activity*, 1988, 1: 141-206.

［25］ Galindo, A., F. Schiantarelli and A. Weiss. Does financial liberalization improve the allocation of investment? Micro-evidence from developing countries ［J］. *Journal of Development Economics*, 2007, 83(2): 562-587.

［26］ Hall, B. H.. The financing of research and development［J］. *Oxford Review of Economic Policy*, 2002, 18: 35-51.

［27］ Hall, B. H. and J. Lerner. The financing of R&D and innovation［J］. *Handbook of the Economics of Innovation*, 2010, 1.

[28] He, J. and X. Tian. The dark side of analyst coverage: The case of innovation[J]. *Journal of Financial Economics*, 2013, 109 (3) : 856-878.

[29] He, Z., T. W. Tong, W. He, Y. Zhang and J. Lu. Chinese patent database user documentation: Matching SIPO patents to Chinese publicly listed companies and subsidiaries[Z]. 2013.

[30] Hsu, P. H., X. Tian and Y. Xu. Financial development and innovation: Cross-country evidence[J]. *Journal of Financial Economics*, 2014, 112(1): 116-135.

[31] Jensen, M. C.. Agency cost of free cash flow, corprate finance and takeovers[J]. *The American Economic Review*, 1986, 76(2): 323-329.

[32] Kaplan, S. and L. Zingales. Do investment-cash flow sensitivities provide useful measures of financing constraints? [J]. *Quarterly Journal of Economics*, 1997, 112(1): 169-215.

[33] Lamont, O., C. Polk and J. Saa-Requejo. Financial constraints and stock returns[J]. *Review of Financial Studies*, 2001, 14(2): 529-554.

[34] La porta, R., F. Lopez-de-Silanes, A. Shleifer and R. W. Vishny. Law and finance[J]. *Journal of Political Economy*, 1998, 106(6): 1113-1155.

[35] Love, I.. Financial development and financing constraints: International evidence from the structural investment model[J]. *The Review of Financial Studies*, 2003, 16(3): 765-791.

[36] Myers, S. C. and N. Majlu. Corporate financing and investment decisions when firms have information that investors do not[J]. *Journal of Financial Economics*, 1984, 13 (2): 187-221.

[37] Petersen, M. A.. Estimating standard errors in finance panel data sets: Comparing approaches[J]. *Review of Financial Studies*, 2009, 22(1): 435-480.

[38] Rajan, R. G. and L. Zingales. Financial dependence and growth[J]. *The American Economic Review*, 1998, 88(3): 559-586.

[39] Wurgler, J.. Financial markets and the allocation of capital[J]. *Journal of Financial Economics*, 2000, 58(1-2): 187-214.

Financial Liberalization, Financing Constraints and Private Firm Innovation

Yu Minggui[1] Hao Bo[2] Zhang Jiangtao[3]

(1, 2, 3 Economics and Management School of Wuhan University, Wuhan, 430072)

Abstract: This paper tests how financial liberalization affects private firm innovation. Using data of listed non-SOEs in China from 2003-2010 as samples, we employ a firm's patent applications as measurement of firm innovation. The result shows a significant positive association between financial liberalization and firm innovation. To firms with limited access to external finance, financial liberalization helps to lower the sensitivity of firms' innovation activities to net operating cash flow. The result suggests that financial liberalization is helpful to relax financing constraints on private firms, thus encourages firm innovation. This paper riches and expands the research on institutional environment and firm innovation. It also has important implications for the development of financial market.

Key words：Financial liberalization；Financing constraints；Private firm innovation

专业主编：潘红波

产权性质、高管权力与企业自主创新[*]

● 宛晴[1] 胡国柳[2]

（1，2 海南大学经济管理学院 海口 570228）

【摘 要】本文以 2009—2013 年披露自主研发投入信息的 A 股上市公司为对象，通过构建混合截面数据回归模型，探究企业高层管理者权力类型与企业自主创新投入之间的关系。实证结果表明：高管组织结构权力与企业自主创新投入呈负相关关系，国有企业中负相关关系更强；高管所有权权力与企业自主创新投入呈正相关关系，国有企业中正相关关系更强；高管经验声望权力与企业自主创新投入呈正相关关系，但不同产权性质的企业中相关关系并无明显差异。

【关键词】高管权力 企业自主创新 产权性质

1. 引言

改革开放以来，国民经济得到迅猛发展，纵观其原因，主要集中于两点：一是依靠资源、资金的高投入；二是国家"引进来走出去"的政策引导。市场经济持续高速发展，但由此也伴随着了一系列负面效果，如资源的过度开采，资金的过度耗损，导致环境承载能力剧降，长远来看会对经济的可持续发展及国家的长治久安形成极大的威胁。另外，企业在践行"引进来走出去"政策的过程中有失偏颇，从主张"以市场换技术"，逐渐发展成"重引进轻走出"的局面，过多地注重引进资金、技术的表面应用，忽视消化吸收再创新，使得企业自主创新意识懈怠，自主创新能力不足。如此一来，由于缺乏自主知识产权而长期受制于人，我国企业依然处于依靠国外公司提供技术的被动地位，不仅在激烈的国际竞争中难以获取主动权，更加剧了经济可持续发展的压力。

创新投入具有经济后果，不仅在推动整个社会经济进步中发挥关键作用，更关系到企业自身生存发展。因此，以企业创新投入的影响因素为主题，学术界展开了系列而广泛的探讨与研究，从已有文献看，学者们的观点涉及宏观与微观两个层面。宏观层面侧重于探求环境，政策导向，行业特征等作用于企业外部的要素对企业创新能力的影响[1][2]。然

---

* 通讯作者：宛晴，E-mail：wanqing_hainan_edu@ 163. com。

① Varsakelis.，N. C.. The impact of patent protection, economy openness and national culture on R&D investment：A cross-country empirical investigation［J］. *Research Policy*，2001，30（7）：1059-1068.

② Bloom，N.，Griffith，R.，and Van Reenen，J.. Do R&D tax credits work? Evidence from a panel of countries 1979-1997［J］. *Journal of Public Economics*，2002，85（1）：1-31.

而，正如安同良等指出，企业外部要素因受到国家历史、文化特征以及宏观经济政策等相对稳定条件的制约，短期内不会发生重大变化，且其影响作用于整个市场，对企业个体而言不具备特殊性。因此大量学者转向微观层面，从企业个体之间资源配置与管理方式的差异出发，分析企业规模、资源特征、财务运营能力、公司治理等要素对企业自主创新能力的影响①②③。

根据 Hambrick 和 Mason（1984）提出的高阶理论，企业高管人口背景特征对企业的战略决策选择起到重要作用。基于该理论，有关管理者在企业创新投入中的作用，长久以来一直是学者们研究的热点。如刘运国和刘雯（2007）研究指出，任职时间较长的上市企业 CEO 对企业 R&D 投资水平呈现出消极态度，而 CEO 离职前则更加倾向于避免 R&D 行为。陈闯和刘天宇（2012）针对创始经理人这一特殊群体进行实证研究发现，该群体具备的影响越大则企业研发投入水平越低。上述研究表明，高管在年龄，经历，背景上的差异会影响其对经营管理决策的认知与判断，从而对企业自主创新活动呈现不同的态度与倾向，但此类研究往往过分拘泥于研究高管直观的外部属性，忽略了高管参与创新活动内在需要与行为条件。事实上，高管作为企业经营决策的制定者与实施者，决定组织经营活动的侧重方向，其内在权力属性与企业创新投入密切相关，但目前国内关于高管权力与企业创新活动的研究却较为缺乏。高管权力能否推动企业参与自主创新互动，提升企业自主创新能力，应成为亟待探究的问题。但联系我国资本市场实际，仅单纯探讨高管权力与企业创新的关系略显单薄。

按照社会心理学的观点，高管权力是在错综复杂的企业内外部社会环境与社会关系中形成的体现自我特征的无意识结构特征变量，这种无意识的结构变量形成了高管实施个人意愿的能力大小④。但高管权力并非稳健定性，多维构念决定了这种结构特征变量的异质，可能对企业决策具有不同影响，如依赖于企业章程制度的组织结构性权威相对正式而规范，对企业决策的影响是迅速而直接的，但声望权威和技术专业性权威等，一般取决于管理者的特征如文化背景、任职长短，通常不能直接影响企业的重大决策，更多地体现在间接或隐性的层面。另外，在我国特色市场环境下，国有企业长期以来面临所有者缺位问题引发的"内部人控制"现象，国企高管通常具有政治属性等特征，相对于非国有企业，其无论在政策和资源上都能得到更多照顾与支持。而在非国有企业，特别是家族性质企业中，所有权与经营权分离程度不高，大股东自身参与企业管理现象较为普遍，这使得高管拥有相对较高的组织地位与权力。两类企业的高管权力在属性特征与形成条件上均存在一定区别，其对企业创新活动的影响可能存在差异，仍值得我们进一步探讨。

① Kor, Y. Y. . Direct and interaction effects of top management team and board compositions on R&D investment strategy[J]. *Strategic Management Journal*, 2006, 27(11)：1081-1099.

② 高良谋，李宇. 企业规模与技术创新倒 U 关系的形成机制与动态拓展[J]. 管理世界，2009，8：113-123.

③ Aw, B. Y. , Roberts, M. J. , and Xu, D. Y. . R&D investment, exporting, and productivity dynamics [R]. *National Bureau of Economic Research*, 2009：20.

④ Anderson, C. , and Galinsky, A. D. . Power, optimism, and risk-taking[J]. *European Journal of Social Psychology*, 2006, 36(4)：511-536.

本文主要围绕下面两个问题展开：第一，不同类型的高管权力对企业自主创新投入产生怎样的影响；第二，不同产权性质的企业中高管权力对于企业创新活动的影响是否存在差异，并且讨论差异存在的可能原因。针对上述问题，本文从高管权力入手，以国内上市企业为样本，结合我国特殊国情，对高管权力进行分类甄别，并研究其与创新投入的关系。

2. 文献综述与理论假设

不同于以往学者对高管权力的笼统性研究，Finkelstein（1992）开创性地提出高管控制权理论，基于高管内涵权力属性首次对其进行详细区分。Finkelstein 认为，出于特定位置的管理者对不确定事件的处理能力决定其拥有的决策权力。也就是说，高管权力应该是一个非确定性概念，只有出于特定的情景下对其的定义才具有分析价值，而所谓的特定情节指的是管理者工作企业的组织结构与内外部环境。在此认识的基础上，Finkelstein 进一步指出，根据不同的组织结构与组织环境，高管权力分别可定义为所有者权力、组织结构权力、技术专业性权力以及声望权力。尽管高管控制权理论得到了学者们广泛的认同，国外学术界对高管权力的研究也遵循此理论，但在我国特殊的经济环境与制度背景下该理论仍然有待进一步验证。鉴于此，本文将高管权力划分为组织结构权力，所有权权力与经验声望权力，分别探讨三类权力对企业创新投入的影响。

（1）组织结构权力与企业创新投入。一方面，委托代理理论认为，现代企业两权分离的经营模式下，企业所有者与管理者的利益并不一致。二者的利益冲突引发代理问题。由于信息不对称问题的存在，企业高管权力行使难以被有效监督。高管更容易利用组织结构权力实施"寻租"行为获取控制权收益，已有研究表明，高管组织结构权力越大，越倾向于影响薪酬计划提升个人薪酬[1]，增加在职消费水平[2]，干涉董事任免，削弱股东对其监督力度[3]。高管任职时间往往有限，而企业的经营则是永续的，因此高管过度攫取自身利益往往会疏忽技术创新等企业长期战略，对股东利益造成损害。另一方面，当企业面临投资决策时，企业高管难以像股东或投资人那样通过投资组合等方式在公司之间分配资源以降低投资所带来的风险。受制于投资失败对其执业安全的威胁，相较于股东与投资者，高管对于投资呈现出风险规避态度[4]。高管组织结构权力越大，其组织地位与话语权就越大，越容易左右投资决策，因而更倾向于选择收益实现期较短且回报稳定的投资项目，降低了企业的投资回报率与风险承担水平[5]。

在我国特殊经济体制背景下，由于市场监督机制的不完善。国有企业信息不对称问题

---

① 方军雄. 高管权力与企业薪酬变动的非对称性[J]. 经济研究，2011，4：107-120.

② 树友林. 高管权力，货币报酬与在职消费关系实证研究[J]. 经济学动态，2011，5：86-89.

③ C. Fracassi, G. Tate. External networking and internal firm governance[J]. *The Journal of Finance*, 2012, 67(1)：153-194.

④ Jensen, M. C., and Meckling, W. H.. Theory of the firm：Managerial behavior, agency costs and ownership structure[J]. *Journal of Financial Economics*, 1976, 4：305-360.

⑤ 赵纯祥，张敦力. 管理者权力与企业投资回报[J]. 宏观经济研究，2013，10：95-104.

更加严重，"内部人"控制问题较为突出，国企高管实际掌握组织内各项事务决策权力，并为其获取更高的私有收益提供便利①。此外，相较于非国有企业，国企高管的薪酬待遇与任职晋升与企业短期绩效关系更为紧密，其职业前景更易遭受企业投资亏损与业绩下滑的潜在威胁。因此对于风险投资决策国有企业高管显得更为谨慎，更倾向于风险可控的投资策略。

基于上述分析，提出假设：

H1a：高管组织结构权力强度与企业自主创新投入呈负相关关系。

H1b：相较于非国有企业，国有企业高管组织结构权力与自主创新投入的相关关系更强。

（2）所有权权力与企业创新投入。为缓解所有者与经营者之间的代理问题，改善管理者风险厌恶倾向，所有者往往采取股权激励方式，通过赋予管理者所有权权力提升其参与投资决策的积极性。Wu 和 Tu（2007）对技术密集型企业分析时发现高管股票期权激励对提升企业 R&D 支出存在积极影响。刘伟和刘星（2007）等人的研究也表明高管持股与企业研发投入水平呈正相关关系。具体而言，高管股权激励作为一种长期激励机制，可以促使高管在制定经营方针时不再过分局限于扩大企业短期经营绩效，转向更为关注企业的长期价值与持续发展，一定程度上缓解与改善高管的经营短视现象。同时，随着持股比例提升，高管所有权权力不断扩大，从企业剩余价值中获取的个人收益预期不断提升。高管与股东之间的利益趋同效应逐步凸显。参与分享企业经营成果可以有效引导企业高管转变风险厌恶态度，提升其参与高风险高收益投资项目的积极性。

相较于非国有企业，国有企业与政府关系更为紧密，较容易得到创新投资的政策支持与资源利好。例如获取更高的政府创新补贴②，更容易取得银行贷款从而面对较小的融资约束问题③。此外，研究表明，在不完全市场中，创新成果扩散会显著降低企业研发投入的积极性④。当前我国资本市场体系尚不完善，市场竞争机制不够完善，国有企业因大多处于国计民生相关行业而天然占据垄断地位。其知识产权保护在国家的协助与监督下，力度远大于非国有企业。市场地位的优势为国有企业技术创新的未来价值提供有力保障⑤。这意味着，同等股权激励条件下，国企高管拥有更为充分的创新投入条件与更持久的创新预期收益，因此更有可能从技术创新活动中获得较大个人利益。

基于上述分析，提出假设：

① 权小锋，吴世农，文芳. 管理层权力、私有收益与薪酬操纵[J]. 经济研究，2010，11：73-87.

② 肖志兴，王伊攀，李姝. 政府激励、产权性质与企业创新——基于战略性新兴产业 260 家上市公司数据[J]. 财经问题研究，2013，12：26-33.

③ 蔡地，万迪昉. 制度环境影响企业的研发投入吗？[J]. 科学学与科学技术管理，2012，4：121-128.

④ Spence, M.. Cost reduction, competition, and industry performance[J]. *Journal of the Econometric Society*, 1984, 3：101-121.

⑤ 夏芸. 管理者权力、股权激励与研发投资——基于中国上市公司的实证分析[J]. 研究与发展管理，2014，4：12-22.

H2a：高管所有权权力强度与企业自主创新投入呈正相关关系。

H2b：相较于非国有企业，国有企业高管所有权权力与自主创新投入相关关系更强。

（3）经验声望权力。高管的经验声望权力来源于其管理经验的积累与过往的能力体现。当管理者的经营经验比较丰富时，对企业相关信息的掌控更加全面，对技术创新与投资流程更为熟悉，对投资风险的预期更加合理，更容易对创新项目做出理性判断①。反之，高管经验声望权力不足时，其对企业创新风险难以准确预计，技术能力尚不成熟，行业内影响力较为有限，此时盲目参与创新活动容易遭遇投资失败，对自身利益产生负面影响。此外，从社会心理学中的需求层次理论角度出发，拥有较大经验声望权力的高管，往往已拥有丰厚的个人薪资与较高的组织内地位，将更为关注社会认同与成就感，更倾向于通过创新追求个人价值实现。

经验声望权力对企业决策行为的影响是隐性的，依赖于高管在位时间与已取得管理成绩。相较于非国有企业，国有企业高管大多具有官员型企业家特征，在其取得优秀的经营业绩后往往可以得到上级主管部门的行政提拔，进而离开原有岗位。客观上预期任期较短促使国有企业高管更为专注任期内可以获得的经营成绩。技术创新由于投资回报实现期较长，因而难以满足国企高管的业绩评价需求。

基于上述分析，提出假设：

H3a：高管权力强度与企业自主创新投入呈正相关关系。

H3b：相较于非国有企业，国有企业经验声望权力对自主创新投入的相关关系更弱。

3. 研究设计

3.1 样本选择与数据来源

为探究 2007 年金融危机后我国企业自主创新现状，本文选取 2009—2013 年沪深两市 A 股上市公司为研究对象，同时剔除金融类企业，ST 与 *ST 企业，数据缺失及明显异常企业，通过手工筛选整理详细披露自主研发投入企业，并进行 1% 比例缩尾处理，共得到 1114 个观测值。本文所有数据均来自国泰安 CSMAR 数据库，并经过手工整理与计算汇总得到。研究中使用 Stata11.0 以及 Excel 作为统计软件。

3.2 变量选择

3.2.1 企业自主创新投入

当前国内外研究中衡量企业自主创新投入水平的指标主要有三类：自主研发投入与总资产比、自主研发投入与企业市值比、自主研发投入与主营业务收入比。考虑公司治理结构一旦确定则具有相对稳定性，且创新活动给企业带来的收益具有长期性。而相较于主营业务收入指标，企业总资产与市值更为稳定，更易反映高管对于企业创新策略的实际态

---

① 刘运国，刘雯. 我国上市公司的高管任期与 R&D 支出 [J]. 管理世界，2007，1：128-136.

度。因此本文参照刘运国和刘雯(2007)与卢馨等(2013)的研究方法，以企业当年自主研发投入与总资产比值(RD)作为本文实证的被解释变量，同时使用自主研发投入与市值比进行稳健性检验。

3.2.2　高管权力

对于高管权力(Power)衡量指标的选取，本文从高管权力的形成基础以及高管对于权力的使用动机出发，将高管权力划分为所有权权力、组织结构权力与经验声望权力三类，分别从影响深度、作用范围及时间跨度角度诠释高管权力。

结合权小锋(2010)、王烨(2012)、谭庆美(2014)等人的研究，本文使用高管持股比例(Ms)衡量高管所有权权力，高管持股比例越高，对于企业剩余价值的索取权越大。使用CEO向心力(Cen)，即CEO相对薪酬比衡量高管组织结构权力。由于上市公司CEO薪酬数据披露有限，在此CEO向心力指标由高管前三名薪酬之和与管理层薪酬总和之比表示。CEO向心力越高，表明核心高管在组织结构内地位越高，对于组织施加的影响越大。使用CEO或总裁的任期(Term)衡量高管经验声望权力，企业中总裁任期越长，管理经验越丰富，业内声望越高。

3.2.3　产权性质

参考国内主流研究方法，以上市企业最终控制人性质代表企业产权归属(方红星，2013)。当最终控制人(OS)为国家或地方政府时为1，否则为0。

3.2.4　控制变量

企业研发投入影响因素较多。借鉴前人研究结论，本文选取独董比例(Idd)与董事会规模(Bd)代表董事会监督力度，独董比例越高，董事会规模越小，董事会对于管理层监督力度越大，越利于企业做出创新决策。第一大股东持股数与第二到十位股东持股数之和的比例(Oc)代表股权集中度。年初总资产对数(Size)代表企业规模，年初资产负债率(Lev)代表企业风险水平，上年度主营收入增长率(Growth)代表企业成长性，上年度平均资产净利率(ROA)代表企业盈利能力，一般来说，企业规模越大，风险水平越低，成长性与盈利能力越大，越倾向于进行自主创新活动。

以上变量解释见表1。

表1　　　　　　　　　　　　　　　变　量　解　释

变量名称		变量符号	变量说明
因变量	自主创新投入	RD	企业研发投入与总资产之比
解释变量	高管持股比例	Ms	高管持股数与企业总股数之比
	CEO向心力	Cen	高管前三名薪酬总额与高管，董事和监事薪酬总额之比
	CEO任期	Term	企业CEO或总裁在任时间长度
	产权性质	OS	国有则为1，非国有为0

变量名称		变量符号	变量说明
控制变量	独董比例	Idd	独立董事与董事会总人数之比
	董事会规模	Bd	董事会总人数
	股权集中度	Oc	第一大股东持股数与二到十位股东持股数总和之比
	企业规模	Size	年初总资产的自然对数
	风险水平	Lev	年初企业的资产负债率
	成长性	Growth	上年度主营收入增长率
	盈利能力	ROA	上年度平均资产收益率
	年度变量	Year	年份哑变量, 属于该行业取1, 否则取0
	行业变量	Ind	行业哑变量

3.3 模型设计

本文研究产权性质, 高管权力与企业自主创新投入三者之间的关系。首先分析不同类型高管权力对企业自主创新投入的影响, 然后分析不同产权性质下各类型权力对自主创新投入影响的差异。

首先, 对于假设 H1a、H2a、H3a, 建立不同类型高管权力对于企业自主创新投入影响的模型:

$$RD = \alpha_0 + \alpha_1 Power + \beta_i \sum_{i=1}^{7} Control + \sum Year + \sum Ind + \varepsilon$$

其中, RD(自主研发投入/总资产)代表自主研发能力, Power 代表各类型权力指标, Control 代表各类控制变量, ε 代表残差项。

然后, 加入产权性质变量, 对于假设 H1b、H2b、H3b, 建立产权性质、高管权力与企业自主创新投入三者关系的模型:

$$RD = \alpha_0 + \alpha_i Power + \beta_i \sum_{i=1}^{7} Control + \gamma OS + \eta OS \times Power + \sum Year + \sum Ind + \varepsilon$$

引入产权性质之后, 模型中加入产权性质与各权力指标的交乘项, 检验不同产权性质条件下企业各项高管权力对于创新投入影响的敏感性差异。

4. 实证分析

4.1 描述性分析

各变量描述性分析见下表 2。其中, 被解释变量企业创新投入 RD 的均值为 0.0106, 与 2002—2009 年上市企业研发投入相比(研发投入与资产比均值为 0.0069), 2009—2013

年我国上市企业研发投入程度有较大幅度提高，这说明金融危机后我国上市企业对于创新活动的重视程度逐渐增加。国际上通常认为，企业研发投入占到总资产2%以上可以维持企业长期发展，而当前国内上市企业研发投入强度尚有提升空间；三类权力指标中，CEO向心力指标最大值为1，最小值仅为0.0868。当高管兼任董事时，CEO向心力数值接近1，此时企业高管受到的董事会监督力度更低，权力水平越高。均值接近0.3972，说明大部分企业上市公司高管组织内地位不高。2009—2013年高管持股比例与任期均值分别为0.0566和3.1724，对比2002—2009年的数据（0.0259和3.543），说明金融危机后上市公司高管受到的所有权激励有所提升，但执业风险也进一步加大。控制变量的详细数据见表2，本文不再做详细描述。

表2 描述性统计

变量名称	样本量	平均值	标准差	最小值	最大值
RD	1114	0.0106	0.0111	0.0000	0.0625
Cen	1114	0.3972	0.1200	0.0868	1.0000
Ms	1114	0.0566	0.1386	0.0000	0.7907
Term	1114	3.1724	2.6521	0.0027	15.6411
Bd	1114	9.0009	1.7419	5.0000	18.0000
Idd	1114	0.3728	0.0594	0.0909	0.7143
Oc	1114	3.6955	5.4209	0.1809	57.9994
Growth	1114	0.4399	7.5575	−0.6370	251.7968
Lev	1114	0.4481	0.2073	0.0075	1.1625
ROA	1114	0.0510	0.0589	−0.3216	0.4770
Size	1114	21.7357	1.1284	18.7022	26.6466
OS	1114	0.5494	0.4978	0.0000	1.0000

4.2 相关性分析

各变量之间相关性分析见表3，受版面大小限制，部分控制变量相关性系数并未列示。如表3所示，仅分析关键变量之间相关性关系而不考虑控制变量的影响时，Cen和OS与RD显著负相关，表明组织结构权力对创新投入具有一定抑制作用，而国有企业创新投入水平相较于非国有企业更低。Ms和Term与RD相关性不显著，表示高管所有权权力与经验声望权力对创新投入并无明显影响，这与本文提出的假设具有一定出入。但相关性分析中并未控制其他因素对创新投入的影响，仅考察两者间的简单相关性，分析结果的可靠性有待提升。下文中将通过回归分析对研究假设进一步分析与探讨。

表3 相关性分析

	RD	Cen	Ms	Term	OS	Bd	Idd	Oc	Growth	Lev
RD	1									
Cen	-0.00400	1								
Ms	0.191***	-0.0400	1							
Term	0.060**	-0.00100	0.196***	1						
OS	-0.101***	-0.0210	-0.430***	-0.178***	1					
Bd	-0.0290	-0.186***	-0.167***	-0.00500	0.266***	1				
Idd	0.066**	-0.0190	0.058*	0.00800	-0.0320	-0.339***	1			
Oc	-0.104***	0.059**	-0.155***	-0.064**	0.190***	-0.065**	0.0170	1		
Growth	0.00100	0.0110	-0.0120	-0.0220	-0.0340	-0.0330	0.0270	-0.0190	1	
Lev	-0.235***	-0.067**	-0.376***	-0.085**	0.368***	0.209***	-0.00900	0.073**	0.00200	1

注：* 代表 $p<0.10$，** 代表 $p<0.05$，*** 代表 $p<0.01$。

4.3 回归分析

本文采用随机效应模型进行混合截面数据回归分析，使用随机效应模型有两点理由：一是由于高管权力属于公司治理范畴，一旦组织架构决定，高管权力相对于整个企业而言也相对稳定，短期内权力强度不会发生巨大变化，而固定效应模型不允许不随时间变化的自变量加入模型，使用固定效应模型则难以反映高管权力对企业创新的实际影响。二是由于本研究样本最大时间跨度为 5 年，最少仅 1 年，使用随机效应模型可以维持较高自由度水平。

本文以 RD 代表企业创新投入水平，表4 报告了模型回归的结果。从表4 中(1)、(2)列回归结果可知，组织结构权力 Cen 在 5%水平上显著为负，这说明高管组织结构权力越大，企业创新投入水平越低，回归结果与本文假设 H1a 相符，而组织结构权力与产权性质交乘项 Cen×OS 在 1%水平上显著为负，这说明国有企业中高管组织结构权力与企业创新投入负相关关系更强，回归结果与本文假设 H1b 相符；从表4 中(3)、(4)列回归结果可知，所有权权力 Ms 在 1%水平上显著为正，这说明高管所有权权力越大，企业创新投入水平越高，回归结果与本文假设 H2a 相符，而所有权权力与产权性质交乘项 Ms×OS 在 10%水平上显著为负，这说明国有企业中高管所有权权力与企业创新投入负相关关系更强，回归结果与本文假设 H2b 相符；从表4 的(5)、(6)回归结果可知，经验声望权力 Term 在 1%水平上显著为负，这说明高管经验声望权力越大，企业创新投入水平越高，回归结果与本文假设 H3a 相符，而组织结构权力与产权性质交乘项 Cen×OS 系数为正，但并不具备统计学上的显著性，这说明两类企业中高管经验声望权力与企业创新投入负相关关系并无明显差异，回归结果与本文假设 H3b 并不一致。在控制变量上，Oc、Lev 与 RD 显著负相关，说明企业股权集中度和资产负债率越高，创新投入水平越低；Size 与 RD 显著正相关，说明企业规模越大，企业创新投入水平越高。本文回归结果支持除 H3b 外的所有假设。

表4 回归检验结果

	（1） RD	（2） RD	（3） RD	（4） RD	（5） RD	（6） RD
Cen	−0.0060**	−0.0005				
	（−2.16）	（−0.13）				
Cen×OS		−0.0092*				
		（−1.68）				
Ms			0.0076***	0.0073**		
			−2.64	−2.44		
Ms×OS				0.0519*		
				−1.88		
Term					0.0003***	0.0004***
					−3.03	−2.61
Term×OS						−0.0002
						（−0.84）
OS		0.003		−0.0005		0.0001
		−1.24		（−0.48）		−0.04
Bd	0.0002	0.0003	0.0004	0.0004	0.0003	0.0003
	−0.94	−1.21	−1.42	−1.47	−1.23	−1.34
Idd	0.0109	0.0110*	0.0113*	0.0122*	0.0120*	0.0122*
	−1.64	−1.65	−1.72	−1.84	−1.81	−1.84
Oc	−0.0002***	−0.0002***	−0.0002**	−0.0002**	−0.0002***	−0.0002***
	（−2.72）	（−2.61）	（−2.48）	（−2.32）	（−2.83）	（−2.67）
Growth	0	0	0	0	0	0
	（−0.28）	（−0.25）	（−0.26）	（−0.27）	（−0.24）	（−0.25）
Lev	−0.0098***	−0.0095***	−0.0081***	−0.0076***	−0.0095***	−0.0091***
	（−4.72）	（−4.40）	（−3.75）	（−3.44）	（−4.59）	（−4.24）
ROA	0.0022	0.002	0.002	0.0018	0.0018	0.0019
	−0.4	−0.35	−0.35	−0.33	−0.32	−0.34
Size	0.0004*	0.0004*	0.0004*	0.0004*	0.0004*	0.0004*
	−1.86	−1.83	−1.84	−1.82	−1.72	−1.7
_cons	0.0028	0.0003	−0.0021	−0.0026	−0.0011	−0.0017
	−0.45	−0.04	（−0.35）	（−0.43）	（−0.19）	（−0.28）
Year	已控制	已控制	已控制	已控制	已控制	已控制
Ind	已控制	已控制	已控制	已控制	已控制	已控制
W_ chi2	44.85***	48.29***	48.14***	52.72***	49.48***	50.46***
N	1114	1114	1114	1114	1114	1114

注：括号内为 t 值，* 代表 $p<0.10$，** 代表 $p<0.05$，*** 代表 $p<0.01$。

5. 稳健性检验

本文使用自主研发投入与企业市值之比（RDS）替代企业自主创新投入重新检验上述回归模型。回归结果见表 5。从各回归方程的估计结果可以发现，管理者各类型权力以及权力与产权性质交乘项的估计系数均与企业风险承担指标替换前的正负显著性基本吻合，这就说明本文的回归结果不受企业风险承担指标度量方法的影响，研究结论基本稳健。

表 5　　　　　　　　　　　　　　　稳健性检验结果

	（1） RDS	（2） RDS	（3） RDS	（4） RDS	（5） RDS	（6） RDS
Cen	−0. 0062 **	−0. 001				
	（−3. 64）	（−0. 40）				
Cen×OS		−0. 0086 ***				
		（−2. 59）				
Ms			0. 0067 ***	0. 0065 ***		
			−3. 77	−3. 5		
Ms×OS				0. 0467 ***		
				−2. 76		
Term					0. 0003 ***	0. 0003 ***
					−3. 03	−2. 95
Term×OS						−0. 0001
						（−0. 43）
OS		0. 0029 *		−0. 0004		−0. 0003
		−1. 95		（−0. 68）		（−0. 40）
Bd	0. 0002	0. 0002	0. 0003 *	0. 0003 *	0. 0003	0. 0003
	−0. 99	−1. 4	−1. 72	−1. 8	−1. 23	−1. 59
Idd	0. 0098 **	0. 0099 **	0. 0104 **	0. 0111 ***	0. 0120 *	0. 0110 ***
	−2. 4	−2. 43	−2. 56	−2. 75	−1. 81	−2. 71
Oc	−0. 0001 *	−0. 0001	−0. 0001	−0. 0001	−0. 0002 ***	−0. 0001 *
	（−1. 68）	（−1. 57）	（−1. 38）	（−1. 18）	（−2. 83）	（−1. 70）
Growth	0	0	0	0	0	0
	（−0. 74）	（−0. 68）	（−0. 70）	（−0. 70）	（−0. 24）	（−0. 69）
Lev	−0. 0038 ***	−0. 0036 ***	−0. 0023 *	−0. 0019	−0. 0095 ***	−0. 0033 **
	（−2. 99）	（−2. 72）	（−1. 75）	（−1. 37）	（−4. 59）	（−2. 44）

	（1）	（2）	（3）	（4）	（5）	（6）
	RDS	RDS	RDS	RDS	RDS	RDS
ROA	−0.0039	−0.0041	−0.0042	−0.0044	0.0018	−0.0042
	（−1.13）	（−1.20）	（−1.23）	（−1.30）	−0.32	（−1.22）
Size	0.0002	0.0002	0.0002	0.0002	0.0004*	0.0001
	−1.2	−1.16	−1.16	−1.14	−1.72	−0.97
_cons	0.002	−0.0003	−0.0027	−0.0032	−0.0011	−0.002
	−0.54	（−0.09）	（−0.73）	（−0.85）	（−0.19）	（−0.55）
Year	已控制	已控制	已控制	已控制	已控制	已控制
Ind	已控制	已控制	已控制	已控制	已控制	已控制
W_chi2	33.44***	41.33***	35.06***	43.69***	49.48***	37.14***
N	1114	1114	1114	1114	1114	1114

注：括号内为 t 值。* 代表 $p<0.10$，**代表 $p<0.05$，***代表 $p<0.01$。

6. 研究结论

金融危机以来，我国经济发展增速持续放缓。传统过分依赖资源投入与廉价劳动力的经济增长方式遭遇发展困境。在严峻的外部环境下，技术创新成为企业获取稳定竞争优势，谋求长期发展的重要手段。技术创新与企业的生存发展密切联系，企业高管作为经营决策的制定者与实施者，同样在企业发展过程中起着不可替代的作用。因此，在当前经济形势下，如何引导企业高管积极参与企业创新活动，成为公司治理实务亟待解决的问题，也成为公司财务理论研究的热点。高管权力理论从高管内在需求要素与行为动机出发对高管各项决策行为进行解释，尽管其理论发展已日趋成熟，但是否适用于特殊经济环境与制度背景下的我国上市公司，仍需要进一步探究与验证。

本文以 2009—2013 年披露自主研发投入的 A 股上市公司为样本，使用研发投入与企业总资产比值代表企业自主创新投入水平，使用高管持股比例、CEO 向心力与 CEO 及总裁任期三种指标描述企业高管权力，对高管权力与企业自主创新能力之间的关系进行了文献梳理，理论解析与实证检验。通过研究，得到以下结论：(1)高管组织结构权力与企业自主创新投入呈负相关关系，而国有企业中负相关关系更强；(2)高管所有权权力与企业自主创新投入呈正相关关系，而国有企业中正相关关系更强；(3)高管经验声望权力与企业自主创新投入呈正相关关系，但不同产权性质的企业中相关关系并无明显差异。

本文研究的意义主要体现在以下两点：(1)通过区分权力成因与实施手段，将高管权力划分为组织结构权力、所有权权力与经验声望权力，并分别讨论各类权力对于企业创新投入的影响。因以往研究未通过区分权力类型探讨其与创新活动的联系，故研究结论存在一定缺陷。本文结论为不同类型高管权力与企业创新投入的关系提供了理论解释与经验数据。(2)结合我国特殊制度背景，通过比较不同产权性质企业中各类型高管权力与企业创新投入的关系，详细分析国有企业与非国有企业高管各类型权力形成机理与作用方式的差异，提供了不同产权性质下高管权力与企业创新投入关系的经验数据，并为公司实务界提升不同产权类型企业创新投入水平等问题提供解决思路。

本文的局限性主要有以下两点：(1)学界对于权力类型的辨别与权力强度的评定标准仍然处于研究与发展中，本文选取三个指标衡量高管权力，存在一定局限性。在中国社会背景下，高管权力需要考虑的因素更为多样与复杂，因此未来研究可以着手探求适宜中国大环境的高管权力类别与度量方式，并分析它们与企业创新活动的关系。(2)受制于样本采集等客观因素，本文选取 2009—2013 年上市公司披露的自主创新数据作为样本，然而随着整个社会与企业对于自主创新的逐步重视，以及上市公司自主创新投入信息披露程度的逐渐提升，样本期之后企业披露自主创新数据将会逐年增加，这使得本文研究结论存在一定局限性。扩充研究对象数量无疑将有助于进一步丰富与验证当前研究，也将成为本文后续发展的方向。

◎ 参考文献

[1] 安同良，周绍东，皮建才. R&D 补贴对中国企业自主创新的激励效应[J]. 经济研究，2009，10.

[2] 蔡地，万迪昉. 制度环境影响企业的研发投入吗？[J]. 科学学与科学技术管理，2012，4.

[3] 陈闯，刘天宇. 创始经理人、管理层股权分散度与研发决策[J]. 金融研究，2012，7.

[4] 方红星，施继坤，张广宝. 产权性质、信息质量与公司债定价——来自中国资本市场的经验证据 [J]. 金融研究，2013，4.

[5] 方军雄. 高管权力与企业薪酬变动的非对称性[J]. 经济研究，2011，4.

[6] 高良谋，李宇. 企业规模与技术创新倒U关系的形成机制与动态拓展[J]. 管理世界，2009，8.

[7] 李胜楠，牛建波. 高管权力研究的评述与基本框架构建[J]. 外国经济与管理，2014，7.

[8] 刘伟，刘星. 高管持股对企业 R&D 支出的影响研究——来自 2002—2004 年 A 股上市公司的经验证据[J]. 科学学与科学技术管理，2007，28.

[9] 卢馨，郑阳飞，李建明. 融资约束对企业 R&D 投资的影响研究——来自中国高新技上市公司的经验证据 [J]. 会计研究，2013，5.

[10] 权小锋，吴世农，文芳. 管理层权力、私有收益与薪酬操纵[J]. 经济研究，2010，11.

[11] 树友林. 高管权力、货币报酬与在职消费关系实证研究[J]. 经济学动态，2011，5.

[12] 谭庆美，魏东一. 管理层权力与企业价值：基于产品市场竞争的视角[J]. 管理科学，2014，12.

[13] 王烨，叶玲，盛明泉. 管理层权力、机会主义动机与股权激励计划设计[J]. 会计研

究，2012，10.

[14] 夏芸. 管理者权力、股权激励与研发投资——基于中国上市公司的实证分析[J]. 研究与发展管理，2014，4.

[15] 肖志兴，王伊攀，李姝. 政府激励、产权性质与企业创新——基于战略性新兴产业 260 家上市公司数据[J]. 财经问题研究，2013，12.

[16] 赵纯祥，张敦力. 管理者权力与企业投资回报[J]. 宏观经济研究，2013，10.

[17] Fracassi, C., and Tate, G.. External networking and internal firm governance[J]. *The Journal of Finance*, 2012, 67.

[18] Hambrick, D. C., and Mason, P. A.. Upper echelons: The organization as a reflection of its top managers[J]. *Academy of Management Review*, 1984, 9.

[19] Wu, J., and Tu., R.. CEO stock option pay and R&D spending: A behavioral agency explanation[J]. *Journal of Business Research*, 2007, 60.

[20] Jensen, M. C., and Meckling, W. H.. Theory of the firm: Managerial behavior, agency costs and ownership structure[J]. *Journal of Financial Economics*, 1976, 4.

[21] Spence, M.. Cost reduction, competition, and industry performance[J]. *Journal of the Econometric Society*, 1984, 2.

[22] Finkelstein, S.. Power in top management teams: Dimensions, measurement, and validation[J]. *Academy of Management Journal*, 1992, 35.

[23] Kor, Y. Y.. Direct and interaction effects of top management team and board compositions on R&D investment strategy[J]. *Strategic Management Journal*, 2006, 27.

Nature of Property Right, Executive Power and Self-dependent Innovation of Enterprise

Wan Qing[1]   Hu Guoliu[2]

(1, 2   Economics and Management School of Hainan University, Haikou, 570228)

Abstract: By constructing a mixed cross-section regression model with the disclosed information of self-dependent r&d spending among 2009-2013 A-share listed companies, this article aims to explore the relationship between the power type of executive and the self-dependent innovation input of enterprise. The empirical results show that: the executive organization structure power is negatively related with the enterprise self-dependent innovation investment, and the state owned enterprises behave more strongly with respect to the non-state-owned ones; the executive ownership power is positively related with the enterprise self-dependent innovation investment, and the state owned enterprises also behave more strongly with respect to the non-state-owned ones; the executive experience and prestige power is positively related with the enterprise self-dependent innovation investment, but the state owned enterprises do not show obvious difference with the non-state-owned ones.

Key words: Executive power; Self-dependent innovation of enterprise; Nature of property right

专业主编：李青原

自助 VS 人工：服务消费的内隐态度研究[*]

● 戴万稳[1]　冯彦景[2]　谢碧明[3]

(1, 2, 3　南京大学商学院　南京　210046)

【摘　要】随着服务业竞争的持续加剧，越来越多的服务提供商开始尝试和推动以自助服务替代人工服务。然而，作为一种新潮的服务模式，自助服务真的能够获得更多的消费者青睐，为顾客带来更为卓越的消费感知吗？不同特征的消费者之于自助服务和人工服务的内隐态度差异是怎样的呢？本文运用内隐联想测试方法，以 72 名 NJ 大学 MBA 学员和 62 名 CY 集团公司员工志愿者为试验对象，从性别、学历、年龄、收入、婚姻状况等消费者特征要素视角对消费者之于两种不同服务模式的内隐态度差异分别进行了 5 个探索性研究。研究结果显示，受教育程度较高的、高收入的未婚年轻女性消费者在消费模式选择偏好上更倾向于自助消费。

【关键词】自助服务　人工服务　内隐态度　内隐联想测验

1. 前言

在网络、电子信息和自动化等新技术发展的支撑下，越来越多的服务业企业开始实现转型，开始尝试运用成本更为低廉、运作更为高效的自助服务来替代传统的人工服务。如银行业通过自动柜员机使顾客能够享受到 24 小时全天候银行服务，通过网上银行和手机银行系统让顾客可以随时随地进行个人账户的个性化管理，等等。相对于传统的人工服务模式而言，新兴的自助服务模式在给企业带来更加丰厚的利润的同时，也正越来越多地被顾客所接受和认同，并逐渐渗透到了餐饮、零售、交通、旅行、预订服务等现代生活的方方面面。

随着自助服务与人工服务比较研究的深入，理论界和实践界均普遍看好自助服务的未来。然而，透视自助服务模式相对于人工服务模式的替代性发展历程，一方面，我们可以看到自助服务相对于人工服务的高速替代性增长；另一方面，我们也不能忽视这种替代性增长的速度正在逐渐变缓。以中国的银行业为例，自助服务相对于人工服务的替代率增长

* 本研究得到国家自然科学基金面上项目(项目批准号：71272105)的资助。

通讯作者：戴万稳，E-mail：wwdai@nju.edu.cn。

在 2009—2012 年之间从 9%逐年下滑到了 5.4%。由此，人们不禁对自助服务的发展心存疑虑：自助服务能够最终完全取代人工服务吗？不同的消费者群体对自助服务的内隐态度都是积极的吗？如果存在差异，这些差异又源于哪些影响因素呢？基于此，本文运用 IAT 方法，就消费者之于自助服务和人工服务的感知差异及相关影响因素进行探索性研究和分析，以揭示服务消费的内隐态度，为服务业企业的成功转型提供策略性建议。

2. 自助服务 VS 人工服务

按照传统的对服务业生产力的评价，如果人工服务产品的提供商想要持续改善服务产品的品质，为消费者提供更为完善的服务，往往需要投入更多的劳动力和资金成本，反之则难以维持和提升消费者对服务产品的满意度。始于零售业的自助服务（self-service）的出现和发展，在一定程度上解决了这个矛盾①。随着自助服务被从零售到航空、酒店、银行等多个行业的几近完美的复制②，越来越多的学者开始关注这种与传统的人工服务完全不同的、在没有服务提供商人员直接参与的情况下由顾客自己完成全部或部分服务的新型服务模式。

相对于传统的人工服务模式，自助服务正越来越多地进入人们的生活，来自心理学、社会学和管理学等领域的学者对自助服务的关注和研究也日益丰富。然而，迄今以来的大多数研究是基于服务提供商及其与消费者之间的关系视角而进行的③，认为自助服务可以帮助服务提供商提高生产力以满足消费者在数量及质量上不断增长的服务产品需求、节省运营成本④，帮助消费者省时⑤和省钱⑥等。遗憾的是，针对消费者之于自助服务感知方面的探索和研究迄今仍极为罕见⑦。无论从技术角度还是从目的角度，自助服务的发展都

① Roland, T., and Rust, M., H. Huang. Optimizing Service Productivity[J]. *Journal of Marketing*, 2012, 76(2): 47- 66.

② Meuter, M. L., Ostrom, A. L., Roundtree, R. I., and Bitner, M. J.. Self-service technologies: Understanding customer satisfaction with technology-based service encounters[J]. *Journal of Marketing*, 2000, 64 (3): 50-64.

③ Cunningham, L. F., Young, C. E., and Gerlac, H. J.. A comparison of consumer views of traditional services and self-service technologies[J]. *Journal of Services Marketing*, 2009, 23(1): 11-23.

④ Williams, C. C., Nadin, S. J., and Windebank, J. E., Explaining participation in the self-service economy[J]. *The Service Industries Journal*, 2012, 32(11): 1811-1822.

⑤ Lin, J. C., and Hsieh, P.. Assessing the self-service technology encounters: Development and validation of SSTQUAL scale[J]. *Journal of Retailing*, 2011, 87(2): 194-206.

⑥ Curran, J. M., Meuter, M. L., and Surprenant, C. F.. Intentions to use self-service technologies: A confluence of multiple attitudes[J]. *Journal of Service Research*, 2003, 5(3): 209-224.

⑦ Elliott, K. M.. Consumers' intention to use self-scanning technology: The role of technology readiness and perceptions towards self-service technology[J]. *Academy of Marketing Studies Journal*, 2013, 17(1): 129-143.

越来越依托于对消费者内隐态度的分析和对消费行为内在动机的刺激①。在现实中，许多消费者之所以选择自助服务，或许只是受营业时间或地理因素所限而并非发自内心的喜欢和追求，这种内涵强迫性特征的自助服务消费过程，显然不能真正带给消费者享受自助服务的愉悦心情，更不能有效激发和培养消费者对自助服务产品和品牌的忠诚。对自助服务提供商而言，这些表面看起来忠诚的客户的内隐态度其实是摇摆不定的，不但不能成为竞争优势，反而可能因为其长期存在而形成依赖，进而发展成为自助服务提供商潜在的系统危机。

3. 服务消费内隐态度的影响要素

实践的需要催生理论的发展和完善，消费者的行为偏好和动机近年来已成为营销学界的研究热点。相对于人工服务，消费者选择自助服务的动机主要源于两个方面：一方面，自助服务模式中新技术的有用性和易用性激发了消费者选择的外在动机，其中，有用性是指新技术能否满足人们的客观需求(如 ATM 能否满足人们取钱的需求，网上银行能否满足人们汇款的需求等)，易用性指人们能否轻松地获得服务；另一方面，自助服务模式从兴趣感和优越感等多个角度激发了消费者的内在动机，其中，兴趣感能够吸引更多的消费者参与其中，优越感能够留住和培养更多忠诚的顾客。

无论是外在动机，还是内在动机，都植根于消费者的内隐态度，即不自觉地影响消费者对消费客体的情感、认知和行为的过去经验的积累。对于消费者的服务消费内隐态度而言，服务产品对消费者需求的满足程度固然不可忽视，但消费者自身的特征因素，如年龄、性别、学历、收入和婚姻状况等，对消费者选择自助服务还是人工服务的内隐态度无疑起着更为关键的影响作用。虽然有学者基于西方社会情境对消费者自身的部分特征与消费模式偏好之间的关系进行了一定程度的研究②，但是在中国社会情境下，尤其是在近年来信息和网络技术高速发展背景下，消费者特征之于其服务消费行为偏好、动机和内隐态度的影响尚属未知。

就年龄之于消费者的服务产品选择内隐态度的影响而言，年长的消费者一般普遍缺乏对新技术的了解和培训③，缺乏对新技术学习的动力和灵活性。基于长期的消费习惯和选择偏好，年长的消费者相对于年轻的消费者一般更难接受新鲜事物，对新技术(如自助服务)具有焦虑感和本能的抗拒态度。结合中国社会传统中关于年龄的"三十而立"的说法，即在 30 岁之后，消费者个体的处事原则和行为方式都会相对定型而形成习惯，难以轻易被某种新兴技术产品和服务打动。相比较而言，对于年龄在 25 岁以下的年轻消费者，大多数刚刚大学毕业而开始踏入社会，对新事物普遍充满好奇，从而更容易对新技术(如自

① Buell, R. W., Campbell, D., and Frei, F. X.. Are self-service customers satisfied or stuck? [J]. *Production and Operations Management Society*, 2010, 19(6): 679-697.

② Danko, W. D., and MacLachlan, J. M.. Research to accelerate the diffusion of a new innovation: The case of personal computers[J]. *Journal of Advertising*, 1983, 23: 39-43.

③ Igbaria, M., and Saroj, P.. A path analytic study of individual characteristics, computer anxiety and attitudes toward microcomputers[J]. *Journal of Management*, 1989, 15(3): 373-388.

助服务)持正面的内隐态度及评价。基于此,本文假设:

H1:相对于年长的消费者,年轻的消费者对自助服务的内隐态度更积极。

就性别之于消费者的服务产品选择内隐态度的影响而言,男性消费者对新技术的好奇心一般比女性更强,且在面对新技术及相关问题时,更注重于技巧和解决问题。男性在中国社会情境下往往代表着阳刚,相比较而言,女性则更多的意味着阴柔(Hofstede,1980)。当面对新的技术变革和创新时,女性更容易产生焦虑的情绪,也更容易对新技术(如自助服务)持负面的内隐态度及评价。基于此,本文假设:

H2:相对于女性消费者,男性消费者对自助服务的内隐态度更积极。

就受教育程度之于服务产品选择内隐态度的影响而言,受教育程度较低的消费者普遍缺乏对新技术的理解,对新技术的接受能力偏低,接触新技术的机会也较少,这种状况会使得受教育程度较低的低学历消费者在面对新技术(如自助服务)时更容易产生焦虑感,从而对自助服务持负面的内隐态度及评价。在中国当代教育体系中,大学教育近十几年来得到了极为快速的发展,因此,本文以大学教育作为受教育程度高低的分界线,将本科及以上学历的消费者视为受教育程度较高的消费者,而将高中及以下学历的消费者视为受教育程度较低的消费者。基于此,本文假设:

H3:相对于受教育程度较低的消费者而言,受教育程度较高的消费者对自助服务的内隐态度更积极。

就收入对服务产品选择内隐态度的影响而言,由于收入较高的消费者对风险的承担能力更强,收入较高的消费者对新技术如自助服务所带来的潜在风险的关注程度较低,导致收入较高的消费者更容易对自助服务持正面的内隐态度及评价。综合考虑本研究被试所在的上海和南京地区收入状况,本文将月收入3000元人民币及以下视为低收入消费者,将月收入5000元人民币及以上视为高收入消费者。基于此,本文假设:

H4:相对于低收入消费者,高收入消费者对自助服务的内隐态度更积极。

就婚姻状况之于服务产品选择内隐态度的影响而言,已婚消费者相对于未婚消费者要承担更多的责任和义务,使已婚消费者在面对新技术的不确定性风险时往往持保守心态。与此相反的是,未婚消费者往往倾向于追求和推崇新奇、有趣、好玩的消费服务形式,导致未婚消费者更容易对自助服务持正面的内隐态度及评价。基于此,本文假设:

H5:相对于已婚消费者,未婚消费者对自助服务的内隐态度更积极。

4. 服务消费内隐态度的测量

本文采用内隐联想试验①(Implicit Association Test,IAT)方法,通过被试对某种刺激的下意识评价来测量被试服务消费内隐态度中的倾向性。在社会心理学等多个研究领域,

---

① 美国华盛顿大学 Greenwald 教授所提出的内隐联想试验的原理:当两个概念联系得比较紧密时,人们对其做出同一反应的过程就会较为轻松而迅速;相反,当两个概念联系得不是那么紧密,甚至存在某种联想冲突时,人们对其做出同一反应的过程则会变得较为困难而迟缓。利用人们对两种概念做出同一反应的难易程度,便可测得该个体对这两种概念之间联系的内隐态度。

IAT方法不但有着良好的稳定性、可靠性①和内在一致性②，而且有着良好的结构效度、区分效度和预测效度。

4.1 试验设计

本文选用 Inquisit 软件③编制 IAT 程序以记录被试对两项关键任务的平均反应时间差，引入 D-score 计分方法以减轻和克服只用毫秒计分的不足（Greenwald et al.，2003），其结果由高到低分为"正向强显著（D-score≥0.65）"、"正向一般显著（0.35≤D-score<0.65）"、"正向轻微显著（0.15≤D-score<0.35）"、"无偏差（-0.15<D-score<0.15）"、"负向轻微显著（-0.35<D-score≤-0.15）"、"负向一般显著（-0.65<D-score≤-0.35）"和"负向强显著（D-score≤-0.65）"等 7 个类别。

由于认知惯性可能会使试验结果出现偏差，即先行的试验组规律会影响被试理解后续的试验组规律。为了消除认知惯性对整体结果的系统偏差影响，本研究设计了相容组和不相容组试验顺序，各分七个步骤进行，分别做 20 次、20 次、20 次、40 次、20 次、20 次和 40 次，共 180 次刺激试验，如表 1 所示。

表1　　　　　　　　　　　　　刺激试验设计

步骤	刺激编号	试验组	试验名称	靶概念词	刺激词语
1	1~20	1&2	概念词语分类练习	自助服务 VS 人工服务	概念词语
2	21~40	1&2	类别词语分类练习	积极 VS 消极	类别词语
3	41~60	1	相容组关键任务	自助服务 or 积极 VS 人工服务 or 消极	全部
		2	不相容组关键任务	人工服务 or 积极 VS 自助服务 or 消极	全部
4	61~100	1	重复相容组关键任务	自助服务 or 积极 VS 人工服务 or 消极	全部
		2	重复不相容组关键任务	人工服务 or 积极 VS 自助服务 or 消极	全部
5	101~120	1&2	概念词语换位分类练习	人工服务 VS 自助服务	概念词语
6	121~140	1	不相容组关键任务	人工服务 or 积极 VS 自助服务 or 消极	全部
		2	相容组关键任务	自助服务 or 积极 VS 人工服务 or 消极	全部
7	141~180	1	重复不相容组关键任务	人工服务 or 积极 VS 自助服务 or 消极	全部
		2	重复相容组关键任务	自助服务 or 积极 VS 人工服务 or 消极	全部

---

① Greenwald, A. G., and Farham, S. D.. Using the implicit association test to measure self-esteem and self-concept[J]. *Journal of Personality and Social Psychology*, 2000, 79(6)：1022-1038.

② Bosson, J. K., Swann, W. B., and Pennebaker, J. W.. Stalking the perfect measure of implicit self-esteem：The blind and the elephant revisited?［J］. *Journal of Personality and Social Psychology*, 2000, 79(4)：631-643.

③ Inquisit 软件是目前全球最流行的心理学软件之一，可以精确地测量出被试的反应时间(精确到毫秒)。

如表 1 所示，IAT 的概念词语确定为"自助服务"与"人工服务"，类别词确定为"积极"与"消极"。经文献整理和针对 14 名 MBA 学生的访谈结果分析，本文选择自助服务联想中出现频次最高的 8 个词，即"ATM"、"网上银行"、"网上购票"、"网上营业厅"、"自动贩卖机"、"网上订座"、"超市"和"自助餐"作为概念词"自助服务"的映射，以自助服务印象中出现频次最高的 6 个词"新潮"、"有趣"、"好玩"、"先进"、"智能"和"优越"作为积极类别的映射；相应的，选择人工服务联想中出现频次最高的 8 个词"银行柜台"、"营业厅柜台"、"菜市场"、"售票员"、"售货员"、"服务员"、"客服"和"步行街"作为概念词"人工服务"的映射，以人工服务印象中出现频次最高的 6 个词"呆板"、"保守"、"守旧"、"沉闷"、"古板"和"老土"作为消极类别的映射。

对于外显量表，本文借鉴 Greenwald 等(1998)的测量方式，让被试逐一对概念词的属性进行评分(1 到 7 分，7 为最高分，1 为最低分)，如："你觉得自助服务是新潮的吗?""你觉得自助服务是老土的吗?"(消极属性的词以反向计分)，每个概念词均与各个属性刺激词匹配一次以作为外显量表的题项。

本文以 30 名 NJ 大学本科学生为被试进行预试验，结果显示：试验的整体错误率为 7%，相容组平均反应时间为 1250.35 毫秒，不相容组平均反应时间为 1465.83 毫秒(t = 2.136，$p<0.05$)，整体平均 D-score 为 0.39，效果为一般显著，说明本文的试验设计具有可行性。

4.2 取样及试验过程

本文的研究被试主要为 NJ 大学 MBA 学员和 CY 集团公司员工，在 MBA 教育中心和公司人力资源部门的配合下，于 MBA 学员的周末课程之后和公司员工的工作午休期间招募参与试验的志愿者，按照试验设计中的样本被试要求对自愿者进行筛选并确定试验参与者。其中，针对性别、婚姻等特征的两次试验以 MBA 学员为样本，分别获得男性学员和女性学员各 20 名、已婚和未婚学员各 16 名志愿者参与试验，两次试验之间间隔为一个月。针对学历、年龄和收入等特征的三次试验以公司员工为样本，分别获得本科及以上和高中及以下员工各 10 名、年龄在 30 岁以上和 25 以下的员工各 7 名、收入在 5000 元以上和 3000 元以下的员工各 14 名志愿者参与试验，三次试验彼此之间的间隔均为一个月。

为了确保试验对象在试验过程中不被干扰，试验地点选择在相对比较安静的 NJ 大学图书馆及公司会议室。在所有试验过程中，至少有一名试验助理在场陪同以提供必要的协助并尽可能排除可能的外界干扰。每个志愿者在完成试验之后，都被赠与了价值 50 元人民币的精美礼品一份。

5. IAT 试验数据分析

如表 2 所示，在所有收集到的 134 份有效数据中，整体错误率为 6%，相容组平均反应时间为 1243.48 毫秒，不相容组平均反应时间为 1574.70 毫秒(t = 11.023，$p<0.01$)，表明整体数据有效且组间差异显著。整体 D-score 平均值为 0.375，呈一般显著，说明消费者认为自助服务与积极词汇之间的联系更紧密，即自助服务相对于人工服务而言更为新

潮、好玩和有趣。在外显态度方面，对自助服务的平均评分为5.45，对人工服务的平均评分为3.14($t=22.063$，$p<0.01$)，其间的差异较为显著。

表2　　　　　　　　　各组试验样本统计量

统计指标	组	别	N	均值	标准差
D-score	年龄	25 岁及以下	7	0.70	0.120
		30 岁及以上	7	0.28	0.241
	性别	男	20	0.28	0.261
		女	20	0.44	0.308
	学历	高中及以下	10	0.25	0.268
		本科及以上	10	0.58	0.230
	收入	3000 元及以下	14	0.22	0.211
		5000 元及以上	14	0.67	0.377
	婚姻状况	未婚	16	0.67	0.101
		已婚	16	0.19	0.270
反应时间差	年龄	25 岁及以下	7	571.38	384.983
		30 岁及以上	7	362.62	346.598
	性别	男	20	317.00	335.879
		女	20	398.10	328.604
	学历	高中及以下	10	234.85	293.410
		本科及以上	10	513.29	318.711
	收入	3000 元及以下	14	180.02	227.168
		5000 元及以上	14	588.38	403.489
	婚姻状况	未婚	16	601.71	195.359
		已婚	16	304.31	421.394
外显态度评分差	年龄	25 岁及以下	7	2.31	0.925
		30 岁及以上	7	1.84	0.632
	性别	男	20	2.22	0.737
		女	20	2.42	1.453
	学历	高中及以下	10	1.99	0.976
		本科及以上	10	2.06	1.567
	收入	3000 元及以下	14	1.936	0.844
		5000 元及以上	14	2.657	1.386
	婚姻状况	未婚	16	2.33	0.707
		已婚	16	1.86	0.863

如表3所示，各组试验样本的平均反应时间差、D-score 和外显态度评分差三者之间的相关性均很显著，说明外显态度评分和内隐态度试验都测量了对自助服务的态度这一共同结构，证实了 IAT 试验具有良好的聚合效度和信度。

表3　　　**D-score、相容组与不相容组反应时间差及外显态度评分差的相关性**

相关性指标		D-score	反应时间差	外显态度评分差
D-score	Pearson 相关性	1	0.367 **	0.810 **
反应时间差	Pearson 相关性	0.367 **	1	0.327 **
外显态度评分差	Pearson 相关性	0.810 **	0.327 **	1

注：**表示在 0.01 水平（双侧）上显著相关。

5.1 相容组与不相容组先后顺序差异分析

对于"认知惯性"可能导致的 IAT 试验结果偏差，本文首先对相容组与不相容组的先后顺序做了独立样本 t 检验。结果如表4和表5所示，相容组在先的 Group 1 的平均 D-score 为 0.46，呈一般显著，而不相容组在先的 Group 2 的平均 D-score 为 0.29，呈轻微显著，Group 1 与 Group 2 之间的差异显著（$t = 2.84$，$p < 0.01$）。在反应时间上，Group 1 的平均反应时间差为 394 毫秒，Group 2 的平均反应时间差为 268 毫秒（$t = 2.136$，$p < 0.05$），二者之间的差异显著。由此可见，本研究对认知惯性系统偏差的控制是有效的。就外显态度而言，Group 1 的评分均值为差 2.47，Group 2 的评分均值差为 2.18（$t = 1.406$，$p = 0.16$），组间差异不显著。

表4　　　　　　　　　　　　　**相容组与不相容组统计量**

统计指标	组别	N	均值	标准差
D-score	Group 1	67	0.46	0.283
	Group 2	67	0.29	0.356
反应时间差	Group 1	67	394	285.85
	Group 2	67	268	348.534
外显态度评分差	Group 1	67	2.47	1.256
	Group 2	67	2.18	0.987

表 5   相容组与不相容组先后顺序差异独立样本检验

独立样本检验		方差方程的 Levene 检验		均值方程的 t 检验		
		F	Sig.	t	df	Sig.（双侧）
D-score	假设方差相等	0.839	0.362	2.84	114	0.005
	假设方差不相等			2.84	108.438	0.005
反应时间差	假设方差相等	0.539	0.464	2.136	114	0.035
	假设方差不相等			2.136	109.795	0.035
外显态度评分差	假设方差相等	0.417	0.52	1.406	114	0.16
	假设方差不相等			1.406	107.986	0.16

5.2 试验一：年龄差异分析

在收集的 14 份有效数据中，D-score 平均值为 0.493，呈一般显著，说明本试验中消费者认为自助服务与积极词汇之间的联系更紧密。不同年龄组样本的统计量及差异检验分别如表 2 和表 6 所示，其中，25 岁及以下被试的 D-score 均值为 0.70（呈强显著），30 岁及以上被试的 D-score 均值为 0.28（呈轻微显著）（$t=4.177$，$p<0.01$），说明不同年龄所表现出的对自助服务的偏好差异显著，且 25 岁及以下被试表现出对自助服务的偏好比 30 岁及以上被试更强烈。就反应时间差而言，30 岁及以下被试的均值为 571 毫秒，30 岁及以上被试的均值为 362 毫秒（$t=1.066$，$p=0.31$），差异不显著。而外显态度中 25 岁及以下被试的评分均值差为 2.314，30 岁及以上被试的评分均值差为 1.84（$t=1.114$，$p=0.29$），差异不显著。综上所述，不同年龄消费者对自助服务的内隐态度在 D-score 指标下差异显著，但是在平均反应时间差和外显态度评分差指标下不显著。可见，不同年龄消费者在内隐态度 IAT 试验中呈现出显著差异，年轻被试对自助服务的内隐态度比年长被试更为积极，因此，H1 得到验证。

表 6   年轻组与年长组差异独立样本检验

独立样本检验		方差方程的 Levene 检验		均值方程的 t 检验		
		F	Sig.	t	df	Sig.（双侧）
D-score	假设方差相等	2.81	0.12	4.177	12	0.001
	假设方差不相等			4.177	8.792	0.003
反应时间差	假设方差相等	0.194	0.667	1.066	12	0.31
	假设方差不相等			1.066	11.87	0.31
外显态度评分差	假设方差相等	0.477	0.503	1.114	12	0.29
	假设方差不相等			1.114	10.603	0.29

5.3 试验二：性别差异分析

在收集的 40 份有效数据中，D-score 平均值为 0.357，呈一般显著，说明本试验中消费者认为自助服务与积极词汇之间的联系更紧密。不同性别组的统计量及差异检验分别如表 2 和表 7 所示，其中，男性被试的 D-score 均值为 0.28（呈轻微显著），女性被试的 D-score 均值为 0.44（呈一般显著）（$t=-1.762$，$p<0.1$），说明不同性别所表现出的对自助服务的偏好差异显著，且女性被试表现出对自助服务的偏好比男性被试更强烈。就反应时间差而言，男性被试的均值为 317 毫秒，女性被试的均值为 398 毫秒（$t=-0.772$，$p=0.45$），差异不显著。而外显态度中男性被试的评分均值差为 2.22，女性被试的评分均值差为 2.42（$t=-0.549$，$p=0.59$），差异不显著。综上所述，不同性别对自助服务的内隐态度在 D-score 指标下差异显著，而在平均反应时间差指标和外显态度评分差指标下不显著。可见，不同性别被试在内隐态度 IAT 试验中呈现出显著差异，但女性被试对自助服务的内隐态度比男性更为积极，因此，H2 没有得到验证。

表 7   **男性组与女性组差异独立样本检验**

独立样本检验		方差方程的 Levene 检验		均值方程的 t 检验		
		F	Sig.	t	df	Sig.（双侧）
D-score	假设方差相等	0.473	0.496	−1.762	38	0.086
	假设方差不相等			−1.762	37.021	0.086
反应时间差	假设方差相等	0.112	0.739	−0.772	38	0.45
	假设方差不相等			−0.772	37.982	0.45
外显态度评分差	假设方差相等	1.299	0.262	−0.549	38	0.59
	假设方差不相等			−0.549	28.163	0.59

5.4 试验三：受教育程度差异分析

在收集的 20 份有效数据中，整体 D-score 平均值为 0.415，呈一般显著，说明本试验中的消费者认为自助服务与积极词汇之间的联系更紧密。不同学历组的统计量及差异检验分别如表 2 和表 8 所示，其中，高中及以下学历被试的 D-score 均值为 0.25（呈轻微显著），本科及以上学历被试的 D-score 均值为 0.58（呈一般显著）（$t=-2.911$，$p<0.01$），说明不同学历所表现出的对自助服务的偏好差异显著，且本科及以上学历被试表现出对自助服务的偏好比高中及以下学历被试更强烈。就反应时间差而言，高中及以下学历被试的均值为 235 毫秒，本科以上学历被试的均值为 513 毫秒（$t=-2.032$，$p<0.1$），差异显著。而外显态度中高中及以下学历被试的评分均值差为 1.99，本科及以上学历被试的评分均值差为 2.06（$t=-0.12$，$p=0.91$），差异不显著。综上所述，不同学历对自助服务的内隐态度在 D-score 指标和平均反应时间差指标下差异显著，外显态度评分差指标下差异不显著。可见，不同学历的被试在内隐态度的 IAT 试验中的呈现显著的差异，高学历被试对自助服

务的内隐态度比低学历被试更为积极，因此，H3 得到验证。

表8   本科及以上学历组与高中及以下学历组差异独立样本检验

独立样本检验		方差方程的 Levene 检验		均值方程的 t 检验		
		F	Sig.	t	df	Sig.（双侧）
D-score	假设方差相等	0.232	0.636	−2.911	18	0.009
	假设方差不相等			−2.911	17.586	0.009
反应时间差	假设方差相等	1.107	0.307	−2.032	18	0.057
	假设方差不相等			−2.032	17.878	0.057
外显态度评分差	假设方差相等	0.922	0.35	−0.12	18	0.91
	假设方差不相等			−0.12	15.066	0.91

5.5 试验四：收入差异分析

在收集的 28 份有效数据中，D-score 平均值为 0.447，呈一般显著，说明本试验中的消费者认为自助服务与积极词汇之间的联系更紧密。不同收入组的统计量及差异检验分别如表2和表9所示，其中，低收入（月收入在 3000 元及以下）被试的 D-score 均值为 0.22（呈轻微显著），高收入（月收入在 5000 元及以上）被试的 D-score 均值为 0.68（呈强显著）（$t=-3.933$，$p<0.01$），说明不同收入层次所表现出的对自助服务的偏好差异显著，且高收入被试表现出对自助服务的偏好比低收入被试更强烈。就反应时间差而言，低收入被试的均值为 180 毫秒，高收入被试的均值为 588 毫秒（$t=-3.3$，$p<0.01$），差异显著。而外显态度中低收入被试的评分均值差为 1.99，本科及以上学历被试的评分均值差为 2.66（$t=-1.664$，$p=0.11$），差异不显著。综上所述，不同收入对自助服务的内隐态度在 D-score 指标和平均反应时间差指标下差异显著，外显态度评分差指标下差异不显著。可见，不同收入的被试在内隐态度的 IAT 试验中呈现显著的差异，高收入被试对自助服务的内隐态度比低收入被试更为积极，因此，H4 得到验证。

表9   高收入组与低收入组差异独立样本检验

独立样本检验		方差方程的 Levene 检验		均值方程的 t 检验		
		F	Sig.	t	df	Sig.（双侧）
D-score	假设方差相等	2.351	0.137	−3.933	26	0.001
	假设方差不相等			−3.933	20.411	0.001
反应时间差	假设方差相等	4.138	0.052	−3.300	26	0.003
	假设方差不相等			−3.300	20.489	0.003
外显态度评分差	假设方差相等	1.901	0.180	−1.664	26	0.11
	假设方差不相等			−1.664	21.470	0.11

5.6 试验五：婚姻状况差异分析

在收集的 32 份有效数据中，整体 D-score 平均值为 0.427，呈一般显著，说明本试验中的消费者认为自助服务与积极词汇之间的联系更紧密。不同婚姻状况组的统计量及差异检验分别如表 2 和表 10 所示，其中，未婚被试的 D-score 均值为 0.67（呈强显著），已婚被试的 D-score 均值为 0.27（呈轻微显著）（$t=6.689$, $p<0.01$），说明不同婚姻状况所表现出的对自助服务的偏好差异显著，且已婚被试表现出对自助服务的偏好比未婚被试更强烈。就反应时间差而言，未婚被试的均值为 602 毫秒，已婚被试的均值为 304 毫秒（$t=2.561$, $p<0.05$），差异显著。而外显态度中未婚被试的评分均值差为 2.325，已婚被试的评分均值差为 1.856（$t=1.681$, $p=0.103$），差异不显著。综上所述，不同婚姻状况对自助服务的内隐态度在 D-score 指标和平均反应时间差指标下显著，而在外显态度评分差指标下不显著。可见，不同婚姻状况的被试在内隐态度的 IAT 试验中呈现显著的差异，未婚被试对自助服务的内隐态度比已婚被试更为积极，因此，H5 得到验证。

表 10   **未婚组与已婚组差异独立样本检验**

独立样本检验		方差方程的 Levene 检验		均值方程的 t 检验		
		F	Sig.	t	df	Sig.（双侧）
D-score	假设方差相等	10.404	0.003	6.689	30	0.000
	假设方差不相等			6.689	19.098	0.000
反应时间差	假设方差相等	7.283	0.011	2.561	30	0.016
	假设方差不相等			2.561	21.163	0.018
外显态度评分差	假设方差相等	0.749	0.394	1.681	30	0.103
	假设方差不相等			1.681	28.872	0.103

6. 结论与讨论

从服务提供商的视角来看，自助服务相对于人工服务的优势主要在于两个方面：其一，更快的服务传递速度（Curran, 2003）、更短的服务时间和更低的运营成本（Lin and Hsieh, 2011; William et al., 2012）；其二，让消费者参与服务产品的价值链流程，不但能够有效提升消费者之于产品的满意度，而且能够帮助服务提供商最大限度地满足那些对于产品个性化要求不高的普通顾客，集中有限的资源为高端顾客提供更为有效的定制化人工服务，从而为企业赢得广泛的美誉度。

从消费者的视角来看，自助服务为消费者带来了广泛的差异化价值体验，如网上购物让人们可以足不出户购买到想要的商品，自助值机系统让人们可以随时办理登机手续……这些自助服务从时间和空间上让人们觉得服务产品离自己更近了（Meuter et al., 2005），可以更省时省力省钱地接受各种服务，满足其各种需求。当然，在便捷之外，自助服务对消费者而言往往意味着更多的附加值，如利用网上银行汇款能享受手续费折扣，在网上预订的机票会更便宜，等等。

正如 Arun 等(2011)所发现的，虽然服务提供商的调查结果显示顾客的满意度很高，但顾客的重复消费率却往往很低，其内在原因就是因为服务提供商在进行产品设计的时候忽视了顾客的内隐态度。诚然，在不同服务提供商之间转换所形成的成本会在某种程度上帮助服务提供商留住顾客，但转换成本不应该成为留住消费者的手段，消费者总会有忍无可忍的时候，当消费者不堪忍受而离开你，你就别指望他/她还会再回来了。由此可见，服务提供商应该重视消费者行为的内在动机(Elliott, 2013)，关注顾客的内隐态度。

在本文提出的关于消费者内隐态度影响要素的五个假设中，除假设 H2 之外都得到了试验的验证。综合各试验结果，本文认为受教育程度较高的、高收入的未婚年轻女性对自助服务的消费内隐态度更为积极。就假设 H2 没有得到验证而言，该试验结果与 Danko 等学者(1983)于 20 世纪 80 年代针对西方消费者的研究发现相反，显示当下中国社会情境下自助服务对女性顾客的吸引力和刺激超过了男性消费者。本文认为，导致试验结果差异的原因主要在于两个方面：其一，网络的出现和盛行，使得中国社会情境下习惯于少量多次消费模式的女性顾客有了更多便捷的消费机会，激发了她们更高的意愿去接受自助服务；其二，女性消费者的地位在当代中国社会得到了有效提升，女性消费者不但拥有了独立的消费自主权和相当的抗风险能力，而且对新潮消费模式也比男性消费者更为敏感。以上两个方面，使女性不但不会因为阴柔的特点而抗拒自助消费，反而会表现出比男性更强的对自助消费模式所代表的新技术的偏好，在消费内隐态度上更加看好自助消费。

本文对于理论研究和企业管理实践均有着一定的贡献。从理论研究方法上来说，本研究首开了在中国管理情境下应用 IAT 试验技术探索和分析消费者的消费内隐态度；从理论研究内容上来说，本文的研究发现进一步丰富了中国管理情境下的消费者行为动机理论；从企业管理实践上来说，本文的研究结论可资已采取或拟采取自助服务模式的企业管理者决策借鉴，一方面能够恰当评判自助服务相对于人工服务的优劣势，另一方面能够快速找到企业的细分市场，有针对性地进行营销策略组合。

本文的研究局限性主要在于样本的取样方面，即本研究的样本主要集中在南京和上海的中青年消费者。因此，在未来的研究中，需要进一步考虑样本的多样化，不但可以探索中国管理情境下更大范围内消费者消费内隐态度的差异及相关影响因素，而且可以研究不同社会文化情境下消费内隐态度的比较，以贡献于全球化背景下企业组织的可持续发展战略和核心竞争力。

◎ 参考文献

[1]Arun, K. P., Saroj, K. D., and Prafulla, K. R.. An investigation of reasons affecting customer adoption and rejection of technology based self service on consumer satisfaction and consumer commitment[J]. *BVIME Management Edge*, 2011, 4.

[2]Curran, J. M., Meuter, M. L., and Surprenant, C. F.. Intentions to use self-service

technologies: A confluence of multiple attitudes [J]. *Journal of Service Research*, 2003, 5.

[3] Greenwald, A. G., and Banaji, M. R.. Implicit social cognition: Attitudes, self-esteem, and stereotypes[J]. *Psychological Review*, 1995, 102.

[4] Greenwald, A. G., McGhee, D. E., and Scheartz, J. L.. Measuring individual differences in implicit cognition: The implicit association test [J]. *Journal of Personality and Social Psychology*, 1998, 74.

[5] Greenwald, A. G., Nosek, B. A., and, Banaji, M. R.. Understanding and using the implicit association test: An improved scoring algorithm[J]. *Journal of Personality & Social Psychology*, 2003, 85.

[6] Hofstede, G.. *Culture's consequences: international differences in work-related values*[M]. Beverly Hills, CA: Sage, 1980.

[7] McConnell, A. R., and Leibold, J. M.. Relations among the implicit association test, discriminatory behavior, and explicit measures of racial attitudes[J]. *Journal of Experimental Social Psychology*, 2001, 37.

[8] Meuter, M. L., Bitner, M. J., Ostrom, A. L., and Brown, S. W.. Choosing among alternative service delivery modes: An investigation of customer trial of self-service technologies[J]. *Journal of Marketing*, 2005, 69.

Comparing Self-service and Manual Service with
the Implicit Attitude in Service Consumption

Dai Wanwen[1]   Feng Yanjing [2]   Xie Biming[3]

(1, 2, 3   Business School of Nanjing University, Nanjing, 210046)

Abstract: With the growing competition in service industry, more and more service providers begin to try and push to self-service instead of manual service. However, as a new service product, can self-service be able to get more customers, and get more perception of excellence from consumers? How is the implicit attitude difference of the consumers to self-service and manual service? Using the implicit association test, recruiting 72 NJ University MBA students and 62 CY Company employees' volunteers as the experimental object, 5 studies were conducted from the different consumer characteristics as gender, age, education, income, and marital status, to check the customers implicit attitude difference of self-service and manual service separately. As the conclusion, this paper found that the high income, better educated, unmarried young female consumers prefer to take the self-service consumption than the others.

Key words: Self-service; Manual service; Implicit attitude; Implicit Association Test(IAT)

专业主编: 曾伏娥

消费罪恶感诉求前沿探析*

● 白　琳[1]　陈绘雯[2]

(1, 2　安徽大学商学院　合肥　230601)

【摘　要】消费罪恶感是消费者因购买行为违反社会规范或个人价值观所产生的负面情绪，常被用于广告情感诉求以影响顾客购买行为和态度。但罪恶感诉求是一柄双刃剑，合理运用需了解其影响因素和适用条件。结合当前最新研究进展，本文首先梳理了消费罪恶感的情绪维度，其次阐述了罪恶感诉求的影响因素，然后介绍了罪恶感诉求的适用条件和情境，最后解析了罪恶感和其他情绪诉求在广告中的综合应用，并指出未来研究方向。

【关键词】消费罪恶感　罪恶感诉求　适用条件　影响因素

1. 引言

消费的过程一直都是愉悦的吗？事实上并非如此，任何一次购买行为，人的大脑都掺杂了许多看似相互矛盾而又同时并存的情绪，如恐惧、担心、懊悔、欢喜、得意洋洋等。而营销人员也越来越热衷于通过广告诉求加强或削弱消费者正面或负面的情绪，以引起消费者情感上的共鸣，从而产生购买欲望和引导消费行为。它往往"动之以情"，冲击消费者心理，引发人们的某种感情、情绪，产生适当的反应，最终达到销售产品或服务的目的。情感诉求包括正面情感诉求如温馨、快乐、幽默、同情、愉悦等和负面情感诉求如恐惧、罪恶感、伤心、焦虑、愤怒等。Huhmann 和 Brotherton 运用内容分析法将 2769 个真实的杂志广告进行分类，发现大约 19 个广告中即有 1 个使用罪恶感诉求，是负面情感中最常用于广告的类型之一，特别是与慈善(21.6%)、健康(17.6%)相关的广告①。Soscia 和 Chang 也提出，比起那些温暖、活泼或是没有情感暗示的广告，以罪恶感为诉求的广告

---

* 通讯作者：白琳，E-mail：bailin8019@163.com。

① Huhmann, A., and Brotherton, P.. A content analysis of guilt appeals in popular magazine advertisements [J]. *Journal of Advertising*, 1997, 26(2): 35-45.

会有较佳的记忆和较高的广告回忆率①②。但也有学者认为罪恶感诉求犹如双刃剑，运用不适当会使消费者对广告内容和产品品牌产生消极甚至抵触情绪③④⑤。因此如何在营销管理中有效实施罪恶感诉求近年来成为学术界和广告商共同关注的热点。目前国内鲜见相关研究，仅在冲动性购买、强迫性消费、消费过度或疯狂购物涉及消费者购后情绪时才窥探到消费罪恶感蛛丝马迹，研究视角片面且未展开深入讨论。鉴于此，本文分别从消费罪恶感的理论基础、影响因素、适用条件和情境及与其他情绪的综合应用方面梳理国外最新研究成果，并提出未来研究方向。

2. 消费罪恶感情感维度

过去有关"罪恶感"的研究大多集中在心理学、宗教学、哲学和社会学等相关学科，在营销研究领域，学者们对消费者情绪的研究主要针对愉悦、恐惧或后悔，直到 Burnett 和 Lunsford 提出以罪恶感为诉求的营销方式，罪恶感的课题开始持续发酵，在消费者心理、广告沟通、事业关联营销（cause-related marketing）和社会营销领域愈发受到大家的关注。

Burnett 和 Lunsford(1994)认为消费罪恶感是由于消费者做出违背个人价值或社会规范的消费决策所导致的一种负面情绪。此后，Xu 和 Schwarz(2009)、Saffrey 等(2008)以及 Chang 等(2011)都明确指出消费罪恶感是一个多维构面，是多种感情交织成"罪恶的感受"。然而不同的学者对消费罪恶感的情感维度构成持不同的观点，如表 1 所示。

表 1 消费罪恶感情感维度划分

学 者	情 感 维 度
Lascu(1991)	后悔(regret)、自责(self blame)、懊悔(remorse)、自我惩罚(self-punishment)
Huhmann 和 Brotherton（1997）	忏悔（penitence）、自责（self blame）、自我惩罚（self-punishment）、懊悔（remorse）
Dahl 等(2003)	羞辱（humiliation）、后悔（regret）、懊悔（remorse）、悔悟（repentance）、自责（self blame）、羞愧（shame）

① Soscia, I.. Gratitude, delight, or guilt: The role of consumers' emotions in predicting post- consumption behaviors [J]. *Psychology and Marketing*, 2008, 25(10): 871-894.

② Chang, C. T.. Guilt appeal in cause-related marketing: The subversive role of product type and donation magnitude [J]. *International Journal of Advertising*, 2011, 30(4): 587-616.

③ Basil, D. Z., et al.. Guilt and giving: A process model of empathy and efficacy [J]. *Psychology and Marketing*, 2008, 25(1): 1-23.

④ Virvilaite, R., et al.. Peculiarities of impulsive purchasing in the market of consumer goods [J]. *Engineering Economics*, 2009, 2: 101-108.

⑤ Hill, R. P., and Moran, N.. Social marketing meets interactive media [J]. *International Journal of Advertising*, 2011, 30(5): 815-838.

学　　者	情　感　维　度
Bonsu 和 Main（2006）	后悔（regret）、自责（self blame）、羞愧（shame）
Lin 和 Xia（2009）	犹豫（hesitation）、不舍（reluctance to spend）、担忧（fear）、心虚（scruple）、后悔（regret）、内疚（blame）
Dedeoglu 和 Kazancoglu（2010）	犹豫（hesitation）、忧伤（sadness）、不舍（reluctance to spend）、后悔（regret）、自责（self blame）

　　表 1 中，目前得到广泛认可的观点是 Lin 和 Xia 提出的消费罪恶感 6 维度。Lin 和 Xia（2009）认为犹豫、担忧和不舍等情绪一般发生在购买决策前，而心虚、后悔、内疚一般发生在购买决策后。虽然罪恶感是多种负面情绪交互作用下的"心理煎熬"，但在"认知失调理论"和"平衡理论"的作用下，消费者为了合理化和消弭罪恶感，往往会采取种种积极的因应措施，因此一定程度上罪恶感诉求对促进营销目的的达成是有积极意义的。

3. 消费罪恶感诉求的影响因素

　　实践中将消费罪恶感情绪诉求运用到广告促销中时，会有很多因素影响到最终的沟通说服效果。根据相关研究，影响因素归纳起来主要涉及三个方面，即消费者自身特征、产品特征和广告议题接近性。

3.1 消费者自身特征

　　首先，就消费者人口统计特征而言，Adesegun 和 Penny（2013）指出两性的罪恶感感受是有差异的，女性更易激发出较高的罪恶感感受，在以女性为受众的产品或媒体上采用罪恶感诉求是明智的。Choi 等（2013）进一步指出，虽然两性在情感表达上有差异，但实际上两性感受的罪恶感整体而言并没有显著区别，只有极个别情况下才表现出差异性：当女性行为违背社会传统角色认知时，如对孩子缺失关爱或欠缺家庭责任感等，女性通常会产生较高的罪恶感，这种罪恶感诉求常见于婴儿用品和日常家庭消费品；而当出现无社会责任感、不诚实或不见义勇为等有悖于社会对男性期待的行为时，则会诱发男性产生比女性较高的罪恶感，此时情感诉求多用于事业关联营销和慈善捐赠、献血等非营利活动。Loroz 和 Helgeson（2013）通过探索性分析解读了两个年龄阶段的消费者——婴儿潮世代和 Y 世代在不同情感广告诉求上的差异，相比父辈婴儿潮世代，Y 世代对广告中的性感诉求、物质主义诉求及享乐诉求上有更积极的消费态度和行为倾向，而在罪恶感诉求、同情诉求和社会责任感诉求等方面其态度和行为倾向是比较消极的。

　　其次，消费者个人心理特征也会影响罪恶感诉求的实施效果。Lee（2013）认为高自尊倾向的个人一般较注重生活质量，追求自我享受，在娱乐产品、非必需品或奢侈品上的消费要高于低自尊倾向的人，因此他们会使用逃避式防御机制回避罪恶感诉求，而低自尊倾向的个人则比较容易被说服接受广告信息。此外，Basil 等（2008）认为消费者的责任感、同理心程度及自我效能感等心理特征也是重要的影响因素。当消费者具有较强的责任感时其罪恶敏感性较高，在事业关联营销中会增加捐款的意愿和捐款金额，而同理心程度和自我效能感高者其预期性罪恶感较高，更易感同身受，认为个体有帮助别人的能力和自信，因此对广告态度和购买倾向具有更加积极和正面的影响。

3.2 产品特征

当前不少有关消费罪恶感的实证研究都涉及产品特征，将其作为影响消费罪恶感的重要变量。这里的产品特征主要包括两方面：产品类型及产品性别特质。

就产品类型而言，研究者通常根据产品或服务的属性将其分为两类：实用性产品和享乐性产品。Chang(2011)将产品类型同时作为自变量和调节变量，探讨其对罪恶感诉求广告效果的影响。研究者采用了 2(强调罪恶感/不强调罪恶感)×3(享乐性产品/实用性产品/两者兼具的产品)×2(捐款额度高/捐款额度低)的实验研究方法，实验假设情境是世界宣明会(World Vision)针对儿童慈善的营销事件。结果发现：强调罪恶感诉求比不强调罪恶感诉求更能有效提升企业事业关联营销的效果，特别对消费者购买意愿的影响非常显著；捐款额度大不如捐款额度小对事业关联营销带来的效果好。研究者还指出在强调罪恶感情况下，当捐款额度较小时，两者兼具的产品对善因营销的效果影响程度最大，其余依次是实用性产品和享乐性产品；当捐款额度较大时，反而是实用性产品对事业关联营销的效果影响程度最大，其余依次是两者兼具的产品和享乐性产品。因此，研究结论是开展事业关联营销时企业要求消费者捐款额度不宜过大，应控制在产品单价10%以内，在这种情况下选择同时兼具实用性和享乐性的产品效果最佳。

3.3 广告议题接近性

Jennifer 和 Douglas 认为广告议题接近性(Ad issue proximity)是指个体与广告议题之间接近的程度，接近性越高代表个体与广告中涉及的议题相关性越高。如在非营利营销活动中，55%的消费者认为与居住地相关的议题最重要，与国家相关的议题次之(30%)，最后是全球问题(10%)，因此与本地相关的议题发起的非营利营销活动其捐款数额往往是高于其他地区的。因此议题接近性越高，越容易引起消费者同理心和激发消费罪恶感情绪，更易达到营销目的[1][2]。Lee-Wingate 等在有关"戒烟"的公益广告研究中，将议题接近性具体为"死亡接近性"(mortality proximity)，认为广告焦点聚集在"与己相关"时，消费者对罪恶感变得异常敏感，关注程度也达到最高，极易引起较高程度的罪恶感，此时若一味地强调罪恶感诉求可能适得其反，会让消费者觉得有负担而产生反效果，这时消费者希望广告传达的是解决问题的方法而不是再过度渲染对健康的严重性；当广告焦点聚集在"与他人相关"时，死亡接近性降低，消费罪恶感敏感性也降低，此时适度的罪恶感诉求可增加

① Jennifer, M., and Douglas, M.. The effects of proximity and empathy on ethical decision-making: An exploratory investigation [J]. *Journal of Business Ethics*, 2009, 85(2)：201-226.

② Chang, C. T.. Guilt appeals as a blessing or a curse? Influences of sponsorship identity and sponsor-issue fit on guilt appeals in charity-related advertising[J]. *Advances in Consumer Research*, 2012, 40：705-706.

消费者关注度，达到广告最佳效果。

4. 罪恶感诉求适用条件和情境

消费罪恶感的运用犹如双刃剑，只有满足和了解了它的适用条件和情境才能最大程度地发挥其有效性，避免其带来的有违企业营销伦理或物极必反的负面效应。

4.1 提高广告可信度

消费者作为有辨识和判断能力的个体，不再是促销活动的被动接受者，对情感诉求的回应并不唯一和单纯。Jennifer 和 Jorge 表明营销人员原本希望通过罪恶感诉求让消费者感受到或强或弱的罪恶感，而结果并非一直如人所愿，意料外的消费者情绪反馈如恼怒、厌恶和不快等并不是营销人员所期待的。Renaud 和 Ababacar 发现罪恶感诉求和厌恶、轻蔑、愤怒等负面情绪高度相关，且广告可信度与顾客感知操控意图(perceived manipulative intent)呈显著的反向关系。也就是说，消费者一旦感知到广告商的操弄意图，对产品的罪恶感感知可能会大大降低，反而产生其他诸如上述的负面情绪甚至对产品或品牌的抵触。

Camelia 和 Coulter(2012)通过实验研究分析罪恶感诉求下广告可信和顾客感知操控意图对广告态度和消费者行为倾向的影响，研究框架如图1所示。研究者选取的实验情境是社会营销中有关救助儿童和环境保护为主题的两类广告，实验刺激是广告诱发的消费者进行性罪恶感。研究发现顾客感知操控意图与广告可信度显著负相关，而广告可信度通过预期情感(即罪恶感)显著作用于广告态度和消费者行为倾向，但在环境保护广告情境下顾客感知操控意图与广告态度和消费者行为倾向并无显著关系，而在救助儿童广告情境下则与其显著负相关。研究同时指出，负面情绪诉求只会让消费者产生对广告商、产品及品牌的消极态度的说法是不严谨的。在提高广告可信度和降低可感知操控意图条件下，负面情绪诉求同样可以产生正面积极的广告效果。

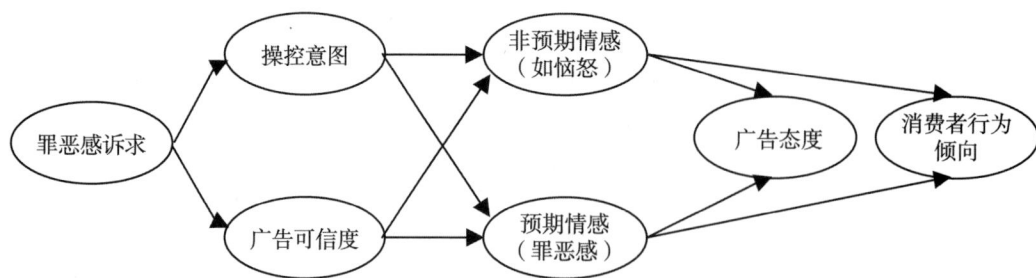

图 1　罪恶感诉求下广告效果研究框架

4.2 适宜的罪恶感诉求强度

不同强度下的罪恶感诉求会引发不同的消费者认知并影响广告效果。Jimenez 和 Yang 发现绿色营销中低度和高度的罪恶感诉求都会妨碍消费者对广告信息的接受，会削弱或抑制消费者的罪恶感感受。这是由于低度罪恶感诉求不能引起消费者足够的共鸣和重视，而高度罪恶感则会引起信息接收者的焦虑甚至愤怒情绪，只有中度罪恶感诉求会得到关注且会增加信息接收者对罪恶感诉求的理解能力，感同身受，因此也更有说服力。

Lee-Wingate 专门针对女性消费群体中的在职妈妈这一细分市场，通过实验2(写下罪恶感/未写下罪恶感)×3(罪恶感强度：高，中，低)×(婴儿产品/日常用品)考察在职妈妈对广告中罪恶感诉求强度的反应。值得一提的是，研究者除了传统的实验方法外，还借鉴神经营销学研究的方法，运用脑磁图仪、脑波诱发电位和功能性磁共振成像等技术来了解不同强度情感刺激下消费者的真实感受，以避免采取访谈或问卷产生的误差。实验过程中研究者会测量被试的若干生理功能，包括血压的改变、血流量和血氧量等，从而提供可能影响消费者中枢神经的感觉和认知等相关科学依据。结果发现，当被试处于不同的情感强度刺激下，脑部的反应和情绪的波动是各不相同的。在罪恶感诉求强度为中度时，广告效果(即消费者再购行为倾向和对公司及品牌态度)是最佳的。研究者建议运用罪恶感诉求时，需通过预测试谨慎评估其引发的消费罪恶感程度大小，避免激怒或未打动消费者而使广告效果大打折扣；同时，为防止过多负面情绪的产生，在诱发消费罪恶感之后，应采取一定的因应措施消弭或正当化消费罪恶感。

4.3 加强罪恶感与广告产品的配适

Vanessa 等(2013)对罪恶感诉求的广告分类结果发现，反应性罪恶感最常应用于消费性易耗品，其次是与身体保健相关的产品或服务及一般消费性耐用品如汽车、家电用品等，这些广告主要是试图借由加强消费者对目前使用品牌的不满以说服其转换品牌。在预期性罪恶感广告诉求中，由于罪恶感发生的时点是在导致罪恶感行为发生之前，广告商先让消费者知晓一旦忽视这个机会就可能发生不愿看到的结果，于是提供消费者一个避免违反准则的机会，如果消费者听从广告的建议，这样的结果是可以避免的。预期性罪恶感是目前罪恶感广告诉求中最常使用的类型，一般被用于快消品、公共卫生与安全和公益项目。而进行性罪恶感由于发生在消费当下，时间短但情感强烈，最常被用于事业关联营销和慈善广告，通过激发同理心强调消费者有责任帮助弱势群体或在渴望减少罪恶感的利己动机下支持慈善活动，此外也应用于部分社会责任议题①。

另外，根据 Simone 等对平面杂志罪恶感诉求广告的分析，慈善团体和公众服务沟通广告占比21.6%，健康环保产品或服务的广告占比是17.6%，而占比最高的是消费性易耗品广告，达到41.2%。研究指出罪恶感诉求效果会因杂志类型不同而有所差异，因此罪恶感诉求广告一般最常出现在家庭导向类、商业类和女性导向类杂志上，而较少出现在娱乐性、运动类和青少年杂志上。

4.4 适用情境：赞助商身份和国家文化

广告赞助商身份有所差异的情境下其罪恶感诉求达到的效果也是大相径庭，以往多数

① Esther, V. L., et al.. Of saints and sinners: How appeals to collective pride and guilt affect out-group helping [J]. *Group Processes & Intergroup Relation*, 2013, 16(6)：781-796.

研究仅聚焦讨论单一广告赞助商，但事实上不论是非营利组织还是企业都热衷于尝试罪恶感诉求广告。Chang 等依据说服知识模型（Persuasion Knowledge Model，PKM）认为消费者对不同的赞助商身份有着先期的固有的看法和认识，因此会思考和判断赞助商开展罪恶感诉求广告的动机，考虑其背后隐藏的操控意图，这会影响罪恶感诉求广告效果。研究者将赞助商类型分为三种：非营利组织、企业和混合型，这里的混合型是指同时包含营利性（利润追求）和非营利（公益慈善）事业关联营销的企业。研究发现，在非营利组织与混合型的慈善广告中，相较于不强调罪恶感，使用罪恶感诉求确实可以获得比较好的广告效果，但对于企业而言，却出现相反的结果。

Chang 和 Lee（2011）探讨不同国家文化背景下罪恶感广告诉求的使用，研究者另辟蹊径，不是从国家文化的个人主义/集体主义角度而是选取了雄性/雌性文化对广告诉求的影响加以探讨。在雄性主义分数高的国家，强调金钱和名利，追求自我享受和自我尊重的广告具有较佳效果，而在雌性文化下，个人较重视社会或群体的共同利益与福祉。实证研究参考了 Hofstede 2005 年针对 74 个国家和地区的雄性主义/雌性主义的分数，选择德国与中国分别作为雄性文化和雌性文化的代表。结论是雄性文化背景下罪恶感诉求远不如雌性文化背景下的效果，特别在雌性文化背景下是以利他型（儿童福利、动物保护等）为主题的事业关联营销其罪恶感诉求效果最好。研究同时认为在雄性文化背景下消费罪恶感敏感度降低，要想达到预期效果需增加广告诉求强度。

5. 罪恶感与其他情感综合应用

消费者的情感是丰富多样的，营销人员为达到最佳的广告沟通效果，常将多种情感同时应用于一个广告，但效果如何却是众说纷纭，莫衷一是。本文就消费罪恶感与其他几种常用情绪在广告诉求中的综合应用作一简述。

5.1 罪恶感与愉悦

以往多数研究认为在享乐性消费中随着消费罪恶感的激活，其内心的愉悦感是下降的，两者之间呈负相关。而 Goldsmith 等则提出相反的论点即"有罪的愉悦"，认为在享乐性消费中，当消费罪恶感一旦被激发，其愉悦感也会被自动激发，两者之间存在某种认知上的关联，而且这种联系模式是罪恶感所特有的，并不适合其他负面情绪（如恐惧、愤怒）。Ramanathan 和 Williams（2007）也指出不论是谨慎型还是冲动型消费者，当进行放纵性消费时，在感受到较强程度的罪恶感时也感受到了较强程度的愉悦感，两者同时并存。

Goldsmith 等（2012）开展了六个循序渐进的实验研究来印证自己的观点。在前三个研究中，研究者分别选用了不同的情境刺激，从初级的引发"罪恶感概念"到"相关罪恶感"再到"进行性罪恶感"，消费者感知程度不断深化。研究发现实验组（引发罪恶感）比控制组（中立或无情绪）能感受到更多的愉悦感。实验四中研究者通过模式认知和填词研究验证了消费罪恶感与愉悦感的情感认知关联。实验五和实验六分别考察了在非饮食享乐性消费和实用性消费下罪恶感与愉悦感的关系，发现一般的享乐性消费中罪恶感与愉悦感皆存在正相关关系，但在实用性消费中两者关系并不显著。研究结论是消费罪恶感和愉悦感看似截然不同而事实上又融为一体，互为促进，共同影响消费者的行为和态度。研究者据此提出以下三方面建议：其一，在广告语句设计上，单纯强调追求享乐愉悦性的词句其说服性对于具有判断能力的消费者来说效果越发不明显，且易引起消费者被操控的质疑。因此营销人员可采用间接策略，在产品或服务沟通上，可突出其罪恶感方面甚至让其完全取代消费愉悦感，如 Gucci 的"原罪"香水系列，其广告沟通强调的是奢华放纵、享乐罪爱，获得了无数追求自由、个性、时尚的年轻消费者的认可。其二，可创造产品或服务差异化，尽可能最大化消费体验中的享乐性如 SPA 服务中附带古法按摩，餐厅提供甜点食品等，或利用有效的手段如通过店内沟通如陈设或海报来引发消费罪恶感。其三，在公益性广告如禁烟、禁酒和禁止药物滥用方面，广告罪恶感诉求能对未尝试者能起到阻止作用，但对于正在使用者，一味地强调往往适得其反，考虑到罪恶感感知会激发消费愉悦感，反而会降低广告有效性。[①]

5.2 罪恶感与羞愧

在社会营销领域，Linda 和 Wayne（2010）表明罪恶感和羞愧常常被综合运用到同一主题（如环境保护、二手烟危害、酒精滥用等）的广告诉求中，常被称为两种"兼容性情感"，能起到相得益彰的效果。但也有学者提出不同的看法，Sunghwan 和 Hans（2011）认为基于罪恶感和羞愧诉求的广告其情感激发效果是存在明显区别的，研究针对健康主题的实验设计发现基于羞愧的广告诉求极易引发预期之外的消费者愤怒，因此建议罪恶感诉求广告最好摒弃掺杂羞愧感，否则广告效果将背道而驰。Chun 等认为在享乐性消费情境下，预期羞愧感比预期罪恶感对消费者自我控制能力影响更大，换言之，有预期性羞愧感的消费者比有预期性罪恶感消费者具备更强的自我控制能力。

Agrawal 和 Duhachek 围绕消费罪恶感和羞愧感两种负面情绪在不同的语境和信息框架背景下对广告传播效果的影响进行了深入研究。在"酒精消费"的广告主题下，情感与表达方式配合使用的信息框架比未经设计的表达方式能起到更好的说服效果，如羞愧感更适用于"第三者观察"（others-observing）的表述方式，而罪恶感更适用于"第三者遭遇"（others-suffering）的表述方式。但研究者同时强调，如果配适后的信息框架激发的情感和消费者未激发前最初情感完全一致的话，其广告效果不仅不会叠加，反而会降低激发后伴随产生的情感强度，这是由于消费者启动了防卫机制。此后，Duhachek 等就此问题展开了进一步研究，提出了新视角下信息框架与两种负面情绪的有效配合和因应措施。研究者指出，在"得/失"信息框架下，采用"损失"框架进行羞愧感广告诉求和采用"收益"框架进行罪恶感诉求其效果是较佳的，而且建议针对羞愧感的因应措施聚焦于情感导向，针对罪恶感的因应措施聚焦于问题导向，这能在一定程度上提高广告诉求说服力。而且这种框架设计下信息流畅性得以大大提升，这也是广告说服力增强的原因之一。该研究的理论贡献主要在于质疑先前普遍认同的负面情绪诉求应使用"收益"框架这一结论，研究者认为负面情绪诉求究竟是采取"收益"还是"损失"框架取决于所采取的因应措施。

5.3 罪恶感与恐惧

罪恶感和恐惧是目前广告诉求中运用最多的两种负面情绪类型，两类情绪综合诉求广告通常针对情感丰富且敏感的细分市场群体。Stanton 和 Guion(2013)针对年轻父母为受众群体的相关平面杂志上的婴儿食品的广告，利用内容分析方法，对自 1999 年以来的有关"家庭"和"养育"类 30 种杂志的 684 个广告的情感暗示或线索进行了分类，发现负面情绪的诉求中以罪恶感(9.4%)和恐惧(9.2%)使用频率最高。这一发现高于 Huhmann 和 Brotherton 认同的罪恶感所占广告诉求比例。此外，研究者发现虽然单个广告包含的情感诉求一般少于三个，但当广告要表达较为复杂的多种负面情绪时，罪恶感和恐惧两种情绪诉求的结合往往会成为最佳选择。一般说来，当广告包含三种情绪暗示时，罪恶感和恐惧出现的概率达到四分之一，当广告包含四种情绪暗示时，两者共同出现的概率可高达五分之三。在表现手法上，超过二分之一的罪恶感和恐惧共存的广告都不仅仅停留在文字陈述上，还包括一些视觉表象的展示。Imene 等以实验法在问卷设计上采用虚拟平面广告图，探讨了三类营销活动下罪恶感广告诉求中恐惧的干扰效果，发现恐惧会干扰罪恶感诉求广告的效果，即当有恐惧诉求时，社会营销下的罪恶感诉求广告效果优于事业关联营销和非营利营销，但当无恐惧诉求时，三类营销活动罪恶感广告诉求效果无明显差异。

6. 未来研究方向

针对消费罪恶感现有研究存在的问题，笔者认为后续相关研究可以从以下几个方面进行完善和拓展。

其一，虚拟环境下消费罪恶感的探讨。当前消费者网购行为日趋普遍，网络虚拟环境与线下购买环境的差异必然会导致消费者对罪恶感感知的不同，如在线支付由于其金钱流失的不可见性，一定程度上会降低由"金钱疼惜感"主导的进行性罪恶感。但阶段性罪恶感程度的降低并不意味着消费者整体罪恶感水平的降低，网购的风险或购后信用卡还款等会使部分进行性罪恶感推迟叠加到反应性罪恶感上，从而导致消费者减少再购行为，无法建立顾客忠诚度。因此探究虚拟环境下与线下购买罪恶感水平和消费者感知的差异在学术和实务上都是重要议题。

其二，调节变量的多样化。除普遍运用的诸如产品特征、消费者涉入和人口统计变量等，后续研究可考虑增加其他影响罪恶感诉求的调节变量如消费者价值观、地域差别、东西方文化差异等。此外，随着广告呈现方式不断求新求变，可考察正面情绪或温馨情绪与罪恶感混合诉求下对广告效果的交叉影响。值得一提的是，对于接近性的研究可继续深入挖掘，如捐款接近度(donation proximity)对罪恶感诉求的影响。

其三，情景模拟实验法的运用。未来研究可考虑采用情景模拟法来弥补当前基于问卷或事后追溯的调查研究，借鉴心理学的"投射技术"，情景模拟法以第三人称的方式来模拟购买时的情境变量，然后要求被试内心尽量想像自己就是情境中的主角，报告处于相同情境下所会进行的购买决策和情绪变化。比如对进行性罪恶感的捕捉，在现实购买环境中由于其发生在购买当下的瞬间，调研者无法第一时间准确获知消费罪恶感程度和特征，但在情景模拟环境下，研究者可以通过控制实验条件和环境进行实时调研，得到被试最及时的反馈。此外，更多应用神经营销学相关研究方法，如借鉴 Falk 考察消费者感知广告效果的研究技术，通过被试现场观看广告视频利用脑成像技术和神经测度记录其大脑活动和情绪变化。

其四，罪恶感诉求程度的研究。过高或过低的罪恶感诉求程度都无法诱发出消费者较高的罪恶感，从而导致广告效果不佳。有学者提出假想，认为罪恶感诉求的广告效果与消费者被引发罪恶感的程度的关系接近"倒 U 形"的二次曲线，即认为中度罪恶感水平是最适当的。但该设想并未在实证研究中通过数量关系得到准确证实，后续研究可以通过设计引发不同程度罪恶感的情绪诉求广告，通过数据收集和分析找出罪恶感程度与广告效果准确的数量关系，从而为产生最佳广告效果的罪恶感诉求水平提供理论支撑。

◎ 参考文献

［1］何雍庆等．消费者生活形态、消费者购买涉入程度与广告诉求对广告效果影响之研究——以行动电话为例［J］．远东学报，2006，23.

［2］Adesegun, and Penny, D.. Consumer readings of green appeals in advertisements ［J］. *Journal of Promotion Management*, 2013, 19.

［3］Agrawal, N., and Ducachek, A.. Motional compatibility and the effectiveness of antidrinking messages: A defensive processing perspective on shame and guilt ［J］. *Journal of Marketing Research*, 2010, 47.

［4］Basil, D. Z., et al.. Guilt and giving: A process model of empathy and efficacy ［J］. *Psychology and Marketing*, 2008, 25.

［5］Burnett, M. S., and Lunsford, D. A.. Conceptualizing guilt in the consumer decision-making process ［J］. *Journal of Consumer Marketing*, 1994, 11.

［6］Camelia, M., and Coulter, R.. The effect of attractiveness in advertising and comparison motives on self-judgments and product evaluations: A cross-national perspective ［J］. *Journal of International Consumer Marketing*, 2012, 24.

［7］Chang, C. T.. Guilt appeal in cause-related marketing: The subversive role of product type and donation magnitude ［J］. *International Journal of Advertising*, 2011, 30.

［8］Chang, C. T., and Chen, T. T.. Guilt appeals in cause-related advertising: When does a guilt appeal backfire? ［J］. *Advances in Consumer Research*, 2010, 37.

［9］Chang, C. T.. Are guilt appeals a panacea in green advertising? The right formula of issues proximity and environmental consciousness ［J］. *International Journal of Advertising*, 2012, 3.

［10］Chang, C. T., and Lee, Y. K.. Missing ingredients in political advertising: The right formula for political sophistication and candidate credibility ［J］. *Social Science Journal*, 2011, 48.

［11］Chang, C. T.. Guilt appeals as a blessing or a curse? Influences of sponsorship identity and sponsor-issue fit on guilt appeals in charity-related advertising ［J］. *Advances in*

Consumer Research, 2012, 40.

[12] Choi, et al.. Presence and effects of health and nutrition-related claims with benefit-seeking and risk-avoidance female-orientated magazine food advertisements [J]. *International Journal of Advertising*, 2013, 32.

[13] Cotte, J., et al.. Enhancing or disrupting guilt: The role of ad credibility and perceived manipulative intent [J]. *Journal of Business Research*, 2005, 58.

[14] Dedeoglu, A. O., and Kazancoglu, L.. The feelings of consumer guilt: A phenomenological exploration [J]. *Journal of Business, Economics and Management*, 2010, 11.

[15] Dedeoglu, A. O., and Kazancoglu, L.. Consumer guilt: A model of its antecedents and consequences [J]. *Ege Academic Review*, 2012, 12.

[16] Douglas, F. L., and Joanna, P.. Product gender perceptions and antecedents of product gender congruence[J]. *Journal of Consumer Marketing*, 2010, 27.

[17] Duhachek, A., et al.. Guilt versus shame: Coping, fluency, and framing in the effectiveness of responsible drinking message [J]. *Journal of Marketing Research*, 2012, 49.

[18] Ekebas, C., and Karande, K.. Using self-versus other-benefit messages in ads for green products: The moderating role of perceived consumer effectiveness and consumer guilt [C]. *AMA Summer Educators' Conference Proceedings*, 2012, 23.

[19] Esther, V. L., et al.. Of saints and sinners: How appeals to collective pride and guilt affect out-group helping [J]. *Group Processes & Intergroup Relation*, 2013, 16.

[20] Gans, J. S., and Groves, V.. Carbon offset provision with guilt-ridden consumers [J]. *Journal of Economics & Management Strategy*, 2012, 21.

[21] Goldsmith, K., et al.. When guilt begets pleasure: The positive effect of negative emotion [J]. *Journal of Marketing Research*, 2012, 49.

[22] HaeEun, C., et al.. Making prudent vs. impulsive choices: The role of anticipated shame and guilt on consumer self-control [J]. *Advances in Consumer Research*, 2007, 34.

[23] Hill, R. P., and Moran, N.. Social marketing meets interactive media [J]. *International Journal of Advertising*, 2011, 30.

[24] Imene, B., et al.. Emotions of fear, guilt or shame in anti-alcohol messages: Measuring direct effects on persuasion and the moderating role of sensation seeking [C]. *Advances in Consumer Research—European Conference Proceedings*, 2008, 8.

[25] Jennifer, M., and Douglas, M.. The effects of proximity and empathy on ethical decision-making: An exploratory investigation [J]. *Journal of Business Ethics*, 2009, 85.

[26] Jennifer, L., and Jorge, V.. Affective and cognitive appeals: Impact of cognitive load and source credibility on ad attitudes [C]. *American Academy of Advertising Conference Proceedings*, 2008.

[27] Jimenez, M., and Yang, K. C.. How guilt level affects green advertising effectiveness? [C]. *American Academy of Advertising Conference Proceedings*, 2008.

[28] Lee-wingate, S. N., et al.. The influence of mortality focus on guilt advertising effectiveness[J]. *Journal of Marketing Theory & Practice*, 2014, 22.

[29] Lee-wingate, S. N.. Alleviating mommy's guilt: Emotional expression and guilt appeals in advertising [J]. *Advances in Consumer Research*, 2009, 36.

[30] Lee, Y. K.. The influence of message appeal, environmental hyperopia, and environmental locus of control on green policy communication [J]. *Social Behavior and Personality*, 2013, 41.

[31] Linda, B., and Wayne, B.. Fear, guilt and shame appeals in social marketing[J]. *Journal of Business Research*, 2010, 63.

[32] Lin, Y. T., and Xia, K. N.. The relationship between consumer guilt and product categories[J]. *Asia-Pacific Advances in Consumer Research*, 2009, 8.

[33] Loroz, P. S., and Helgeson, J. G.. Boomers and their babies: An exploratory study comparing psychological profiles and advertising appeal effectiveness across two generations [J]. *Journal of Marketing Theory and Practice*, 2013, 21.

[34] Miao, L.. Guilty pleasure or pleasurable guilt? Affective experience of impulse buying in hedonic-driven consumption [J]. *Journal of Hospitality and Tourism Research*, 2011, 35.

[35] Ramanathan, S., and Williams, P.. Immediate and delayed emotional consequences of indulgence: The moderating influence of personality type on mixed emotions [J]. *Journal of Consumer Research*, 2007, 34.

[36] Saffrey, C., et al.. Praise for regret: People value regret above other negative emotions [J]. *Motivation and Emotion*, 2008, 32.

[37] Simone, R., et al.. Guilt appeals and prosocial behavior: An experimental analysis of the effects of anticipatory versus reactive guilt appeals on the effectiveness of blood donor appeals [J]. *Journal of Nonprofit & Public Sector Marketing*, 2013, 1.

[38] Soscia, I.. Gratitude, delight, or guilt: The role of consumers' emotions in predicting post-consumption behaviors [J]. *Psychology and Marketing*, 2008, 25.

[39] Stanton, J. V., and Guion, D. T.. Taking advantage of a vulnerable group? Emotional cues in ads targeting parents [J]. *The Journal of Consumer Affairs*, 2013, 47.

[40] Sunghwan, Y., and Hans, B.. Coping with guilt and shame in the impulse buying context [J]. *Journal of Economic Psychology*, 2011, 32.

[41] Vanessa, B., et al.. Shame-free guilt appeals: Testing the emotional and cognitive effects of shame and guilt appeals [J]. *Psychology and Marketing*, 2013, 30.

[42] Virvilaite, R., et al.. Peculiarities of impulsive purchasing in the market of consumer goods [J]. *Engineering Economics*, 2009, 2.

[43] Xu, J., and Schwarz, N.. Do we really need a reason to indulge? [J]. *Journal of Marketing Research*, 2009, 46.

The Frontier Analysis of Consumer Guilt Appeals

Bai Lin[1] Chen Huiwen[2]

(1, 2 Business School of Anhui University, Hefei, 230601)

Abstract: Consumer guilt is negative feeling which results from one's recognition of having failed to achieve or violated internalized personal or social moral standards. It is often used in the emotional advertisement to influence customer purchase behavior and attitude. But the guilt appeal is a double-edged sword, it is important to understand the influence factors and application conditions if used rationally. Combined with the current progress of the latest research, the paper firstly reviews the emotional dimension of consumer guilt, then expounds the factors influencing the guilt appeals, then introduces the applicable conditions and situations, the final analysis of the guilt and other emotional appeal advertising in the comprehensive application, and then points out the direction for future research.

Key words: Consumer guilt; Guilt appeal; Applicable conditions; Influence factor

专业主编：曾伏娥

用工"双轨制"对员工可持续敬业度的影响机理研究[*]

● 陶厚永[1]　章　娟[2]

（1，2　武汉大学经济与管理学院　武汉　430072）

【摘　要】随着改革的逐渐深入，用工"双轨制"及其所带来的负面效应，已成为制约员工积极性和主观能动性持续提高的瓶颈，并引起了社会各界的广泛指责。面对此种困境，管理者只有充分了解用工"双轨制"与员工敬业度之间的关系，并进行持续改进，才能激发员工的敬业精神。本文首先从制度脱嵌与员工身份二元分化的视角，对用工"双轨制"的形成逻辑及其负面效应进行分析；其次以经济上的"相对剥夺感"和政治上的"歧视对待感"为切入点，探讨用工"双轨制"及其带来的身份二元分化对员工可持续敬业度的影响机理；最后，提出"利益平衡—社会认同—敬业倒逼"三位一体的包容性应对策略，促进员工可持续敬业度的不断提升。

【关键词】用工"双轨制"　可持续敬业度　制度脱嵌　活力度　授能度

1. 引言

随着经济体制改革的不断深入，用工"双轨制"所产生的"副作用"逐步显现出来，已发展成为阻碍国有企业单位改革继续深化的桎梏。由于用工制度的原因，国有企事业单位的人员被强行地分割为"编内人员"和"编外人员"（如正式工、劳务派遣工、合同工、临时工等）。同为组织成员，身份地位却存在着显著差异，"编制内人员"的地位高，"编制外人员"的地位低；"同工不同酬"，付出同质、同量的劳动却得到不同的回报。面对不公正待遇，"编制外人员"的不满情绪显而易见；而一些备受优待的"编制内员工"，非但没能在工作中表现得积极主动，反而出现了"贵族化"倾向，轻活、易活不想干，脏活、累活不愿意干。用工"双轨制"及其负面效应已经成为员工积极性和主观能动性持续提高的桎梏。尤其在全球化竞争日益激烈的当下，组织的人才拥有量固然重要，但更为关键的是如

＊ 本文的研究得到国家自然科学基金项目（项目批准号：71472140、71402192）以及武汉大学"湖北研究"专项项目（项目批准号：20130308）的资助。

通讯作者：陶厚永，E-mail：taohouyong@whu.edu.cn。

何很好地驾驭人才。所以在这场关乎组织成败的"人才战"中，组织不仅需要考虑如何发现、聘用并留住那些最优秀的员工，更为重要的是关注员工的工作状态。通用电气公司前总裁杰克·韦尔奇曾经说过："任何一家想靠竞争取胜的公司必须设法使每个员工敬业。"因而国有企事业单位以及政府机关如果想提高运行效率，并在全球竞争中赢得先机，首要的任务是持续地激发员工的敬业精神。

但令人遗憾的是，已有的研究和统计资料却充分表明：中国员工的敬业度普遍较低；在整体敬业度不高的情况下，国有企事业单位以及政府机关的员工可谓是低中之最低者。2013年盖洛普公司(The Gallup Organization)对全球142个国家和地区的员工进行调查，并发布了"员工敬业度和工作环境研究"报告，结果显示：中国的敬业员工比例仅为6%，远低于13%的全球平均水平，处于世界最差水平。美国则以30%的敬业度高居世界第三。虽然中国员工的敬业度与2009年的调查结果相比有所提升，但仍然处于世界最差水平。2009年中国只有2%的员工工作敬业，2013年有6%，怠工员工的比例也从31%减少到26%。但两者均低于世界平均水准(敬业：13%，怠工：24%)。《中国企业员工敬业指数①2005年度调查报告》也得出了同样结果：我国企业员工普遍敬业水平一般，并没有表现出积极的"爱岗敬业精神"。该研究报告同时还指出，单位性质不同，员工的敬业指数也有所不同。外资企业、民营企业的员工敬业度相对较高，分别为40.33和40.23；国有企业的员工敬业度相对较低，为38.85；政府机关和事业单位的员工敬业度最低，为37.09。人们不禁会产生这样的疑问：为什么国有企事业单位和政府机关的员工敬业度会如此低呢？种种迹象表明，用工"双轨制"及其所带来的负面效应可能与员工敬业度的持续发展之间存在某种联系，那么用工"双轨制"对员工可持续敬业度的影响机理是什么？如果说"员工敬业度的培养对公司而言是一场马拉松，而非'百米冲刺'"②，那么如何持续地激发员工的敬业度呢？对这些问题的研究，不仅对于国有企事业人事制度改革有重要的理论意义，也有助于维护和谐的劳动关系以及促进国有企事业单位和政府机关运行效率的提高。

2. 用工"双轨制"与员工身份的二元分化

用工"双轨制"一般是指，在国有企业、事业单位内部，根据是否有编制将全体雇佣员工分为编制内员工身份与编制外员工身份③。基于劳动者不同的身份，形成两种不同的用工方式，采用不同的使用方法，给予不同的待遇。事实上，用工"双轨制"不是中国特

---

① 国内外学者关于员工敬业指数的统计口径有所不同，我国学者采用的是利克特五点量表(Likert inventories)，分5个等级进行测量，指标均为正向指标(得分越高越好)："非常同意"记5分、"比较同意"记4分、"一般"记3分、"基本不同意"记2分、"非常不同意"记1分。总共12题，其得分之和即为敬业度的衡量指标：敬业指数。因而敬业指数最高为60，最低为12。

② 许文宗. 如何提升员工"投资回报率"？[EB/OL]. http://finance.eastmoney.com/news/1586, 201402213628 78052.html, 2014-2-21.

③ 苏海南. "同工不同酬"源于用工"双轨制"：专访人保部劳动工资研究所所长苏海南[J]. 中国经济周刊, 2008, 7：35-36.

有的现象。Doeringer 和 Piore 早在 1971 年就提出了二元劳动力市场理论。他们认为：在劳动力市场中存在一级劳动力市场（primary labor market）和二级劳动力市场（secondary labor market）；一级劳动力市场收入高、工作条件好、工作稳定、培训机会多、具有良好的晋升机制；而二级劳动力市场则与之相反，其收入低、工作条件差、工作不稳定、培训机会少、缺乏晋升机制；并且，一级和二级劳动力市场之间缺乏流动性。后续研究同样表明，一级和二级劳动力市场在市场结构以及工资决定和分配机制方面存在着显著的差别（姚先国，黎煦，2005）。一级劳动力市场是一个经过高度组织的结构性内部劳动力市场（internal labor market），它完全存在于企业内部，拥有一套详细规则和程序可以代替劳动力市场供求力量来指导雇佣抉择，组织内部成员是此类工作岗位优先考虑甚至是唯一考虑的对象。在内部劳动力市场中，工资结构的安排和制定的主要依据是组织内部需要，与外部劳动力市场无关。而二级劳动力市场类似于新古典经济学描述的劳动力市场，企业雇佣的劳动力数量取决于劳动力的边际贡献与边际成本的比较，支付的劳动报酬取决于劳动的边际贡献或者市场工资。然而，劳动力市场为什么会出现二元分化？原因主要有两个：首先，在二级市场上的劳动依靠市场力量就能实现完美监督，所以只能获得边际生产率工资；而一级市场上的劳动很难监督，为了更好激励员工努力工作，所以必须给予一级市场的工人高于市场出清水平的效率工资。其次，如果把已经在企业就业的工人称为"内部人"，把劳动力市场上的失业者称为"外部人"，那么在工资决定上，内部人比外部人更具讨价还价能力；另外，工会在与雇主进行谈判和签订劳动合同时往往只会代表内部人，一般不会考虑外部人的利益。所以内部人与外部人所处的竞争地位不同，外部人只能接受比内部人更低的工资水平。

Lepak 和 Snell（1999）根据人力资本价值和人力资本独特性对企业员工实施了分类，从战略上论证了企业实行劳动关系差异化管理的内在逻辑，并提出了混合雇佣模型，如图 1 所示。（1）对于高价值和高独特性的人力资本，企业一般会选择内部式雇佣模式，对其进行战略开发以促进企业竞争优势的形成；（2）对高价值而非独特性的人力资本，企业往往采用合同式雇佣模式，直接从市场购买，而不做进一步投资；（3）对于低价值的，且易购得的"公共知识类"人力资本，组织往往采取租借式雇佣模式；（4）对于雇佣成本高，相对价值偏低的人力资本（如那些不直接从事产品的生产和服务活动的工程师、程序员和科研人员等），一般宜于采用联盟式雇佣模式。

虽然西方的二元劳动力市场理论以及混合雇佣模型对于解释员工身份的分化及其产生逻辑具有一定说服力，但是它们都是以发达国家宏观且成熟的劳动力市场为研究对象，而中国的劳动力市场还很不成熟，目前正处于新旧体制转轨的过程中，所以中国员工身份二元分化的成因和表现形式非常复杂，从表面上看，是技术进步、产业结构升级、企业组织形态变革等造成的市场性分割，实质上是一种体制性和制度性分割。即宏观劳动力市场可分为两大部分，一部分是继承了原来的计划经济就业模式，另一部分是改革开放后发展起来的市场化就业模式。相应的，组织微观层面的就业形式就可分为体制内和体制外就业。所谓体制内就业，是指在接纳就业、工资福利发放和社会保障等方面基本上沿用计划经济的做法，变革非常有限；而体制外就业则完全按照市场化的模式运作；且二者之间存在着严格的流动壁垒，从内向外流动易，从外向内流动难。因而从某种意义上说，目前国有企

联盟式雇佣模式：人力资本是独一无二的，但是他们对创造企业价值的贡献不大（独特人才）。企业应采用联盟式雇佣关系，实行合作式人力资源管理

内部式雇佣模式：人力资源具有高价值并且是独特的（核心人才）。企业将其视为竞争优势的来源，应从战略上进行内部开发，采用长期雇佣形式，实施组织承诺的人力资源管理

租借式雇佣模式：人力资本拥有的技能相对通用，可以在劳动力市场上广泛获得，且对企业价值的贡献不大。企业应建立以功利为焦点的雇佣关系，采用租借式雇佣模式

合同式雇佣模式：人力资本所拥有的技能可以在劳动力市场上广泛获得（通用人才），但是其对企业价值的贡献较高，企业应建立以工作为焦点的雇佣关系，实施合同式雇佣模式

高 / 独特性 / 低

低 —— 价值性 —— 高

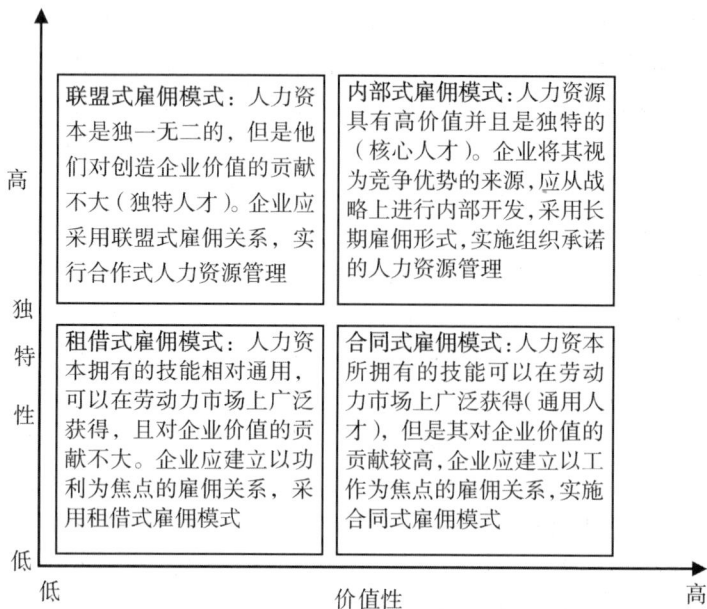

图 1　基于人力资本独特性与价值性的混合雇佣模型

事业单位员工身份的二元分化首先产生于以户籍制度和劳动用工制度为代表的一系列歧视性制度安排。这些制度中的一部分仍在继续沿用，而基于这些不合理制度所产生的各种利益集团则在不知不觉地维护着这些带有明显歧视色彩的传统制度（Hudson，2007）。换句话说，用工"双轨制"与"制度脱嵌"①（institutional disembeddedness）同伴共生，才是员工身份二元分化的根本原因。

用工"双轨制"及其"制度脱嵌"客观上导致了员工身份的分化，并附带着巨大的经济和政治利益，直接造成了"编制内员工"与"编制外员工"的经济收入和政治地位的不平等。"编制外员工"由于正当权益受损，很难奢望他们能够爱岗敬业；由于与"身"俱来的"优越感"，"编制内员工"基本丧失了危机意识和竞争意识，敬业精神也不会很高。

3. 身份的二元分化对员工可持续敬业度的影响机理

从上述分析可以看出，身份的二元分化可能会对员工心理和员工之间的关系造成一定的不利影响，进而可能会影响到员工的敬业状态。虽然员工敬业度的当期状态很重要，但是长远来看，可持续敬业度才是组织成就未来、留住优秀员工、发挥全体员工最大潜能的一个法宝。员工可持续敬业度的影响因素有两个：授能度（enablement）和活力度（energy）。授能度指为实现高效工作，员工所需的工具、资源和支持；活力度则是能够促进员工身心健康、人际和谐的工作环境。当授能度、活力度、敬业度三者结合时，员工就能保持长期

---

①　"制度脱嵌"即游离于制度性权力结构和福利保障体系之外。

稳定的工作投入状态，实现高效率。然而，在用工"双轨制"条件下，即使员工表现出暂时的敬业状态，也会随着身份二元分化所带来的经济上的"相对剥夺感"和政治上的"歧视对待感"而很快消失殆尽，"活力度"和"授能度"很难得以为继。

3.1 经济上的"相对剥夺感"与可持续敬业度

所谓"相对剥夺感"是指个体或群体在与参照方相比时对自身不利地位的感知①，这种不利感知是在与参照的个体或群体对比的过程中产生的，而不是来自于绝对条件差距。因此，相对剥夺感来源于社会比较，而且通常是与类似群体比较的结果②。相对剥夺感会诱发消极情绪，如愤怒、怨恨或不满。本文中，经济上的"相对剥夺感"是指由于身份分化而导致的经济收入的差序有别，即借由身份二元分化导致的分配不公而生出的相对剥夺感。对于员工个体而言，这种剥夺感会因个人主观感受的差异而迥然不同。虽然工作内容、承担责任以及个体能力大小等方面的差异，客观上决定了员工收入不可能完全相同。但收入差距本身并不是决定经济剥夺感的主要因素，身份的二元分化及其附带的经济特权对分配公平的破坏性影响才是导致经济剥夺感的主要根源。大部分员工主观上可以接受因个人才智和技能的不同而导致的收入差异，但对于非智力因素所造成的分配不公平却非常痛恨。

二元身份分化所导致的收入差距，表面上看似是发生在员工个体之间，但实际上存在于"体制内"与"体制外"两个群体之间。个体性收入差距与群体性收入差距有本质的不同，个体性收入差距是在社会平等条件下，因个人禀赋、努力程度等造成的差距。这种经济不平等，在市场竞争领域恰恰是要认可的，只有这样，才能克服平均主义的惰性，激发个体的活力。而基于身份二元分化的群体性收入差距，其本质上具有赤裸裸的剥夺、抢占性质。从表面现象来看，"同工不同酬"体现的是经济上的不平等，但群体性收入差距实质上是经济不平等与制度不平等两者双重叠加的结果，已经失去了纯粹的经济性质。如果员工认为制定分配规则的决策程序是公平的，他们就会备受激励，进而增加工作敬业度，并与组织发展长期关系③。相反，如果员工感觉受到了不公平对待，并激发了内心中的相对剥夺感，往往就会日渐固化为一种明显的思维定式或偏激成见，形成仇视心态④，这对员工的身心健康以及和谐的人际环境的塑造是非常不利，会严重损害组织的"活力度"。

由于身份的二元分化附带着经济利益，不可避免地会出现"编制内员工"和"编制外员工"的"同工不同酬"现象。即便是拥有相同的技能，并且在类似的岗位上工作，"编制外

① 张书维，王二平，周洁．相对剥夺与相对满意：群体性事件的动因分析[J]．公共管理学报，2010，7：95-102.

② Wood, J. V. Theory and research concerning social comparisons of personal attributes [J]. *Psychological Bulletin*, 1989, 106(2)：231-248.

③ Isaac, J. E.. Performance related pay：The importance of fairness[J]. *The Journal of Industrial Relations*, 2001, 43(2)：111-123.

④ Cremer, D. D., and Hiel, A. V.. Effects of another person's fair treatment on one's own emotions and behaviors：The moderating role of how much the other cares for you[J]. *Organizational Behavior and Human Decision Processes*, 2006, 100(2)：231-249.

员工"也不可能得到与"编制内员工"对等的经济收入。由于被刻上了"外人"烙印，组织经营效果的好坏与他们的关系不大，即使组织发展势头良好、经营绩效稳步上升，他们也不是组织效益的惠及对象，有些单位甚至都不将他们纳入考核评估体系；即使他们取得了很好的工作成绩，也不可能得到与之所付出的努力相对等的奖励。分配体系的严重不公，不仅会给"编制外员工"带来了经济上的相对剥夺感，而且还会损害"编制外员工"的工作积极性。所以，即便是"编制外员工"初入组织时拥有很高的敬业度，也会随着时间的流逝而消耗殆尽。对于"编制内员工"，由于其身份地位高，本单位的收入分配决策与政策往往都是由他们来参与制定并付诸实施，作为游戏的参与者以及规则的制定者，即使他们不努力工作，非但没有失业的危险，反而可以获得一份较为可观的收入，加之国有企事业单位和政府机关的退出机制不畅通，极易导致"编制内员工"竞争意识的缺失，诱发他们产生"养尊处优"的思想，在没有危机感的条件下，"编制内员工"的敬业度很难得到持续提高。

3.2　政治上的"歧视对待感"与可持续敬业度

所谓"差序对待知觉"是指员工能够知觉到的"由于身份不同而受到的差别对待"（歧视对待），即组织以及同事会根据员工身份的差序有别，而采取不同的对待态度和行为。由于历史原因我国的"官本位"思想根深蒂固，自古以来人们就十分看中身份、地位，这种思想甚至延续到企事业单位内部的管理上，很多企事业单位并不是按照员工的能力来定岗定编，而是通过赋予员工特殊的身份来进行管理。这种相对固化的身份管理模式会导致人们在思想观念上，认为"编制内员工"捧的是"铁饭碗"，是"吃皇粮的"，而"编制外员工"仅仅是低人一等的打工者①。于是，日常生活中员工对其他人进行身份的差序归类，并据此来建构因人而异的人际关系。在人际互动过程中，员工往往会被归类为"一等公民"（如在编职工、无固定期限合同制员工等）和"二等公民"（如劳务派遣员工、临时工等）。"一等公民"更容易被接纳，也更容易赢得组织的尊重、关怀和支持；而"二等公民"则易于被忽视，对于组织而言，他们往往就是"外人"。

这种戴着有色眼镜看人的歧视对待行为会透过组织政策和互动方式而表现出来，甚至可能会从组织或者个体生活上渗透出来。作为"一等公民"的"编制内员工"往往可以形成对权力的绝对垄断，而作为"二等公民"的"编制外员工"基本没有任何权力。员工只有跻身于体制内，组织才有可能赋予其各种权利，包括信息权、决策权及资源分配权，三种权利的运作过程往往是相互关联、互相影响的。在沟通过程中，"编制内员工"不仅掌握着各方面信息，同时还垄断着信息的运作。在信息传递过程中，组织中信息的发送对象是有选择的，通常也是差序有别的。领导（组织的代表）在信息传递或告知决定过程中所做的沟通通常也是单向的，甚至可能是突如其来的，只有和内部员工甚至是有身份地位的员工沟通时才有可能是面对面的，而与那些外部员工的沟通是可有可无的。在决策方式方面，集地位与权力于一身的领导通常是问题处理的最后决策者。对于一般事务，领导一般不会

---

①　刘洪，马璐. 用工"双轨制"存续的潜在危机及并轨路径与策略[J]. 南京社会科学，2011，8：31-37.

向员工征询意见，独自决策。对于例外事务，为减少决策失误风险，领导可能会与少数编制内核心员工进行商议后做出决定。在分配方式方面，"编制内员工"是权力机构和决策机构的组成者和参与者，他们可以左右和决定分配方式，因而他们也理所当然占据着分配方式的优势地位，而"编制外员工"处于相对劣势地位。

由于不存在劳动关系，组织基本不可能将有限的资源投资到"编制外员工"身上，也不愿意为他们提供职业发展机会和晋升渠道。一般而言，难以得到组织资源支持的"编制外员工"大多缺少工作培训和信息指导，同时由于较少获得领导授权，他们无法自主决定开展工作的形式。然而，真正有创造性的工作，需要在"干中学"中积累经验，需要在试错中不断地摸索来解决问题，并且经常会面临失败的危险。作为"外人"的"编制外员工"，即使保证工作零失误也要做好被"炒鱿鱼"的准备，更何况是面临失败的危险。由于得不到领导和组织的授权和信息指导，可能会导致"编制外员工"职业技能的"老化"和自我效能感的下降，钝化他们的思维模式和情感反应模式。当"编制外员工"与环境相互作用时，他们往往会更多地关注自身能力的不足，继而放大潜在的困难[1]。随之而来的心理压力会诱使他们将注意力集中在未知的失败和不利的结果上，而不去思考如何运用个人能力实现工作目标。因而，身份二元分化直接结果是"授能度"的降低，进而影响员工的可持续敬业度。

身份二元分化对员工可持续敬业度的影响机理见图2。

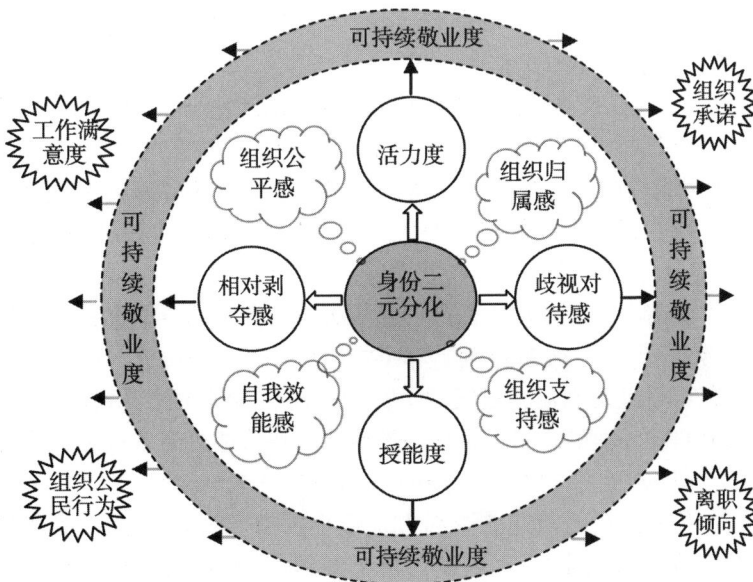

图2　身份二元分化对员工可持续敬业度的影响机理

---

① 张志学，秦昕，张三保. 中国劳动用工"双轨制"改进了企业生产率吗？——来自３０个省份12314家企业的证据[J]. 管理世界，2013，5：88-99.

4. 研究结论与应对策略

4.1 研究结论

我国企事业单位中员工身份的二元分化主要是以用工制度为代表的一系列歧视性制度安排所造成的结果，用工"双轨制"为"制度脱嵌"创造了条件，"制度脱嵌"强化了用工"双轨制"，从而不可避免地造成"编制内员工"和"编制外员工"身份的二元分化，而身份的二元分化往往又附带着一些不平等的经济或者政治待遇，会对国有企事业单位员工的可持续敬业度造成一些负面影响。

4.1.1 用工"双轨制"破坏了利益平衡

用工"双轨制"往往会导致员工身份的二元分化，而身份二元分化的背后往往存在着差异悬殊的经济利益。当"编制外员工"知觉到经济上遭受了不公平对待，往往就会产生"相对剥夺感"，进而可能会引起"编制内员工"和"编制外员工"之间的心理冲突和敌对状态，损害和谐包容的组织氛围。作为不公正待遇的受损方，"编制外员工"无法获得与劳动价值相匹配的薪资收入，工作过程中也难以获得足够的资源支持和授权。而对于"编制内员工"而言，虽然优厚的经济待遇可能会对"编制内员工"产生一定的激励作用，但也易于导致"编制内员工"形成养尊处优的不良习气，因而未必会对"编制内员工"可持续敬业度的提高有利。所以，当利益平衡遭受破坏时，员工的可持续敬业度很难得到提高。

4.1.2 用工"双轨制"扭曲了社会认同

由于身份的二元分化，"编制内员工"往往会被归类为"一等公民"，而"编制外员工"则会被认定为"二等公民"。"编制内员工"更容易得到组织的尊重、关怀和认可，而"编制内员工"往往会被组织轻视、忽视甚至是漠视，这种歧视对待会渗透到信息权、决策权以及资源分配权上。作为组织代表的领导者在选择沟通对象时，往往会考虑"编制内员工"，"编制外员工"很难会引起领导者足够的重视；领导者在做决策时，往往只会向"编制内员工"征求意见，而"编制外员工"很少有机会参与决策；在资源分配上，"编制内员工"往往占据着绝对的优势地位，而"编制外员工"则处于绝对的劣势地位。因此，身份二元分化背后所涉及的不仅仅是经济利益，也扭曲了社会认同，对于无法得到社会认同的"编制外员工"以及认同过度的"编制内员工"而言，想要他们持续地提高敬业水平比较困难。

4.1.3 员工身份的分化与固化的并存妨害了员工可持续敬业度的提高

如前文所述，作为不公正待遇的受损方，很难奢望"编制外员工"能够持续敬业地工作；而作为不公正待遇的受益方，"编制内员工"本应该积极努力地工作，持续不断地提高敬业水平，但是由于国有企事业单位中"干多与干少一个样"以及"能进不能出"僵化的运行机制，加之缺少必要的约束机制和惩罚机制，拥有"一等公民"身份的"编制内员工"，很难树立起"忧患意识"，这对"编制内员工"可持续敬业度的提高无益。并且国有企事业单位中员工身份二元分化往往与身份的固化如影随形，"编制外员工"很难通过流动成为"编制内员工"，"编制内员工"也很难通过淘汰而成为"编制外员工"，身份的分化与固化并存无疑会妨害员工可持续敬业度的提高。

4.2 应对策略

通过上述梳理和分析可以清楚地发现，身份分化及其诱发的经济上的"相对剥夺感"和政治上的"差序对待知觉"，已对"活力度"、"授能度"构成了直接威胁，严重阻碍了国有企业事业单位和政府机关员工敬业度的可持续发展。然而令人欣慰的是，伴随着《劳务派遣暂行规定》的出台，身份的二元分化及其所带来的潜在危机必将得到有效的缓解。但如果想持续地提高员工的敬业度，单方面指望一部《劳务派遣暂行规定》去解决所有问题，本身并不现实。需要长短结合、标本兼治，构建起"利益平衡—社会认同—敬业倒逼"三位一体的长效机制，才能不断地提高国有企业事业单位和政府机关"编制内员工"和"编制外员工"的可持续敬业度。

4.2.1 落实"同工同酬"的利益平衡机制

提高员工的可持续敬业度，首先必须弥合身份二元分化所带来的经济上的"相对剥夺感"。因此，当务之急是完善激励机制，建立公平合理的薪酬体系。这是因为薪酬在很大程度上代表着公司对员工工作价值的评估，甚至是员工职业发展程度的标志。员工的薪酬满意度显而易见地影响其工作积极性和爱岗程度，满意度越高，员工就更加敬业，反之，则会产生心理挫折感，对工作也就愈加懈怠。员工对薪酬体系的满意度，不仅取决于薪酬量的多少，更重要的是还受薪酬体系内部公平性的影响。因此，设计薪酬时，不仅要保证薪酬的外部竞争性，还要特别注重薪酬的内部公平性，消除彼此之间的"相对剥夺感"。在设计薪酬体系前，组织需要针对不同员工的薪酬期望进行系统地调查，让不同层次、不同身份员工广泛参与，尤其是"编制外员工"的参与，并适时地做出薪酬的相应调整，做到公平公正又不养懒汉，只有这样才能发挥薪酬激励在提高员工敬业度方面的持续作用。

虽然《中华人民共和国劳动合同法》、《中华人民共和国劳动合同法实施条例》以及2014年3月1日正式实施的《劳务派遣暂行规定》，为"同工同酬、同工同保"的落地奠定了基础，但一些规定还是过于原则化，缺乏可操作性，主要表现为，一是主要岗位和辅助性岗位一直没有清晰的法律边界，一些管理部门和用人单位的认识比较模糊，有的甚至故意混淆；二是在主要岗位和辅助性岗位没有理清、多重用工体制混杂的前提下，由于同工同酬的压力，一些单位不仅不主动甚至抵触规范劳务派遣。因此，要让同工同酬真正落到实处，必须对同工同酬进行必要的界定，立法上就应该对何谓"同工"、何谓"同酬"、"酬"又包括哪些之类的概念加以明确，并给出相应的尺度。笔者认为，当前可以从以下几方面入手：第一，对工种和岗位进行分类，制定不同的工种和岗位不同的工资标准；第二，同一岗位和工种要根据工作性质、工作贡献、工作年限等进行合理定级，要考虑职务、职级、职称、工龄等因素进行确定；第三，要在打破现有身份管理的基础上，对福利待遇进行量化，改变福利待遇因身份不同而差异过大的现象，将福利待遇工资化，福利待遇岗位化。只有有了量化的岗位明细表，同工同酬才能真正落地。

4.2.2 塑造平等包容的社会认同机制

转变思想观念，彻底打破用工习惯上的陋习，牢固树立"编制外员工"和"编制内员工"一样也是企业大"家庭"中重要一员的理念，塑造平等包容的社会认同机制。组织应自上而下，培育情治为先，情理相融，相互尊重的氛围。无论是领导干部还是普通员工，无论是"编制外员工"还是"编制内员工"，政治上、人格上一律平等，都是企业大家庭的成员，没有贵贱之分，组织与员工"一荣俱荣"、"一损俱损"，从而使员工与组织"同呼吸、共命运"。积极鼓励"编制外员工"加入工会，确保"编制外员工"的"主人翁"地位，认真聆听"编制外员工"的心声，充分尊重他们的意见和建议。逐步向"编制外员工"开放行政管理岗位的级别晋升通道，让派遣员工真正参与到企业的管理中来，创建参与式组织。营造相互信任的组织气氛，培养员工共同的价值观念和群体意识，使员工之间的工作关系情感化、道德化，从而使员工产生自豪感和忠诚感。不断强化"活力度"，持续提高员工的敬业度。

大力营造"编制外员工"和"编制内员工"包容发展的友好环境，为"编制外员工"提供更多的组织支持，充分激活"授权度"。(1)建立完善的用人、育人机制，积极创造机会，为各类员工的岗位晋升和职业发展提供培训机会。对业绩突出的"编制外员工"，企业应优先考虑给予培训机会，并委以重任，做到育人和用人的有机结合。(2)为各类员工的个人事业发展提供针对性辅导，在评估员工的工作业绩同时，要了解他们心中职业发展目标是什么，并根据个人特点帮助制定切实可行的目标和方法，科学做好"编制外员工"的职业生涯规划。(3)建立符合现代组织特点的精神奖励机制，公开奖励制度，树立先进典型。对符合奖励条件的员工，应及时予以公开表扬和奖励，不断激发他们内在的期望得到企业认同的自豪感、成就感和荣誉感而安心工作，乐于工作，忠于工作。(4)慎重批评和惩罚各类员工，尤其是要对"编制外员工"的有益尝试予以信任和支持，给予更多的授权，允许他们在创新中的失败。只有这样，可持续敬业度才有可能实现。

4.2.3 构建有进有出的敬业倒逼机制

在事业单位中全面推行聘任制，彻底打破传统的职级观念，合理设置岗位并明确岗位职责，按照"公开、平等、竞争、择优"的原则，面向社会公开招聘，可高职低聘、低职高聘，也可试聘、待聘、缓聘，自觉接受社会监督，为实现人尽其才、才尽其用提供制度保障。进一步扩大公务员聘任制的范围，批判继承西方"两官分途"①的思想，不断推动公务员体制改革。根据我国目前的实际情况，笔者认为可将公务员队伍划分为"领导干部"和"非领导干部"两个群体，"领导干部"可以实施任期制，而"非领导干部"全面实施聘任制，积极稳妥地推动"公务员职业化管理"。在此过程中，要因地制宜、稳中求进，对于那些党政机关的党政领导干部，任期届满不再连任的大多数人依然可以在公务员岗位上任职。如果像西方的"政务官"和"事务官"那样，将这两部分人截然分开，互不贯通，势必会给公务员职业化改革带来一些难以克服的困难和矛盾，也不利于稳定公务员队伍。因而在实际操作过程中，可以打通"领导干部"和"非领导干部"之间的交叉任职通道，允

---

① 所谓"两官分途"，是指政务官与事务官在政府中的地位、职责不同，性质、职能等方面相异而归属于两种不同的类型，政府采用不同的法定制度来管理这两类公务员，两类官员不能交换、交替任职，其职能作用也不能代替履行。政务官一般由选举或政治任命产生，他们按照宪法、选举法和国家组织法产生和管理，不适用公务员制度，政务官负责国家政策制定和重大行政事项决策，并与内阁共进退，实行任期制；事务官一般通过考试择优录用，按功绩晋升，任职不受竞选结果的影响，其录用、考核、奖惩、任免、培训、退休、监督、保障等均有一系列法律制度具体规范，负责决策执行，不与内阁共进退，实行常任制，一般通过正常退休离开公职系统。

许领导干部任期满之后，通过"竞争上岗"转为聘任制。

除了进入机制之外，在国有企事业单位和政府机关中构建退出机制可能更为重要。用工"双轨制"赋予了"编制内员工"高人一等的身份地位，国有企事业单位和政府机关中的"编制内员工"基本上是"终身制"，退出机制非常不完善，从而导致员工能进不能出，管理人员能上不能下，员工队伍缺乏危机意识和竞争意识等。在缺乏竞争和活力的情况下，想要员工敬业度持续提高基本是不可能的事情。为了激活国有企事业单位以及政府机关员工可持续敬业度，当务之急必须构建一种良性的退出机制。首先，加快公务员职业化的建设，树立职业观念，公务员已经不再是传统意义上的铁饭碗，也存在失业的可能性。其次，强化优胜劣汰的淘汰机制。对那些专业知识过硬、敬业度高，或者对组织贡献大的"编制外员工"，要给予其机会以完成向编制内员工身份的转变；对那些绩效低、敬业度差的员工，无论其身份如何，强制其淘汰出组织，不断激发员工队伍的活力度。再次，引入第三方评价机制。目前，在事业单位以及公务员系统大力推行聘任制改革后，建立退出机制的难点在于，如何构建一套真正科学完善、客观公正的考核机制，来评价员工的绩效，便成为了构建退出机制的关键。笔者认为以"工作干得好不好，公众说了算；服务满意不满意，客户说了算"为指导思想，可以引进类似于独立民意调查机构等第三方评价机制。

5. 结 束 语

本文首先探讨了用工"双轨制"与员工身份的二元分化之间的内在联系；其次围绕经济上的"相对剥夺感"和政治上的"歧视对待感"，论述了用工"双轨制"和员工身份的二元分化对员工可持续敬业度的影响机理；最后，针对国有企事业单位普遍存在的用工"双轨制"以及员工敬业度不高的现状，提出了改进措施和应对策略。但由于篇幅限制，本研究也存在着一些局限。

第一，本文着重探讨了用工"双轨制"和员工身份的二元分化对劳务派遣员工、临时工等"编外员工"组织公平感、认同感所造成的影响和危害，但是身份地位不平等对"编内员工"的组织公平感、认同感有无重要影响，并没有太多涉及。对于"编制内员工"，文章只是分析了优厚的经济待遇和政治待遇，可能会造成其养尊处优的习气，但这不一定是必然结果，未来有待于进一步的实证检验。

第二，用工"双轨制"会导致员工身份出现二元分化，这会进一步影响员工心理上的变化，包括"相对剥夺感"和"歧视对待感"，而"相对剥夺感"和"歧视对待感"又是影响员工可持续敬业度重要的前因变量，因而通过演绎推理可知，用工"双轨制"会通过"相对剥夺感"和"歧视对待感"而对员工可持续敬业度起作用。但这只是逻辑上的推导，并未经过实证检验，因而在说服力上存在欠缺。

◎ 参考文献

[1]刘洪，马璐. 用工"双轨制"存续的潜在危机及并轨路径与策略[J]. 南京社会科学，

2011, 8.

[2]苏海南. "同工不同酬"源于用工"双轨制"：专访人保部劳动工资研究所所长苏海南 [J]. 中国经济周刊, 2008, 7.

[3]姚先国, 黎煦. 劳动力市场分割：一个文献综述[J]. 渤海大学学报(哲学社会科学版), 2005, 27(1).

[4]张书维, 王二平, 周洁. 相对剥夺与相对满意：群体性事件的动因分析[J]. 公共管理学报, 2010, 7.

[5]张志学, 秦听, 张三保. 中国劳动用工"双轨制"改进了企业生产率吗？——来自30个省份12314家企业的证据[J]. 管理世界, 2013, 5.

[6]Cremer, D., and Hiel A. V.. Effects of another person's fair treatment on one's own emotions and behaviors：The moderating role of how much the other cares for you[J]. *Organizational Behavior and Human Decision Processes*, 2006, 100.

[7]Hudson, K.. The new labor market segmentation：Labor market dualism in the new economy [J]. *Social Science Research*, 2007, 36.

[8]Isaac, J. E.. Performance related pay：The importance of fairness[J]. *The Journal of Industrial Relations*, 2001, 43.

[9]Lepak, D. P., and Snell S. A.. The human resource architecture：Toward a theory of human capital allocation and development [J]. *The Academy of Management Journal*, 1999, 24.

[10]Wood, J. V.. Theory and research concerning social comparisons of personal attributes[J]. P*sychological Bulletin*, 1989, 106.

Impact of the "Dual System" of the Employment on Sustainable Engagement and its Correction

Tao Yonghou[1]   Zhang Juan[2]

(1, 2 Economics and Management School of Wuhan University, Wuhan, 430072)

Abstract：With the deepening of the reform, the "dual system" of the employment and its negative effects has been a bottleneck to restrict the employees to work hard, and thus has aroused widespread criticism. Facing with this dilemma, only when the managers fully understand the mechanism of the "dual system" of the employment on the impact of employee engagement, can they effectively manage their employee's enthusiasm and initiative and maximize the employee's dedication to increasing the efficiency of organizational operations. In this paper, we firstly discuss the formation and the negative effects of the "dual system" of employment in the view of institutional disembeddedness and dual differentiation of identity. Secondly, we analysis the impact of the "dual system" of employment and its negative effects on sustainable engagement depending on relative economic deprivation and political discrimination. At last, we put forward triune long term mechanisms including "interest balance-social identity-reversed transmission of the pressure for engagement" to enhance the sustainable engagement.

Key words: The "dual system" of the employment; Sustainable engagement; Institutional disembeddedness; Energy; Enablement

专业主编：曾伏娥

城市低碳交通绩效评价
——基于京津沪渝分析*

● 潘　伟[1]　王凤侠[2]

（1，2　武汉大学经济与管理学院　武汉　430072）

【摘　要】低碳交通是国家低碳经济发展的重要部分，建立科学合理的低碳交通绩效评价指标体系可以有效地发现低碳交通发展中存在的问题。本文以可持续发展理论为基础，构建城市低碳交通评价指标体系，并基于京津沪渝的数据，运用熵权 TOPSIS 模型进行实证分析。结果显示：横向上，2011 年 4 个典型城市的低碳交通绩效北京最优，上海、天津次之，重庆最后，且它们各有其优势和劣势；纵向上，重庆 2007—2011 年的低碳交通发展呈 U 形趋势，重庆为成功的低碳交通体系试点城市。

【关键词】低碳　交通　熵权 TOPSIS　绩效评价

1. 引言

近年来，雾霾等环境问题频发且不断恶化，低碳发展越来越为人们所关注。在全球低碳减排的背景下，2009 年国务院总理温家宝承诺到 2020 年时中国单位国内生产总值的二氧化碳排放量要比 2005 年下降 40%~45%；生态环保和可持续发展问题更是成为 2010 年3 月召开"两会"的主题，而且全国政协"一号提案"的内容当中就涉及低碳环保问题，在2012 年 11 月召开的十八大会议当中，更是提出了建设"美丽中国"的概念，将生态文明建设和可持续发展放到了突出的地位。

从碳排放的源头来看，城市是人口、建筑、交通、工业、物流的集中地，也是高耗能、高碳排放的集中地。其中，交通对于城市碳排放的影响尤为巨大①，而今我国交通行业能源消费量约占全国总用能量的 10%②，随着中国城市化进程加快，必定会带来交通能

---

* 通讯作者：王凤侠，E-mail：mrpanwei2000@163. com。

① Frans Van den Bergh. An empirical analysis of urban form, transport, and global warming［J］. *The Energy Journal*，2008，29(4)：97-122.

② 呙小明，张宗益. 我国交通运输业能源强度影响因素研究［J］. 管理工程学报，2012，4：90-98.

耗的大幅度增加①，所以发展低碳交通是低碳城市的必然趋势。2011年2月24日，交通运输部宣布低碳交通运输体系城市试点工作正式启动，结合国家发改委正在组织开展的低碳省区和低碳城市试点，运输部确定选择天津、重庆等10个城市开展低碳交通运输体系建设试点工作，组织实施阶段为2011年7月至2013年10月，交通运输部于2012年1月已经启动第二批低碳交通体系的北京等16个城市的试点。低碳交通已经是国家低碳经济发展的重点，因此建立一个科学合理的低碳交通评价指标体系，并分析城市未来发展的重点，对城市的低碳交通绩效进行评价是很有必要的。

2. 低碳交通研究发展

2.1 国外低碳交通政策及绩效分析

目前国外对于交通的研究主要有两方面，一方面是分析低碳交通政策的影响：Ülengin等使用结构方程模型（SEM）分析交通与环境的关系，再由情景分析得到可能政策的结果。Önsel等认为当前交通是不可持续发展的，并以土耳其为例，提出一个决策支持系统，分析改变客运和货运的运输方式可能带来的后果。Arampatzis等集成决策支持系统（DSS）和地理信息系统（GIS）分析和评价不同的交通政策，旨在协助交通管理员提高运输供给的效率，同时改善环境和能源指标。

另一方面是可持续交通的分析：Piecyk等预测在2020年道路货物运输的CO_2排放水平，考虑了货运需求、卡车油耗和相关的二氧化碳排放量等六大类影响因素。Kaufman等运用生命周期评价（LCA）量化温室气体排放，分析了选址如何影响可再生交通能源的碳排放②，但是该方法没有考虑一些因素比如社会影响，所以实际应用性不强。Jonsson使用成本效益分析方法进行可持续交通的分析，该方法旨在最小化成本而非最大化收益③，但是此方法难以计量一些社会成本和外部成本比如噪音污染等。Lu应用Divisia指数方法探索了影响1990—2002年德国、日本、韩国和中国台湾的高速公路碳排放的五个因素：排放效率、车辆能源密度、车辆保有量、人口密度和经济增长率。但是一个通用的单一的交通指数是难以获得的，多指标水平模型会使用大量不同目标和层级的指标。Awasthi提出一个混合方法基于SERVQUAL和模糊TOPSIS评价城市交通系统的服务质量，但其中指标权重确定有一定的主观性。

① 林伯强，刘希颖. 中国城市化阶段的碳排放：影响因素和减排策略[J]. 经济研究，2010，8：66-78.

② Kaufman, A. S., Meier, P. J., and Sinistore, J. C.. Applying life-cycle assessment to low carbon fuel standards—How allocation choices influence carbon intensity for renewable transportation fuels[J]. *Energy Policy*, 2010, 38(9)：5229-5241.

③ Jonsson, R.. Analyzing sustainability in a land-use and transport system[J]. *Journal of Transport Geography*, 2008, 16(16)：28-41.

2.2　国内低碳交通政策及绩效分析

目前对城市交通的研究有交通拥堵问题：田琼、黄海军等考虑高峰期公共交通系统的内部拥挤，对公交沿线乘客出行行为的差异展开深入研究，揭示人们出行的内在规律。黄石鼎阐述了交通拥挤的发生机制，分析"公交优先"在解决交通问题中所起到的作用。

交通绩效评价问题：王海燕、于荣等基于 Gini-DEA 方法对 2011 年上半年南京市的公交企业进行绩效评价。蔡果从城市可持续发展的角度出发，我国城市道路交通应优先发展大型公共交通，对小轿车交通发展进行合理规划和限制，以避免发达国家城市曾经走过的发展道路交通的老路。陆礼认为只有坚持"人本位"的价值原则，重新确立并有效贯彻"公交优先"的发展战略，城市交通才能可持续发展。张茅认为当前交通发展模式应从单纯交通经济效益型向经济、社会、环境效益相统一的发展方式转变，从资源消耗型向资源节约型转变。张陶新构建了城市低碳交通发展指数指标体系，并科学设置了指标阈值，提出城市低碳交通发展指数测度方法，并以中国 6 个典型城市为例进行应用分析，研究结果表明：城市低碳交通发展指数具有明显的绿色低碳价值导向作用和政策导向作用；目前中国城市交通碳生产力较低、交通污染较大；中国城市急需优化交通能源结构、提高能源效率、塑造城市低碳形态。

此外也有国外学者对我国低碳交通政策及效率问题进行研究：Trappey 基于我国台湾的低碳交通政策构建了低碳岛政策的动态系统评价模型并进行仿真，影响因素包括电动车数量、汽车数量、政府补贴以及新驾照需求。Chiu 创建一个修改后的 DEA 模型计算 30 个地区的交通和经济效率，实证评价表明，在中国沿海区域的大型交通发展并不一定代表更高的运输效率，同时降低客货运输量，中国大部分地区交通和经济效率较高[①]。

当前国外对于交通政策和低碳交通绩效评价方面的研究由于各国的国情存在差异，实际可操作性较低，而国内对城市交通的研究大多集中于交通拥堵及出行问题，对低碳交通及绩效评价的研究则相对比较少，对城市交通发展的建议没有针对性和实际可操作性，多集中于定性分析。TOPSIS 法是系统工程中有限对象多目标决策的一种常用方法，在供应商选择、风险量化、人发展评价、区域评价等很多领域都得到了广泛的应用。通过引进熵权 TOPSIS 方法，可以有效避免以往确定评价指标权重时的主观性和随意性，并且评价得出不同对象整体业绩的优劣等级，能够确定影响对象绩效水平的决定性指标以提高综合竞争力。基于此，本文构建低碳交通绩效评价指标体系，并首次引入熵权 TOPSIS 方法进行城市低碳交通绩效评价。

3. 城市低碳交通评价指标体系

3.1　城市低碳交通评价指标的选取

低碳交通应该是一种更加绿色、环境友好的交通方式，健康的城市低碳交通应该具有

---

①　Chiu, Y., Huang, C., and Ma, C. M.. Assessment of China transit and economic efficiencies in a modified value-chains DEA model[J]. *European Journal of Operational Research*, 2011, 209(2): 95-103.

较低的碳排放，较环保的出行工具，较合理的道路规划，同时兼具高质量、畅通、整洁、安全等特征。发展城市低碳交通是生态文明建设和可持续发展的必然要求。因此，本文以可持续发展理论为基础，将 UNSDC 提出的"经济、社会、环境和机构四大系统"的概念模型和"驱动力—状态—响应"模型①（DSR 模型）作为选取评价指标的理论依据。

城市低碳交通的发展不是孤立存在的，它必然与经济、社会、环境、政府等机构相联系，组成一个相互关联的复杂系统，因此选取的指标必须兼顾各方面因素。依据 DSR 模型，评价指标还应体现城市低碳交通发展的驱动力、状态和响应三个方面，即低碳交通发展的内在、外在动力，如技术进步、生活需求、政策导向等；低碳交通发展的水平状况，如人均交通碳排放力、交通碳排放力；为发展低碳交通采取的政策措施等，可通过人均公共绿地面积等指标反映。同时，指标的选取还需要满足可比性，效益性，稳定性和以人为本等原则。

根据上述分析，本文在前人研究的基础之上，选取了交通碳排放力、人均交通碳排放、公共交通出行率、道路线网密度、道路噪音、人均公共绿地面积、主干道高峰时期平均车速、交通事故死亡率为城市低碳交通的评价指标。

3.2 城市低碳交通评价指标体系的构建

以选取的 8 个评价指标为基础，从交通排放、交通布局和交通质量三个方面反映城市低碳交通发展状况，构建了具有 3 个准则、8 个指标的城市低碳交通发展指数指标体系，如表 1 所示。

表 1　　　　　　　　　　　　城市低碳交通评价指标体系

	成本型	效益型	计算公式	意　义
交通排放 A_1		交通碳排放力 B_1	交通运输 GDP/交通行业 CO_2 排放	表示城市交通运输业的能源消耗强度，可判断资源利用率高低
	人均交通碳排放 B_2		交通行业 CO_2 排放量/平均人口	代表城市交通碳排放强度，知该行业碳排放多少
交通布局 A_2		公共交通出行率 B_3		低碳的公共交通工具使用情况，可以代表城市居民低碳出行的结构与偏好
		道路线网密度 B_4	道路长度/道路面积	表示城市土地利用形态和城市空间结构是否科学合理

　　① UNCSD. Indicators of sustainable development：Guidelines and methodologies［R］. United Nations, 2007.

	成本型	效益型	计算公式	意　义
交通质量 A_3	道路噪音 B_5			代表城市居住环境，代表低碳交通的清洁性
		人均公共绿地面积 B_6		有碳汇作用，同时吸收有害气体等环境生态效益
		主干道高峰时期平均车速 B_7		拥堵会导致公众时间延误损失和舒适度减少，降低交通能源效率
	交通事故死亡率 B_8		交通事故死亡人数/交通事故数	代表道路交通的安全设施建设情况和安全管理的成果

其中，成本型指标表示指标越小越好，效益性指标表示指标越大越好，8 个指标描述了城市低碳交通系统的特征，是国家和民众最关注的。

表中指标涉及碳排放的核算，目前碳排放的核算方法可分为：系统核算法和非系统核算法。其中，系统核算法主要包括生命周期法和模型法；非系统核算法主要包括实测法、物料平衡法和清单法①。清单法与其他方法相比最大的优势在于计算碳排放所需的基础数据要求不高，所需数据可从年鉴等资料获取，所以碳排放量使用清单法计量。

表中交通运输业的 CO_2 排放量计算如下：

C_{co_2}：交通行业排放量。

E_i：交通行业第 i 种能源的消耗量。

F_i：交通行业第 i 种能源的单位换算。

k_i：交通行业第 i 种能源的碳排放系数。

$i = 1, 2, \cdots, 8$ 分别为煤、汽油、煤油、柴油、燃料油、液化石油气、天然气、电力。

$$C_{co_2} = \sum_{i=1}^{8} E_i \times F_i \times k_i \tag{1}$$

考虑到数据的可得性以及统计口径的一致性和完整性，F_i 和 k_i 的数据由 IPCC 查询可得。

4. 城市低碳交通绩效评价的 TOPSIS 模型

4.1　模型建立的思路

城市低碳交通是一个与社会、经济、环境、机构相关联的复杂系统，它涉及社会生活

---

① 朱梅红，李爱华．基于熵权的中国西部各省份科技实力综合评价 [J]．数学的实践与认识，2006，12：120-125.

的方方面面。以上虽然已经建立了城市低碳交通评价的指标体系，但是各指标之间差距较大，对低碳交通的影响作用也不一致，因此合理确定各评价指标的权重，进而对其绩效进行评价和比较很有必要。

在信息论中，"熵"是系统无序程度的度量，熵值法赋权的原理是：对于给定的评价指标，不同样本的数据差异越大，则该项指标对评价结果的影响作用就越大，亦即该项指标包含和传输的信息越多，被赋予的权重应该越大。熵值赋权可以表现指标数据本身的特征，并且可随着指标变化动态调整，本文用熵值法客观地确定指标权重，能有效避免人为赋权的主观随意性，用 TOPSIS 确定相对贴近度，不受样本数量和数据分布的限制，更适用于我国有效性较弱、可观测样本数据不足的市场。

基于此，本文引入熵权 TOPSIS 方法进行城市低碳交通绩效评价，通过熵权法确定各评价指标的客观权重，然后结合 TOPSIS 法对评价对象城市的绩效进行排序，判断其低碳交通发展水平。

4.2 模型的数学描述

i：评价对象，$i=1$，2，$\cdots$，m。

j：评价指标，$j=1$，2，$\cdots$，n。

a_{ij}：第 i 个目标的第 j 个指标值。

y_{ij}：第 i 个目标的第 j 个指标标准化处理后的值。

$\max\limits_{i}\{a_{ij}\}$：标准化矩阵中所有评价对象第 j 个指标的最大值。

$\min\limits_{i}\{a_{ij}\}$：标准化矩阵中所有评价对象第 j 个指标的最小值。

b_{ij}：第 j 个指标下第 i 个对象的特征比重。

e_{j}：第 j 个指标的熵值。

ω_{j}：第 j 个指标的熵权。

$S_{\text{max}j}$：加权 S 矩阵中所有评价对象第 j 个指标的最大值，正理想解。

$S_{\text{min}j}$：加权 S 矩阵中所有评价对象第 j 个指标的最小值，负理想解。

D_{i}^{+}：第 i 个对象到正理想解的欧氏距离。

D_{i}：第 i 个对象到负理想解的欧氏距离。

C_{i}：第 i 个对象到理想解的相对贴近度。

初始判断矩阵 A 为：$A = \begin{matrix} a_{11} & \cdots & a_{1n} \\ \vdots & \ddots & \vdots \\ a_{m1} & \cdots & a_{mn} \end{matrix}$

对矩阵进行规范化，将其统一为效益型指标：

对于效益型指标：
$$y_{ij} = \frac{a_{ij} - \min\limits_{i}\{a_{ij}\}}{\max\limits_{i}\{a_{ij}\} \ \min\limits_{i}\{a_{ij}\}} \tag{2}$$

对于成本型指标：
$$y_{ij} = \frac{\max\limits_{i}\{a_{ij}\} - a_{ij}}{\max\limits_{i}\{a_{ij}\} \ \min\limits_{i}\{a_{ij}\}} \tag{3}$$

根据熵值法确定权重：
$$\omega_j = \frac{1 - e_j}{n - \sum\limits_{j=1}^{n} e_j} \tag{4}$$

其中：
$$e_j = \frac{1}{\ln m} \sum\limits_{i=1}^{m} b_{ij} \ln b_{ij} \tag{5}$$

$$b_{ij} = \frac{y_{ij}}{\sum\limits_{i=1}^{m} y_{ij}} \tag{6}$$

当 $b_{ij}=0$ 时，规定 $b_{ij}\ln b_{ij}=0$，$e_j \in [0, 1]$。

将权重与 Y 矩阵相乘，进而得到加权矩阵 S：

$$S = \begin{bmatrix} y_{11} & \cdots & y_{1n} \\ \vdots & \ddots & \vdots \\ y_{m1} & \cdots & y_{mn} \end{bmatrix} \begin{bmatrix} \omega_1 & \cdots & 0 \\ \vdots & \ddots & \vdots \\ 0 & \cdots & \omega_n \end{bmatrix} = \begin{bmatrix} S_{11} & \cdots & S_{1n} \\ \vdots & \ddots & \vdots \\ S_{m1} & \cdots & S_{mn} \end{bmatrix} \tag{7}$$

各目标值与正理想解和负理想解之间的欧氏距离：

$$D_i^+ = \sqrt{\sum\limits_{j=1}^{n} (S_{ij} - S_{\text{max}j})^2} \tag{8}$$

$$D_i = \sqrt{\sum\limits_{j=1}^{n} (S_{ij} - S_{\text{min}j})^2} \tag{9}$$

计算各个目标与理想解的相对贴近度：$C_i = \dfrac{D_i}{D_i^+ + D_i}$ （10）

依照相对贴近度的大小对目标进行排序，C_i 越大，表示离理想解越近，表现越好。

4.3 基于 TOPSIS 模型的评价步骤

第一步，收集初始数据，根据式（2）、式（3）进行标准化处理。

第二步，根据式（4）、式（5）、式（6），利用标准化的数据计算熵权，确定指标权重 ω_i，用指标权重修正标准化的矩阵，即式（7）得到 S 矩阵。

第三步，求得 S 矩阵各列最大值与最小值，即正负理想解，由式（8）、式（9）得到指标与理想解的欧氏距离，进而由式（10）得到相对贴近度 C_i，进行评价对象排序。

5. 基于京津沪渝的低碳交通绩效评价实证分析

考虑到基础数据的可得性，本文选取如下 4 个城市：首批低碳交通运输体系建设试点城市中的重庆、天津和二批试点的北京以及繁华城市上海。从横向上，分析评价 2011 年重庆、天津、北京和上海这四个典型城市低碳交通的发展情况；从纵向上，进一步对重庆 2007—2011 年的低碳交通发展状况进行分析。重庆作为首批低碳交通运输体系建设的试点城市，具有很强的代表性，对其进行专门研究，能为我国其他城市低碳交通的发展，推进低碳交通运输体系建设工作提供借鉴。

5.1 数据来源

数据来源于《中国能源统计年鉴》(2007—2011)、《重庆统计年鉴》(2007—2008)、《北京统计年鉴》、《天津统计年鉴》、《上海统计年鉴》以及四市的"国民经济和社会发展统计公报",按2011年不变价计算交通运输增加值。各指标原始数据如表2所示:

表2　　　　　　　　　　　　　　　　　各指标原始数据

城市	年份	B_1	B_2	B_3	B_4	B_5	B_6	B_7	B_8
重庆	2007	1.00205	0.09417	0.35090	0.88994	54.5	8.58842	26.06	0.1479
	2008	1.02434	0.10646	0.34200	0.71076	67.7	24.06657	20.19	0.1442
	2009	1.25399	0.09706	0.33000	0.70758	67.8	32.33683	30.46	0.1721
	2010	1.16597	0.11582	0.33400	0.67798	68.0	14.29790	28.39	0.1753
	2011	1.27569	0.12252	0.36430	0.65851	68.0	15.03357	24.90	0.1719
天津	2011	2.25511	0.22882	0.34210	0.57101	67.5	16.04040	25.70	0.8798
北京	2011	1.23431	0.33926	0.42000	0.69620	69.6	30.18775	22.45	0.2349
上海	2011	0.76060	0.51168	0.39300	0.68286	67.3	52.09162	23.52	0.2100

5.2 模型计算分析

5.2.1 决定性指标确定

对原始数据进行标准化处理,根据熵权TOPSIS模型得到各指标的熵权如表3所示:

表3　　　　　　　　　　　　　　　　　各指标熵权值

B_1	B_2	B_3	B_4	B_5	B_6	B_7	B_8
0.142	0.072	0.144	0.128	0.266	0.107	0.0758	0.068

由表3可知,由指标数据数值得到的权重中,道路噪声B_5的影响最大,达到0.266,说明城市间的道路噪音数据差异较大,甚至接近于权重第二位的公共交通出行率B_3值0.144和第三交通碳生产能力B_1值0.142数值权重的两倍,影响最小的是人均碳排放水平B_2值0.072,以及交通事故死亡率B_8值0.068。道路噪声是人们对道路交通状况如何的最直观的感受,所以在低碳交通中,代表道路清洁性的道路噪音指标最为重要,而交通碳生产能力以及公共交通出行率则是影响交通运输碳排放水平的最关键因素,重要性较低的交通事故率以及主要道路高峰时期的车速则由于其不易控性和与道路网密度关联较大,重要性不是很明显。因此对低碳交通绩效水平起决定性影响的指标是:道路噪音B_5,公共交通出行率B_3,交通碳生产能力B_1,道路线网密度B_4和主干道高峰时期平均车速B_6。

5.2.2 排序及结果分析

5.2.2.1 2011年典型城市低碳交通发展横向比较

依据熵权TOPSIS步骤，对2011年重庆、天津、北京和上海的低碳交通绩效进行评价排序，得到的结果如表4所示：

表4 **2011年典型城市低碳交通绩效评价结果**

城市	年份	A_1	A_2	A_3	C_i	排名
重庆	2011	0.470292	0.205434	0.672140	0.361364	4
天津	2011	0.861857	0.214853	0.669792	0.377487	3
北京	2011	0.332748	0.797234	0.657088	0.406545	1
上海	2011	0.293765	0.817954	0.666237	0.384945	2

由表4可知，2011年低碳交通相对贴近度的从大到小排列为北京、上海、天津、重庆，考虑A_1方面的排序为天津、重庆、北京、上海，在A_2方面的排名为上海、北京、天津、重庆，基于A_3的排序为重庆、天津、上海、北京，此排序结果与实际情况基本吻合，且不同方面结果与最终排名差异明显，说明总排名对A_1、A_2、A_3结果不敏感，此方法具有实用性。

从横向上来看，根据C_i大小可以得到这四个典型城市2011年低碳交通发展状况排名，即：北京第一，上海、天津次之，最后是重庆。低碳交通发展最好的北京主要得益于四个城市中最高的道路网密度，第二的公共交通出行率以及最低的交通事故死亡率。虽然北京的低碳交通绩效最优，但是可以看到0.406597与1相比还是有相当大的差距，北京在人均交通碳排放以及主干道高峰时期平均车速上的表现差强人意，更是有最高的道路噪音，因此还需要进行较大的改进，大力控制道路噪音，改善道路拥堵。排名第二的上海在公共交通出行率上表现佳，上海的轨道交通虽然不及国外大城市的发展，但也已经差距不大，较佳的路网密度和最低的道路噪音也为上海交通加分不少。上海低碳交通发展的不足之处在于交通运输碳生产力过低，人均交通碳排放过高，同时最高的交通事故死亡率以及拥堵的道路也是其需要改进的重点。结合指标权重分析，上海应优先解决道路拥堵问题和减少单位交通GDP的碳排放。天津最大的优势在于其交通运输碳生产力较高，道路拥堵不是很严重，急需提升的莫过于公共交通率以及城市碳汇绿化的增加，应着力加强公共交通设施的投资与建设。重庆与其他三个城市相比，虽然低碳交通发展最差，但是却有着最低的人均碳排放，最小的道路拥堵数，以及最大的人均公共绿地，和最低的交通事故率，它需要大力改进的地方是公交出行率以及道路网密度。

由上述分析可见，我国这四个典型城市(重庆、天津、北京和上海)的低碳交通发展各有其优势和劣势，在后续的低碳交通运输体系建设过程中，还需要有针对性地进行改进和完善。

5.2.2.2 2007—2011年重庆低碳交通发展纵向分析

依据熵权TOPSIS步骤，对重庆市2007—2011年的低碳交通绩效进行评价，得到的结果如表 5 所示：

表 5   **2007—2011 年重庆低碳交通绩效评价结果**

城市	年份	A_1	A_2	A_3	C_i	排名
重庆	2007	0.387542	0.318878	0.751690	0.58667	1
	2008	0.384897	0.260044	0.667539	0.311285	4
	2009	0.469306	0.205205	0.669253	0.321232	3
	2010	0.429767	0.159959	0.670038	0.310657	5
	2011	0.470292	0.205434	0.672140	0.361364	2

从纵向上来看，重庆市 2007—2011 年的低碳交通发展情况如图 1 所示，类似 U 形曲线。

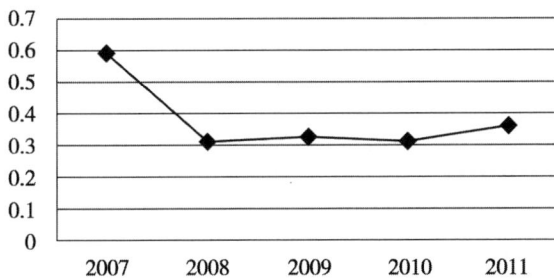

图 1   2007—2011 年重庆市低碳交通发展贴近度

由图 1 可知，重庆市 2007 年的低碳交通发展情况最好，2011 年其次，2010 年最差。比较这几年的重庆低碳指标发现，2007 年的低碳交通发展最好则应该是由于当时经济发展不好，汽车等机动车辆还没有大量普及，人们更多地使用低碳的公共交通工具，总体的交通碳排放量较少，同时噪音也较少。2011 年与之相比，虽说公共交通的出行率没有2007 年高，但是已经极大地改善了两年间由于机动车的增加导致的公共交通出行的减少，同时，交通的碳生产力和人均公共绿地面积也得到了极大提高，主干道高峰时期平均车速一直保持在较高的水平，在全国都是领先的。不过道路网密度却是历年最低，可见交通的空间布局存在一定的不合理性。但总体来说，2011 年，重庆参与低碳交通体系试点后，确实取得了较好的效果。增加碳汇，保持交通畅通，提高资源有效利用率和公共交通出行率都是其他城市可以借鉴的地方，而其在道路网密度以及人均交通碳排放上还有待继续改进。

6. 结论与建议

本文研究了低碳经济发展背景下城市低碳交通的评价问题。通过交通碳排放力、人均交通碳排放、公共交通出行率、道路线网密度、人均公共绿地面积、主干道高峰时期平均车速、道路噪音、交通事故死亡率 8 个指标，建立低碳交通绩效评价指标体系。收集京津沪渝的数据，使用熵权 TOPSIS 模型进行处理，得出对低碳交通绩效水平起决定性影响的指标是：道路噪音 B_5，公共交通出行率 B_3，交通碳生产能力 B_1，道路线网密度 B_4，主干道高峰时期平均车速 B_6；横向上看，2011 年这四个城市中，低碳交通绩效评价中北京最优，上海、天津次之，重庆最后，并分别对它们低碳交通发展的优势和需要加强改进的地方进行了分析。其中，北京应大力控制道路噪音，改善道路拥堵，上海则应优先解决道路拥堵问题和减少单位交通 GDP 的碳排放，天津应着力加强公共交通设施的投资与建设，重庆需要大力改进的地方是公交出行率以及道路网密度。纵向上，对重庆市 2007—2011 年的低碳交通发展绩效作了进一步分析，发现为 U 形发展趋势，结果表明重庆作为低碳交通体系试点之后，通过增加碳汇，保持交通畅通，提高碳资源利用率和公共交通出行率，有效地改善了交通环境，能为以后其他城市发展低碳交通提供借鉴。本文提供的低碳交通评价指标体系以及熵权 TOPSIS 的处理方法可以作为以后评价其他城市低碳交通发展绩效的依据。

后续的研究可以从以下几个方面展开：(1)本文选取的低碳交通评价体系指标多为量化指标，缺乏定性的指标参与，以后可加入以使评价体系更为完整；(2)本文选取的指标数据有些较难查询到，目前只能评价直辖市以及各省份的交通碳排放，随着统计数据的公开，该评价体系可以推广至全国；(3)本文使用的为熵权 TOPSIS，其中熵权为指标数据所得，可再加入主观因素，采用灰色关联度分析。

◎ **参考文献**

[1]蔡果. 发展我国可持续城市道路交通的思考[J]. 中国软科学，2001，4.

[2]顾雪松. 基于熵权 TOPSIS 的上市公司财务评价模型及石化行业的实证[J]. 价值工程，2009，8.

[3]黄石鼎. 公交优先政策研究[J]. 管理世界，2008，4.

[4]李刚，迟国泰，程砚秋. 基于熵权 TOPSIS 的人的全面发展评价模型及实证[J]. 系统工程学报，2011，26.

[5]林伯强，刘希颖. 中国城市化阶段的碳排放：影响因素和减排策略[J]. 经济研究，2010，8.

[6]陆礼. 功利性与公共性的博弈：我国城市交通困扰的伦理焦点[J]. 中国软科学，2007，4.

[7]吕萍，李忠富. 我国区域经济发展潜力的时空差异研究[J]. 数量经济技术经济研究，2010，11.

[8]齐绍洲，付坤. 低碳经济转型中省级碳排放核算方法比较分析[J]. 武汉大学学报(哲学社会科学版)，2013，3.

[9]田琼，黄海军. 城市公交系统内乘客出行动态均衡模型[J]. 管理科学学报，2009，12.

[10] 王海燕，于荣，郑继媛，唐润. 基于 DEA-Gini 准则在城市公共交通企业绩效评价中的应用[J]. 系统工程理论与实践，2012，32.

[11] 冯小明，张宗益. 我国交通运输业能源强度影响因素研究[J]. 管理工程学报，2012，4.

[12] 张茅. 关于转变交通发展方式的思考[J]. 管理世界，2008，6.

[13] 张陶新. 城市低碳交通发展指数研究[J]. 技术经济，2013，32.

[14] 朱梅红，李爱华. 基于熵权的中国西部各省份科技实力综合评价 [J]. 数学的实践与认识，2006，12.

[15] Arampatzis, G., Kiranoudis, C. T., and Scaloubacas, P., et al.. A GIS-based decision support system for planning urban transportation policies [J]. *European Journal of Operational Research*, 2004, 152.

[16] Awasthi, A., Chauhan, S. S., and Omrani, H., et al.. A hybrid approach based on SERVQUAL and fuzzy TOPSIS for evaluating transportation service quality[J]. *Computers & Industrial Engineering*, 2011, 61.

[17] Jonsson, R.. Analyzing sustainability in a land-use and transport system[J]. *Journal of Transport Geography*, 2008, 16.

[18] Kannan, D., Jabbour, A. B. L. S., and Jabbour, C. J. C.. Selecting green suppliers based on GSCM practices: Using fuzzy TOPSIS applied to a Brazilian electronics company [J]. *European Journal of Operational Research*, 2013.

[19] Lu, I. J., Lin, S. J., and Lewis, C.. Decomposition and decoupling effects of carbon dioxide emission from highway transportation in Taiwan, Germany, Japan and South Korea [J]. *Energy Policy* , 2007, 35.

[20] Piecyk, M. I., and McKinnon, A. C.. Forecasting the carbon footprint of road freight transport in 2020 [J]. *International Journal of Production Economics*, 2010, 128.

[21] Samvedi, A., Jain, V., and Chan, F. T. S.. Quantifying risks in a supply chain through integration of fuzzy AHP and fuzzy TOPSIS [J]. *International Journal of Production Research*, 2013, 51.

[22] Trappey, A. J. C., Trappey, C., and Hsiao, C. T., et al.. An evaluation model for low carbon island policy: The case of Taiwan's green transportation policy[J]. *Energy Policy* , 2012, 45.

[23] Ülengin, F., Kabak, Ö., and Önsel, Ş., et al.. A problem-structuring model for analyzing transportation-environment relationships [J]. *European Journal of Operational Research*, 2010, 200.

[24] Ülengin, F., Önsel, Ş., and IlkerTopçu, Y., et al.. An integrated transportation decision support system for transportation policy decisions: The case of Turkey[J]. *Transportation Research Part A: Policy and Practice*, 2007, 41.

An Evaluation Model for Urban Low-carbon Transport
—Based on the Analysis of Beijing, Tianjin, Shanghai, Chongqing

Pan Wei[1]   Wang Fengxia[2]

(1, 2 Economics and Management School of Wuhan University, Wuhan, 430072)

Abstract: Low carbon transport is an important part of the national low-carbon economic development, So establishing a scientific and reasonable evaluation index system of low-carbon transport can effectively identify the existing problems in the development of low carbon transport. Based on the theory of sustainable development, this paper construct an evaluation index system of city low carbon transport, and apply entropy weight TOPSIS model to empirical research using the data of Beijing, Tianjin, Shanghai and Chongqing. The results show that: horizontally, the ranking of low-carbon transport performance is Beijing, Shanghai, Tianjin, and Chongqing in 2011 and each of them has its advantages and disadvantages; Vertically, the trend of Chongqing's low carbon transport development is U from 2007 to 2011, suggesting that it is a successful low-carbon transport system pilot.

Key words: Low-carbon; Transport; Entropy weigh TOPSIS; Performance evaluation

专业主编：许明辉